江苏高校品牌专业建设工程资助项目（TAPP）
江苏高校优势学科建设工程资助项目（PAPD）

道路交通安全法学

郏红雯　主编

中国人民公安大学出版社
CPPSUP　全国百佳图书出版单位

图书在版编目（CIP）数据

道路交通安全法学／郏红雯主编 . -- 北京：中国
人民公安大学出版社，2025.1.
ISBN 978-7-5653-4740-5

Ⅰ.①道…　Ⅱ.①郏…　Ⅲ.①道路交通安全法—法的
理论—中国　Ⅳ.①D922.141

中国国家版本馆 CIP 数据核字（2023）第 181655 号

道路交通安全法学

郏红雯　主编

责任编辑：马东方
责任印制：周振东

出版发行：中国人民公安大学出版社
地　　址：北京市西城区木樨地南里
邮政编码：100038
经　　销：新华书店
印　　刷：涿州市新华印刷有限公司

版　　次：2025 年 1 月第 1 版
印　　次：2025 年 1 月第 1 次
印　　张：16
开　　本：787 毫米×1092 毫米　1/16
字　　数：290 千字

书　　号：ISBN 978-7-5653-4740-5
定　　价：76.00 元

网　　址：www.cppsup.com.cn　www.porclub.com.cn
电子邮箱：zbs@cppsup.com　zbs@cppsu.edu.cn

营销中心电话：010-83903991
读者服务部电话（门市）：010-83903257
警官读者俱乐部电话（网购、邮购）：010-83901775
公安业务分社电话：010-83906108

前　言

党的二十大报告强调："我们要坚持走中国特色社会主义法治道路，建设中国特色社会主义法治体系、建设社会主义法治国家，围绕保障和促进社会公平正义，坚持依法治国、依法执政、依法行政共同推进，坚持法治国家、法治政府、法治社会一体建设，全面推进科学立法、严格执法、公正司法、全民守法，全面推进国家各方面工作法治化。"公安机关交通管理部门坚决贯彻党的二十大精神，坚持以人民为中心，牢固树立"生命至上、安全第一"理念，全面推进严格规范公正文明执法，维护交通秩序，预防和减少道路交通事故，切实保障人民的生命健康和财产安全。

公安院校交通管理工程专业致力于培养熟悉交通管理工程专业领域相关法律、政策、技术标准和行业规范，能够胜任公安机关道路交通管理工作的高素质应用型公安专门人才。"道路交通安全法学"是交通管理工程专业的核心课程之一，本教材即因该课程教学所需编写。本教材为江苏警官学院自编教材，同时是江苏警官学院重点教育教学改革研究项目（2023A07）研究成果之一，也是公安部公安理论及软科学研究计划项目（2022LL11）的阶段性成果。

本教材系统地介绍了道路交通安全法学的研究对象、内容、方法，道路交通安全法的立法宗旨、基本原则、渊源和效力，以及道路通行管理制度和规范，道路交通安全行政和刑事执法，道路交通安全执法程序和执法监督，涉外道路交通安全法律规范等。本教材体系完整、内容翔实、重点突出，具有理论性、科学性、准确性、时代性和实战性，注重对最新法律、法规和研究成果的介绍，力求使学生全面掌握道路交通安全法治体系，提高学生运用法治思维和法治方式开展交通管理工作的能力。

　　本教材具体编写分工如下：江苏警官学院郏红雯老师编写第一章第一节和第二节，第三章的部分内容，第四章，第六章以及第九章第二节；江苏警官学院苏艺老师编写第一章第三节和第四节，第五章第一节、第三节和第四节以及第九章第一节；江苏警官学院袁忠岩老师编写第二章以及第九章第四节；江苏警官学院陈然老师编写第三章第三节和第四节的部分内容；江苏警官学院郁烨老师编写第三章第一节和第二节的部分内容；山西警察学院王素芝老师编写第七章；江苏警官学院范贤涛老师编写第八章；江苏省高邮市公安局交通警察大队葛金山警官编写第五章第二节和第九章第三节。

　　本教材编写过程中借鉴吸收了一些专家学者的研究成果，在此一并表示感谢！由于时间仓促，加之编者能力水平有限，教材中难免有不妥之处，敬请各位专家学者及广大读者多提宝贵意见，我们将不断加以改进。

编者
2024 年 12 月

目 录 CONTENTS

第一章　道路交通安全法学概述

第一节　道路交通安全法学的概念

随着社会经济的飞速发展和机动车、驾驶人数量的快速增加，我国的交通安全面临着比较严峻的形势。同时，交通技术手段的日新月异，对道路交通安全法律、法规也提出了新的挑战。人们在民主、法治、公平、正义以及安全、环保等方面的诉求日益增长，全社会法治观念明显增强，道路交通安全相关立法、执法和守法工作越来越受到社会公众的关注，对此研究也越来越深入，逐步形成了具有独立的研究对象、研究内容、研究方法和学科特征的一门学科，即道路交通安全法学，并在全面推进依法治国的进程中，逐步构成日益完善的道路交通安全法律体系。

一、道路交通安全的概念

在介绍道路交通安全法学的概念之前，我们首先要深入理解道路交通安全的基本含义，同时也要对《中华人民共和国道路交通安全法》（以下简称《道路交通安全法》）的立法背景以及相关法律体系有比较清晰的认识。

（一）道路

根据《道路交通安全法》第一百一十九条的规定，道路是指"公路、城市道路和虽在单位管辖范围但允许社会机动车通行的地方，包括广场、公共停车场等用于公众通行的场所"。其中，公路是指城市外主要供汽车行驶的道路，根据公路所能够适应的交通量以及功能的不同，可将公路分为高速公路、一级公路、二级公路、三级公路和四级公路；城市道路是指城市内供车辆、行人通行的，具备一定技术条件的道路及附属设施，按照道路在路网中的交通功能和地位的不同，城市道路又可以分为快速路、主干路、次干路和支路；除了公路和城市道路外，道路还指虽在单位管辖范围但允许社会机动车通行的地方，包括广场、公共停车场等用于公众通行的场所，即这里所讲的道路必须具有公共使用的性质，具有公共交通服务的功能。

（二）道路交通

"阡陌交通，鸡犬相闻"，交通即"往来通达"之意。广义的交通形式比较多样，包括道路交通、铁路运输、航空运输、水路运输以及管道运输等。道路交通是以道路作为沟通渠道的一种交通方式，简单地讲，是道路交通参与者和交通工具在道路上进行的空间移动及变化的过程，是人、车辆、道路、环境组成的复合动态系统。其中道路交通是以人、车、路、环境为基本要素，这四个要素互相联系和作用，构成了完整的道路交通系统。同时，道路交通系统也是整个社会的子系统，它随着社会、经济的发展而发展，也与人们的社会生活密切相关。

（三）道路交通安全

"安全"是相对于"危险"而言的，指的是没有危险。而"危险"指的是遭受损失或伤害的可能。"道路交通安全"，通常是指道路交通参与者的人身安全和财产安全。因此，保障道路交通参与者的人身安全和财产安全是制定和实施《道路交通安全法》的主要目的和根本宗旨，《道路交通安全法》第一条就规定，"为了维护道路交通秩序，预防和减少交通事故，保护人身安全，保护公民、法人和其他组织的财产安全及其他合法权益，提高通行效率，制定本法"。

二、道路交通安全法学的概念

什么是道路交通安全法学？道路交通安全法学是研究道路交通安全法律规范及其实施的一门科学。道路交通安全法是以道路交通安全法律关系为调整对象的法律规范。[①] 其中的道路交通安全法有狭义和广义之分，狭义的道路交通安全法特指我国的《道路交通安全法》这部法律，于 2003 年 10 月 28 日第十届全国人民代表大会常务委员会第五次会议通过，自 2004 年 5 月 1 日起施行；之后 2007年、2011 年和 2021 年分别对其进行了修订。《道路交通安全法》是我国第一部全面规范道路交通安全管理主体行为和道路交通参与者权利义务关系的基本法律，具有里程碑意义。应当说，《道路交通安全法》的制定与实施，对于推动道路交

---

① 郑才城，谭正江，毕华编. 道路交通安全法学［M］. 北京：中国人民公安大学出版社，2017：8.

通安全管理的法治化进程起到了积极的作用，同时也对道路交通安全法学学科起到了重要的促进作用。而广义的道路交通安全法是规范道路交通安全管理及道路交通参与人行为的法律、法规、规章以及相关技术性规范等的总称。它既包括专门的道路交通安全法律规范，也包括其他法律、法规中涉及道路交通安全方面的法律规范，还包括与道路交通安全管理相关的技术性规范。比如，《道路交通安全法》、《中华人民共和国道路交通安全法实施条例》（以下简称《道路交通安全法实施条例》）、《机动车登记规定》、《机动车驾驶证申领和使用规定》、《道路交通安全违法行为处理程序规定》、《道路交通事故处理程序规定》、《道路交通安全违法行为记分管理办法》、《机动车交通事故责任强制保险条例》、《道路交通事故社会救助基金管理办法》、《交通警察道路执勤执法工作规范》和《中华人民共和国行政处罚法》（以下简称《行政处罚法》）、《中华人民共和国行政强制法》（以下简称《行政强制法》）、《中华人民共和国行政复议法》（以下简称《行政复议法》）、《中华人民共和国行政诉讼法》（以下简称《行政诉讼法》）、《中华人民共和国行政许可法》（以下简称《行政许可法》）、《中华人民共和国人民警察法》（以下简称《人民警察法》）、《公安机关办理行政案件程序规定》乃至《中华人民共和国刑法》（以下简称《刑法》）、《中华人民共和国民法典》（以下简称《民法典》）中涉及道路交通安全的法律规范，《江苏省道路交通安全条例》等地方性法律、法规以及《电动自行车安全技术规范》、《公路交通安全设施施工技术规范》等技术性规范，道路交通安全法学研究的就是广义的道路交通安全法律体系。道路交通安全法学的研究内容包括道路交通安全法的历史发展、道路交通安全法学的学科性质、道路交通安全法的地位和作用、道路交通安全法的原则和理论体系、道路交通安全法律关系以及道路交通安全法的内容体系等。

三、道路交通安全法学的学科性质

道路交通安全法学的发展不仅与交通参与者、道路、车辆的发展密切相关，而且与道路交通相关法律、法规的发展有着重要的联系。随着道路、车辆、机动车驾驶人逐年增加，以及交通环境的日益复杂多变，交通违法行为及道路交通事故的频发，交通法律、法规在保障道路交通安全中的作用也日渐受到关注，同时交通警察在执法中面临的各种问题以及科技应用对交通安全法律、法规的挑战等也逐步纳入学者研究的视野，对于道路交通安全法律、法规跨学科、跨专业的研究也日渐增多，道路交通安全法律、法规真正进入了系统的学术研究阶段。

道路交通安全法学是法学体系部门法学中的一个分支，法学的基本原理也适用于道路交通安全法学。在法学领域内，道路交通安全法主要规范管理主体与相对人之间的关系，道路交通安全法学与行政法关系最为密切。作为道路交通安全管理主体的公安机关交通管理部门实施的道路交通安全管理行为，属于行政行为的一种，应当遵守行政法的基本原则和规定；从法律适用的角度，《行政许可法》《行政强制法》《行政处罚法》等都是道路交通安全管理主体应当遵守的一般法。另外，道路交通安全法学属于应用法学，即是研究道路交通安全管理主体及其人员运用法律的原则、方法、技术等内容，从道路交通安全管理主体的角度研究其履行职责的法律适用问题，实践特性突出。

随着道路交通的发展以及国家法治化进程的加快，学科分工和交叉呈现共同发展的趋势，一方面学科分工越来越细致，另一方面交叉学科、跨学科的研究快速发展，道路交通安全法学研究便是在这样的背景和社会需求下应运而生，并越来越深入广泛。从道路交通安全法学学科建设和发展的角度看，已经从单纯的对道路交通安全法的研究发展到将道路交通立法、执法、司法活动放在我国整个法律体系和法律制度中去探究，并系统研究道路交通安全法与行政法、民事法、刑事法的关联；将交通警察执法纳入行政执法、刑事执法的整体去研究，既研究道路交通法规与上述交通运输管理及一般刑法、行政法、警察法的区别，又注重它们共性的内容；从社会学、经济学、管理学的角度去研究道路交通安全法，并将道路交通安全立法的内容与道路工程、交通安全设施、智能交通等工程技术的研究相结合；在危险驾驶罪、电动自行车安全治理以及自动驾驶等方面，进行中外的比较分析，寻求解决问题的对策；同时深入研究道路交通参与者的道路交通行为并探讨对其法律规制的方法与效果。通过以上学科内容的研究与实践，不断推进科学立法、民主立法、依法立法，以良法促进发展、保障善治；推进依法行政，严格规范公正文明执法；公正司法，努力让人民群众在每一个司法案件中感受到公平正义；全民守法，加大全民普法力度，建设社会主义法治文化，树立宪法法律至上、法律面前人人平等的法治理念，全面深化依法治国实践，不断提高社会治理社会化、法治化、智能化、专业化水平。

第二节　道路交通安全法的历史沿革

道路交通安全法的产生具有历史的必然性，是社会和经济发展的必然结果。而在道路交通系统的四个构成要素中，交通工具的演变是影响道路交通安全法内

容的主导因素。道路交通安全法的发展经历了由简单到复杂、由原始的交通习惯
到成文的道路交通安全法、独立的道路交通安全法律体系的发展历程。

一、我国道路交通安全法的历史发展

作为世界四大文明古国之一，中国有着悠久的文明史和灿烂的历史文化，也
拥有深厚的法律文化。纵观我国道路交通安全法的历史，其伴随着道路交通的发
展而发展，并根据历史朝代的变迁而大致分为古代道路交通安全法律规范、近代
道路交通安全法律规范和现代道路交通安全法律规范。

（一）古代道路交通安全法律规范

早在夏商周时期，中国古代典籍中就有关于法律思想的论述，春秋战国时期
儒、道、墨、法等流派为后世的法律文化奠定了思想基础。孔子的法律思想精髓
可以用"仁"字概括，孟子提出"仁政"的思想，孔孟之后的荀子认为必须
"援法入礼"，道家的代表人物是老子、庄子，在法律思想上倡导"无为而治"，
墨子强调法必须符合客观规律要求以及法律的实施离不开刑罚，与儒家的礼治、
德治相对立，"法治"是法家法律思想的核心。法家将法视为国家的规矩、准绳，
是一种普遍遵守的行为规则。在我国长达两千多年的封建社会中，逐渐形成了以
儒家礼法思想为核心的法律文化系统。① 其中，我国的道路、车辆及其交通规则
也经历了悠久的发展历史。最早关于词义的解释，《尔雅》中说到，道者"蹈"
也，路者"露"也，即地上的野草被人踩光了，露出了地面，形成"道路"，即
原始社会的交通由人和踩踏出的道路组成。

1. 奴隶社会

随着社会生产力的发展，单纯依靠人的行走已不能满足人们交通运输的需
求，充满智慧的中国古代劳动人民研制了交通工具，公元前三千年，我国就发明
了舟车，比欧洲人发明马车早了一千多年。关于舟车是谁发明的，史料有不同的
说法。大多认为舟车是夏时期的奚仲发明的，如《墨子·非儒篇》《荀子·解蔽
篇》《吕氏春秋·审分览》和《说文解字》等书籍中均有"奚仲作车"的记载；
也有一说是奚仲的儿子吉光造车，《山海经·海内经》记载："帝俊生禺号虎，禺
号虎生淫梁，淫梁生番禺，是始为舟。"番禺的儿子，夏王禹封为"车正"，制造
了世界上第一辆木制车，奚仲给它取名为"舆"，但毋庸置疑的是夏时期"舟车"
被誉为人类历史上最早的交通工具。到了商时期，根据《山海经》等记载，牛车

---

① 郏红雯等编著. 中外道路交通安全法律之比较研究［M］. 北京：中国法制出版社，2019：12.

的创始人是商代的王亥，从殷墟挖掘以及史料记载来看，当时的牛马车较为盛行。此外，为了保障道路交通的安全畅通，夏时期设有"车正"一职负责管理道路交通，《左传》中有记载，"奚仲以为夏车正"；商时期设立"车正"管理车辆，同时还设立"司空"与"共公"管理道路，设立"牧正"管理马匹。

而到了奴隶社会的鼎盛时期，周朝的道路交通及其道路交通安全法律规范都有了积极的发展。一是在牛车、马车等交通工具方面，当时"牛马车"颇为盛行，西周的统治者对于车辆制造高度重视，有专门制造牛车、马车的工匠，并在制造车轮、车厢等专业技术上有分工合作，制造车辆技术高超者，被称为"国工"。此外，在车辆的种类上有戎车、路车、辇车和舆等之分，并对车辆和乘坐者有严格的贵族、平民的等级之分，体现了鲜明的阶级属性。二是在道路方面，大约在殷商中叶后期，周先君太王居于岐山之阳，即开始注重垦荒和开路之事，《诗经·大雅》中记载，"柞棫拔矣，行道兑矣"，则描述了周人在灌木丛生中开辟耕地以及道路的景象。从道路规划来看，周朝以宗周与成周之间的一条大路为主轴，并以成周为中心，向东、南、西、北四个方向延伸，并通向各诸侯王国。①另根据《周礼》记载，"国中九经九纬，经涂九轨，环涂七轨，野涂五轨；凡国野之道，十里有庐，庐有饮食；列树以表道……"即道路分为"国中"（市区）和"鄙野"（郊外）道路两类和经涂、环涂、野涂三个等级，南北之道为经，东西之道为纬，市区内有九条纵横相间的道路，道路网呈棋盘状分布，围绕城市的道路称为"环涂"，城市外的公路称为"野涂"；城市内外不同等级的道路宽度有所不同，"轨"古制为八尺，每尺约合今天的七寸，那么九轨、七轨和五轨就约为现在的16米、13米和9米；每隔十里有休息区，休息区里有饮食，道路的两边种植树木以养护道路。三是在道路交通管理者方面，周朝统治者对于道路交通管理者的分工更为细致，设立了不同的官员并明确了职责分工，各负其责，如设立了量人、匠人等官职人员负责道路的规划与设计，设立了司空、司险、遂人和遗人等官职人员负责道路的维护，设立了校人、趣马、庚人、牛人等官职人员负责交通工具的管理，设立了遂人及遂师等官职人员负责车辆登记，设立了调度、政令、仪式、大仆、车仆、道仆、田仆、大驭、中大夫、齐右、下大夫等官职人员对王室车辆及其道路行驶进行安全管理，各地的官职人员也都负有管理道路交通的职能。尤其值得一提的是，西周时期设置了管理道路交通的专门官员"野庐氏"，从《周礼》记载来看，野庐氏不仅管理人员队伍庞大，而且管理范围非常

---

① 马洪根著. 中国交通管理史［M］. 北京：中国人民公安大学出版社，2013.

广泛，"由下士六人为官长，下辖胥十二人，徒一百二十人，掌达国道路，至于四畿"等，同时行使关卡检查等治安职能。四是在交通管理规范方面，西周时期的统治者在交通管理方面制定了非常严格的等级制度，阶级属性强烈。例如，对于君王和其他奴隶主贵族用车，在《礼记·少仪》中有比较详细的记载，强调君王具有崇高的地位，从君王登车、行车和下车三个环节，对其交通过程中的礼仪与规范都作了细致的规定，对于奴隶主贵族的乘驾者也有清楚的身份等次之区分；同时，男尊女卑、三从四德等封建社会腐朽观念在道路交通管理领域也有比较多的体现，如"出乎大门而先，男率女，女从男，夫妇之义由此始也"。当然，交通规则中也有一些反映中华民族尊老爱幼、尊师重教、文明礼让等优良传统的思想体现，如《礼记》中记载，"天子巡守，诸侯待于竟，天子先见百年者"。"从于先生，不越路而与人言。遭先生于道，趋而进，正立拱手，先生与之言，则对，不与之言，则趋而退"。《祭义》中有"行，肩而不并，不错则随，见老者则车、徒辟"。《曲礼》中有"主人与客让登，主人先登，客从之，拾级聚足，连步以上"。《左传》中也载，"晋公以传召伯宗，在路上遇到重载的运输车，两车相遇轻避重，伯宗的驿车为其让道"。

2. 封建社会

公元前 221 年，秦始皇统一了中国，首先修建了"驰道"，形成了以都城咸阳为中心，通往全国呈放射状的交通干道网，以便秦始皇周游列国使用，这也被公认为世界高速公路的起源。《汉书·贾山列传》记载，"为驰道于天下，东穷燕齐，南极吴楚，江湖之上，濒海之观毕至"，驰道"道广五十步，三丈而树，厚筑其外，隐以金椎，树以青松"，对于驰道的建造规模、宽度及养护等都有比较明确的记载，时至今日，驰道的遗迹仍然可见，足见其建造的质量之高。此外，在道路方面，秦代还修建了一条南北大通道——直道，为大将蒙恬历时两年半所建，道路设计以直线为主，从内蒙古的九原至陕西的云阳，时间短工程任务艰巨，为中国古代道路建造的奇迹。当然，统治者不顾劳动人民的死活，残酷压榨和耗费了大量的民工劳力，为秦二世被推翻灭亡埋下了伏笔。其次，秦朝时期的陆路交通工具为马车或牛车，强力实施了"车同轨"，规定全国的车辆轨距一律为六尺（约 1.38 米），统一了全国车辆的宽度，为车辆的制造规定了统一的标准，也为道路的修建和交通的畅通创造了良好的条件。最后，在交通管理人员和交通规则方面，秦朝时期的交通管理机构以及官员称谓趋于统一，如城门校尉管理城门，还有马政、车政等官职人员；基于男女授受不亲、男尊女卑的封建礼仪以及安全的需要，制定和推行了"人车各行其道"的规定，即"男子由右，女子由左，车从中央"，还制定了禁止以公用车辆载乘妇女的特殊规定，如"以其乘车载女子，可论？赀二甲"。

而到了汉朝，西汉和东汉主要对秦朝时期的道路进行扩建和修缮，构成了以京城为中心向全国辐射的道路网。据《汉书》记载，西汉时期由京城通往各地的全国干道近15万公里。汉朝时期重视对外交往，修建了多条通往境外的道路，其中修建了世界上第一条国际性道路——丝绸之路。丝绸之路以当时的京城长安为起点，沿河西走廊到敦煌，沿塔里木河分为南北两条道路，都可以西行到今天的土库曼斯坦马里地区，然后横跨伊朗全境，抵达今天的土耳其，再分成两路，分别到达罗马各地和地中海。丝绸之路的开通，极大地促进了我国和中东以及欧洲各国在经济、文化等各方面的往来和交流合作，促进了世界的繁荣与发展。时至今日，我国倡导的"一带一路"仍然发挥着巨大的作用，"新丝绸之路经济带"东边牵着亚太经济圈，西边系着发达的欧洲经济圈，辐射30多亿人口，被认为是"世界上最长、最具有发展潜力的经济大走廊"，有益于构建人类命运共同体，为世界和平与发展作出新的重大贡献。在交通工具方面，汉朝时期交通工具的种类与制作技术方面比秦朝时期有所提高，如辎軿车为贵妇人以及公卿所乘车辆，指南车可以辨别方向，记道车可以计算道路里程，鹿车则是一种较为简陋的小推车。对于道路以及车辆的使用，汉朝有极为明显的尊卑等级之分，对于驰道这样等级的大道，只有皇帝及皇亲贵族才能通行；地位尊卑有别，卑者与尊者在路上相遇，规定卑者得避于路边，让尊者优先通过。《宋书》中记载："汉制，公卿御史中丞以下，遇尚书令、仆、丞、郎，皆辟车豫相回避，台官过，乃得去。"此外，还形成了"父之齿随行，兄之齿雁行，朋友不相逾。轻任并，重任分，班白者不提挈。君子耆老不徒行，庶人耆老不徒食"等儒家礼让的行走礼仪规则（《礼记·王制》）。汉朝实施了"右行制"的通行规定，并延续至今。据《史书》记载，长安城的通行规则是"右为入、左为出，中为御道"。

隋文帝于公元581年结束了南北分裂混战的局面，建立了统一的多民族国家，为加强其统治，保障政令的有效传达，开始了道路建设，并取得了突出的成绩。隋朝的道路以都城长安为中心，向外围辐射，各地的道路网也以州、县为中心向乡村延伸，共同构成了覆盖全国的道路网系统。对于隋朝的道路交通管理，史料上的记载并不多见，对管理机构及官职人员来说，隋朝设立了"太仆寺"掌管牲畜及车辇，驾部则是承担交通管理之职的中央主要机构，设有"驾部侍郎"一职。同时，受封建社会严格等级观念的影响，隋朝时期对于乘车等级都进行了严格的规范，如《隋书》中记载，帝王车制以南北朝时期的五辂之制为宗，略作改进；对于官员的乘车制度，也有明确的规定，如《隋书》中记载，"二千石四品已上及列侯，皆给辂车，驾牛……诸王三公有勋德者，皆特加皂轮车，驾牛，形如犊车"。

唐朝是我国古代封建社会的鼎盛时期，使得中国在社会政治、经济、文化和科技等各方面都成为全世界最发达的国家，当时的长安是世界上最大的都城之一。伴随着社会经济的发展，唐朝时期道路与道路网也得到了充分的发展，长安城内的东西道路为 9721 米，南北道路为 8651 米，近似一个正方形，城内为方格式或者棋盘式的道路网，东西大街共 14 条，南北大街有 11 条，其中承天门大街宽达 441 米，另有位于中轴线上的朱雀大街宽约 147 米，大街上车水马龙，外国使臣往来不断；国内的道路网，以长安为中心，向全国辐射，都城与各州之间、各州与县乡之间都有通道，并在道路旁边种植树木以养护道路，且最早在道路上设置了里程碑；作为一个全世界最发达的国家，不少外国人纷纷前来学习先进的技术和文化，开展贸易交流，国际性的道路也是四通八达，主要通往朝鲜、蒙古、印度以及经丝绸之路进入中亚、西亚、欧洲各国。唐朝时期负责道路交通的官职与隋朝大致相同，设有驾部郎中、太仆寺和司门郎中等职，并设有乘黄署、车府署和典厩署等专门的皇驾及重臣车驾的管理机构，唐朝实行州、县二级行政管理体制，与之相对应的是在州、县设立了道路交通管理机构；相较以往的朝代，唐朝是我国封建社会法律制度比较完备的历史时期，律、令、格、式，规定的内容比较丰富，其中关于道路交通管理方面的立法规定也比较详细，对于交通肇事罪等的规定对于我国现阶段的立法具有一定的参考价值。在东魏《麟趾格》、北齐《北齐律》、隋《开皇律》《大业律》、唐《武德律》《贞观律》《永徽律》等法律制度的基础上，唐高宗颁布《唐律疏议》，标志着中国古代各项法律制度最终定型。在法律思想层面，隋唐统治者主张礼法并用，失礼则入刑。其中，制定了明确的"城门入由左，出由右"的右侧通行规则，还规定了"诸行路巷街，贱避贵，少避老，轻避重，去避来"，违者，得笞五十；此外，《唐律疏议》中的"杂律"有对破坏桥梁、阻碍交通等犯罪予以处罚的规定，如禁止无故攀越围墙、沟渠及禁止"无故于城内街巷走车马"（《唐律疏议·卷二十六》），对于在城内以及人口稠密的闹市区高速行驶车、马，都有明确规定，"诸于城内街巷及人众中，无故走车马者，笞五十；以故杀伤人者，减斗杀伤一等。杀伤畜产，偿所减价……以故杀伤人者，以过失论。其因惊骇，不可禁止，而杀伤人者，减过失二等。"违者以刑罚论处，这些规定也较好地保障了民众的人身、财产等交通安全。

宋朝实行以儒为主、三教并举的政治制度，宋律加重对危害封建国家统治行为的处罚，刑罚手段较唐律严酷，司法审判权进一步集中，也反映了封建社会开始走向衰败。宋朝时期的道路建设基本沿用唐朝，只是由于宋朝的都城由西安迁到了汴京，后从汴京迁到了杭州，由此带来了全国交通干线布局的些许改变。在道路修建方面，主要由地方政府实施，依赖兵卒，对于道路两侧种植树木亦有具体的规定，以养护道路，同时禁止占道毁路；在车辆制造方面，制造的车辆种类繁多，但是较之前有所简化，更加实用，并施行了类似唐朝时期的车驾制度，如皇帝五辂、皇后之车、太子之车、亲王群臣车辂之制。值得一提的是，从北宋后期开始，乘轿之风开始兴起，"随后不复乘马"，并从官吏传递到民间，至南宋中期，乘轿已在民间普及；宋朝的道路交通管理部门及官职人员与唐朝时期大致相同，设立了驾部，为马政、路政、车政及邮驿管理的最高机构，并设置了驾部郎中、员外郎之职，还设立了太仆寺，设置了太仆寺卿、少卿、丞、主簿各一人；宋朝时期的道路交通管理规则大多以唐律为基础，如对于毁坏路面及交通工具的严惩不贷，对于闹市区超速行驶车马的以及其他危险行为，轻则罚款，重则参照杀伤罪处罚（《宋刑统·杂律》中有这方面的记载），还大力推行《仪制令》，史书中多有论及，石刻的碑文被树立在道路旁边，不少遗迹在各地被发现，陕西省略阳县的灵崖寺发现在一块南宋时期的石碑上面刻有"仪制令"，其中的让行交通规则体现了严格的封建等级制度和尊卑不平等，也表达了中华民族尊老爱幼、谦让文明的传统文化观念。

元朝时期，随着蒙古铁骑横扫欧亚大陆，对外交通达到了相当的高度，国内的道路交通干线网以宋朝为基础，侧重于北部地区的道路网建设，也非常重视在道路两侧种植树木，以更好地养护道路。《马可·波罗行记》中有这样的描述，"大汗曾命人在使臣及他人所经过之一切要道上种植大树，各树相距两三步，俾此种植旁皆有密接之极大树木……"；在车辆制造方面，既有自己的民族特色，又沿用前朝和接受了汉族的文明成果；另外，据《元史·百官志》记载，元朝的道路交通管理设有马政、车政、路政，分别负责马匹、车辆和道路方面的管理工作，并对车驾等级作出了明确的规定；《元史·刑法志》中则对于违反交通规则的施以处罚，如对于盗窃交通工具的，主要处以杖刑和徒刑，对于交通肇事者，"诸昏夜弛马，误触人死，杖七十七，征烧埋银。诸驱车走马，致伤人命者，杖七十七，征烧埋银。诸昏夜行车，不知有人在地，误致轹死者，笞三十七，征烧埋银之半给苦主"。

明朝时期，道路的建设主要以都城为中心，对于前朝留下的道路以石换土进行修整，也开凿了崎岖山道和疏通险道，边境地区开辟了官道；车乘种类有帝王用车、官民用车，均有严格的等级区分和规定；明朝道路交通管理机构为车驾清吏司，负责全国的道路交通管理工作，马政则由太仆寺主管，各地方行政机构均对辖区内开展道路交通管理工作；在交通管理规定方面，禁止占道毁道，并依据《大明律·刑律》，对于占道行为，处"杖六十"，"作践损坏者，俱问罪，枷号一个月发落"；对于马匹进行登记造册管理，对于用车有比较严格的等级规定，对于乘轿则逐步放开，对于违反规定使用车马的，依据规定予以处罚；对于避让规定，依然执行《仪制令》的有关规定，禁止市区高速行驶，如造成人员伤亡，则应该承担相应的刑事和民事责任。此外，对于御道、城门以及特定区域等实施明确的交通管控。

清朝时期，也是在对前朝道路进行修葺，在低洼之地垫高路基形成"叠道"，在车乘方面，对于马匹的喂养、登记、使用、买卖都有比较详细的规定，另外清朝早期的车辆与明朝没有差别，对于用车有严格的等级之分，如《大清律例》中有明确的记载规定，但是到了清朝末年，随着汽车乃至火车的出现，道路交通工具产生了质的飞跃；清朝对于道路交通管理的机构按照旧官制和新官制有所不同，旧官制中，兵部为掌管全国道路交通的最高机构，光绪时期的新官制中，交通管理的职能统一划归邮传部；清朝时期的交通处罚规定基本沿袭前朝，如发生交通肇事案件，依据《大清律例》的有关规定，"伤人者，减凡斗伤一等，致死者，杖一百，流三千里"，而对于违反城门管理规定的，轻则杖刑，重则绞刑。

综上所述，我国古代历来重视道路交通的建设和发展，不仅设有专职的管理人员，还制定了相应的管理制度。中华民族不愧为古代最文明发达的民族之一，我国古代的道路建设、交通设施、管理制度等都走在世界前列。例如，发明了世界上最早的交通工具——舟车，修建了世界上最早的高速公路——"驰道"以及世界上第一条国际性道路——丝绸之路；进入封建社会之后，随着社会经济的发展和技术的进步，道路建设得到了较大的发展，并在唐朝达到了封建社会的鼎盛时期，各方面居于世界领先地位；我国古代设置了专职管理人员，从夏禹时期就设有"车正"一职，古代的道路交通管理法规兴于唐、盛于宋，出现了一些关于行车走路等道路交通管理的规则，受儒家文化的影响，大多为尊老爱幼、礼让待人的基本行走礼仪规范，同时，也具有鲜明的等级森严和特权思想的浓重封建社会特点，在此期间形成了"右行制"的通行规则，制定了有关交通事故处罚、交通管制的基本规定，时至今日，一些道路交通管理规定和原则仍然具有一定的意义。在元、明、清时期，社会面价值冲突不断，各种早期启蒙思想应运而生，给当时的封建专制制度带来一定程度的冲击，虽然随着社会经济形势等的变化，我国的道路交通管理法规有了一定的发展，但无论是《唐律疏议》《宋刑统》，还是《大明律》和《大清律例》，从内容等方面都没有大的突破，基本沿袭唐朝、宋朝的相关交通管理规定，也体现了封建社会立法的传承性和阶级性。当然，我国古代的交通工具长期仍处于步行和使用牛马车等慢行交通阶段，道路交通管理职能单一，尚未形成独立完整的道路交通管理规则体系。

（二）近代道路交通安全法律规范

在近代的道路交通及其管理规则方面，由于汽车这种快速交通工具的出现，给道路交通带来一系列的变化以及交通事故等突出问题，对道路交通建设提出了新的要求，因此，对管理规则作出相应的调整，以适应变化了的道路交通情况。一是在道路建设方面，我国的道路建设在这一时期先后经历了兴起、发展与停滞阶段，初始时期全国官民修筑公路近 3 万公里，1937 年之后，抗日战争和解放战争相继爆发，直至 1949 年中华人民共和国成立之前，我国的公路建设几乎处于停滞状态。据有关资料记载，1949 年全国公路仅为 13 万公里，城市道路则为 8000公里，而且经过多年战乱，全国的道路大多破烂不堪，有不少地区不能通车。二是在车辆方面，1901 年 2 辆进口汽车出现了在上海，汽车一开始被人们称为"无马马车"，并颁以马车的牌证，1903 年上海开始正式核发汽车牌证，由于我国当时没有汽车制造及汽油生产能力，只能全部依赖国外进口，汽车的发展速度保持在一个比较低的水平，至 1949 年，我国机动车保有量仅为 73000 辆，且没有自己的汽车品牌，甚至被西方列强嘲讽为"万国汽车展览国"。三是在管理机构和规定方面，1903 年在天津和北京组建警察队伍，并在警察的工作任务中设有管理道路交通的职能；1905 年设立巡警部，北京警务处设立了交通股，出现了近代史上的交通警察，1907 年在地方设立省巡警道，南京、上海、青岛等地纷纷成立了道路交通管理机构，组建了交通警察队伍，专门管理道路交通；1921 年在上海南京东路首次安装使用了第一个红绿信号灯，用于指挥道路交通；1931 年公布了《国道条例》，对国道的范围、负责机构以及职能都作了明确的规定；1934 年公布了全国性的道路交通管理法规——《城市陆上交通管理规则》，这是我国历史上第一部完整的单行道路交通管理法规，对驾照管理、行车走路通行规则等都进行了比较全面的规定，如要求车辆、行人在道路上通行不得出现超载及其他有损道路通行的行为，汽车驾驶人必须经主管机关进行考验，考验合格给予驾驶执照后方准驾驶，对于汽车，则应由主管机关按照检验标准进行登记、检验、发放号牌及行车执照，严禁携带危险品乘车和乘车时严禁伸头、露臂、探身车窗外等，此外，还制定了全国汽车肇事报告实施办法，同时部分地区使用了交通信号灯和交通标志。由此可见，我国近代已经开始建立专职的道路交通管理机构和人员队伍，并且制定了交通法规，交通管理体制初步形成。虽然有专门的交通管理机构人员和一系列的交通管理规定，但是就当时的国内社会整体形势而言，社会秩序以及道路交通及安全管理状况较为混乱。

（三）现当代道路交通安全法律规范

中华人民共和国成立后，我国政府非常重视道路等基础设施建设，时至今日，中国的道路交通建设取得了令世界瞩目的突出成就，成为中国交通史上最光辉的篇章。与此同时，全面依法治国是中国特色社会主义的本质要求和重要保障，必须把党的领导贯彻落实到依法治国全过程和各方面，坚定不移走中国特色社会主义法治道路，完善以宪法为核心的中国特色社会主义法律体系，建设中国特色社会主义法治体系，因此，我国先后制定和实施了一系列道路交通安全管理法律规范，经过整顿、改造和建设发展，形成了一系列科学系统的道路交通安全法律规范体系，并进一步发展中国特色社会主义法治理论，坚持依法治国、依法执政、依法行政共同推进，完善党委领导、政府负责、社会协同、公众参与、法治保障的社会治理体制，全面建设社会主义法治国家。

中共中央于 1949 年 2 月 22 日发布了《关于废除国民党六法全书与确定解放区的司法原则的指示》，该指示正式废除了"六法全书"，由此开始了新中国的法学历史。1949 年 10 月中华人民共和国成立之后，国务院设立了交通部，下设运输局、公路局等部门，负责交通监理及管理社会车辆等工作，并开始大力修建道路和提升交通运输能力，在社会主义建设中发挥着重要的作用。在道路交通管理方面，主要做了整顿和改造交通民警队伍、整顿交通秩序、加强车辆和驾驶人管理等工作。先后制定了有关道路交通管理的许多规定，1950 年 4 月 11 日，经政务院批准，交通部制定了《汽车管理暂行办法》；1951 年 5 月 5 日，经政务院批准，由公安部制定颁发《城市陆上交通管理暂行规则》；1955 年，由国务院批准，公安部制定颁布了《城市交通规则》；1956 年 7 月 13 日，长春汽车制造厂生产出新中国第一辆汽车——"解放牌"载重汽车，结束了我国不能自主生产汽车的历史，在中国汽车工业史上写下了辉煌的一页，具有里程碑的意义；1960 年，由国务院批准，交通部制定颁布了《公路交通规则》和《机动车管理办法》。但 1958 年"大跃进"以后，法律虚无主义思想逐渐盛行，中国法学长期在曲折中徘徊。在"文化大革命"时期，道路交通建设处于停滞阶段，交通设施也受到了严重的破坏，交通管理机构甚至被撤销，交通管理制度和交通秩序处于较为混乱的状态。直到 1978 年 12 月十一届三中全会的召开，才改变了中国法学的命运，国家的政治秩序得到稳定的发展，公民的各项法律权利得到了切实的保障，建立起包括宪法学、民法学、刑法学、行政法学、诉讼法学等部门法学在内的门类齐全的法律体系，形成了中国特色马克思主义法学体系。

十一届三中全会之后，我国的道路交通建设和发展进入新的历史时期，道路网规模不断扩大，交通运输能力快速提升。随着改革开放步伐的不断加快，社会经济的快速发展以及综合国力的不断增强，道路交通的发展也越来越完善。改革开放后至今，中国在社会主义现代化建设进程中，始终把道路等基础设施、汽车制造及交通建设作为国民经济发展的重要环节。1986 年，国务院发布了《关于改革道路交通管理体制的通知》，全国城乡道路交通由公安机关统一管理，从而结束了道路交通机构重叠和多头管理状况，道路交通法规发展进入了新阶段。1988年，国务院颁布了《中华人民共和国道路交通管理条例》，之后又颁布了《交通事故处理办法》《高速公路交通管理办法》《交通违章处理程序规定》以及一系列道路交通法规和规章，全国城乡道路交通安全管理逐步走向规范化、科学化和现代化。

进入 21 世纪以来，城乡道路建设与机动车增长均为中国历史上最快的时期。2003 年 10 月 28 日，第十届全国人民代表大会常务委员会第五次会议审议通过了《道路交通安全法》，该法是道路交通安全法治建设的里程碑，道路交通安全法的施行，标志着我国建设社会主义法治国家进程中新的道路交通安全法律体系框架已经建立。目前，我国已经基本形成了以《道路交通安全法》为统领，以《道路交通安全法实施条例》和《道路交通安全违法行为处理程序规定》《道路交通事故处理程序规定》《机动车驾驶证申领和使用规定》《机动车登记规定》等行政法规、部门规章为主体，以地方性道路交通安全法规和规章为补充，以相关技术标准和工作规范为基础的道路交通安全法律体系，有力地保障了道路交通安全、有序和畅通，为我国社会主义现代化建设创造了良好的道路交通环境。中国共产党第十九次全国代表大会于 2017 年 10 月 18 日在北京召开，党的十九大报告以习近平新时代中国特色社会主义思想为指导，提出要贯彻新发展理念和加快建设交通强国；2019 年 9 月，中共中央、国务院印发《交通强国建设纲要》指出，建设交通强国是以习近平同志为核心的党中央立足国情、着眼全局、面向未来作出的重大战略决策，是建设现代化经济体系的先行领域，是全面建成社会主义现代化强国的重要支撑，是新时代做好交通工作的总抓手；2022 年 10 月 16 日，党的二十大报告指出，"坚持把发展经济的着力点放在实体经济上，推进新型工业化，加快建设制造强国、质量强国、航天强国、交通强国、网络强国、数字中国"。

我们要深入贯彻党的十九大和二十大精神，紧紧围绕统筹推进"五位一体"总体布局和协调推进"四个全面"战略布局，坚持新发展理念，坚持推动高质量发展，坚持以人民为中心的发展思想，牢牢把握交通"先行官"定位，适度超前，进一步解放思想、开拓进取，推动交通发展由追求速度规模向更加注重质量效益转变，由各种交通方式相对独立发展向更加注重一体化融合发展转变，由依靠传统要素驱动向更加注重创新驱动转变，构建安全、便捷、高效、绿色、经济的现代化综合交通体系，打造一流设施、一流技术、一流管理、一流服务，建成人民满意、保障有力、世界前列的交通强国，为全面建成社会主义现代化强国、实现中华民族伟大复兴中国梦提供坚强支撑。根据《交通强国建设纲要》，从2021年到本世纪中叶，分两个阶段推进交通强国建设。到2035年，基本建成交通强国。现代化综合交通体系基本形成，人民满意度明显提高，支撑国家现代化建设能力显著增强；拥有发达的快速网、完善的干线网、广泛的基础网，城乡区域交通协调发展达到新高度；基本形成"全国123出行交通圈"（都市区1小时通勤、城市群2小时通达、全国主要城市3小时覆盖）和"全球123快货物流圈"（国内1天送达、周边国家2天送达、全球主要城市3天送达），旅客联程运输便捷顺畅，货物多式联运高效经济；智能、平安、绿色、共享交通发展水平明显提高，城市交通拥堵基本缓解，无障碍出行服务体系基本完善；交通科技创新体系基本建成，交通关键装备先进安全，人才队伍精良，市场环境优良；基本实现交通治理体系和治理能力现代化；交通国际竞争力和影响力显著提升。到本世纪中叶，全面建成人民满意、保障有力、世界前列的交通强国。基础设施规模质量、技术装备、科技创新能力、智能化与绿色化水平位居世界前列，交通安全水平、治理能力、文明程度、国际竞争力及影响力达到国际先进水平，全面服务和保障社会主义现代化强国建设，人民享有美好交通服务。

二、世界道路交通安全法的历史发展

纵观世界道路交通发展的历史，学界通常将其分为三个阶段。第一阶段为步行时代，大约在公元前21世纪以前的这一时期，人类基本没有代步工具，主要靠人行走来完成道路交通活动；第二阶段为马车时代，大约是公元前21世纪至19世纪末汽车发明之前的这一时期，马车或其他畜力车为主要的交通工具；第三阶段为汽车时代，从1886年德国人卡尔·本茨发明汽车至今，人类社会便进入了以汽车为主要交通工具的时期。在人类社会道路交通的三个发展阶段中，各国也相应制定了道路交通安全法律、法规，以下仅简要介绍最早的古罗马时期的道路交通规则、联合国《道路交通公约》以及英国、美国道路交通安全法律规范的发展简史。

（一）古罗马时期的道路交通法规

早在古罗马凯撒大帝时期就产生了早期的交通安全法规，虽然规则的内容非常简单，但是对道路通行起到了一定的规范作用。例如，规定为了避免街道交通阻塞，车辆必须单向行驶；在规定时段，不准私人马车在城内行驶；其他城市来的车辆，必须停在城外，改步行或租乘本市马车进入城市，等等。为了保障规则的执行以及交通安全，还设有专门机构监督市民执行交通规则，交通警察在各自的区域负责处理交通事故。

（二）联合国《道路交通公约》（Convention on Road Traffic）

1886 年，德国人卡尔·本茨发明了世界上第一辆汽车，伴随着汽车的规模化生产，西方国家逐步从马车时代进入汽车时代。1909 年 10 月 11 日，一些国家在巴黎签订了《关于汽车交通的国际公约》，汽车的制造、国际通用的交通标志和交通信号等问题，在该公约中已作为基本问题加以规定。20 世纪初，人们认识到，汽车这种快速交通工具在带来道路交通和社会经济快速发展的同时，也带来道路交通事故以及拥挤堵塞等一系列道路交通问题。1925 年，在美国召开了世界警察大会，会议明确指出了交通警察的重要作用。1926 年 4 月 24 日，在巴黎达成了《关于道路交通的国际公约》和《关于汽车交通的国际公约》等新的公约，旨在修订和扩大 1909 年的公约。

1948 年 8 月 28 日，联合国经济及社会理事会通过的决议中提出在日内瓦召开联合国道路和汽车交通问题会议，并在 1949 年达成了《道路交通公约》和《关于路标和信号的议定书》，主要内容包括各个国家要承认国际公约条款，提供了世界通用的道路交通规则、交通标志和信号的统一、车辆牌照登记要求、驾驶证的相互承认等，形成了在国际范围内切实可行的关于交通规则的互惠协议。1966 年 7 月，理事会决定起草两个公约草案，由联合国欧洲经济委员会道路交通安全问题工作组的前身（第一工作组）负责。1968 年 10 月 7 日至 11 月 8 日，联合国在维也纳举行会议，对通过的两个案文［即《道路交通公约》（Convention on Road Traffic）和《路标和信号公约》（Convention on Road Signs and Signals）］举行了开放签字仪式，公约对交通规则、交通信号、交通标志、机动车、驾驶员管理等制定了一系列统一要求，以方便驾驶员和车辆在各国间适用统一的规则通行。当天便有 36 个国家在公约上签字，到 2006 年有 67 个缔约国。联合国《道路交通公约》的制定为各国道路通行规则的制定提供了参考，实现了缔约国与参加国之间机动车登记和驾驶许可的互相承认，促进了国家间交通运输、贸易和旅游，为道路安全提供保障。《道路交通公约》是全人类在道路交通管理方面的经验和知识的总结、协作及智慧的结晶，具有深远的影响和指导意义，其后虽经多次修改，但其结构和体系均没有太大变化，补充和修改的都是细节问题，说明其具有较强的稳定性和适应性，可以为各国制定道路交通安全法律规范提供普遍性的参考。[①]

（三）英国和美国的道路交通安全法

19 世纪之前的英国，马车是其主要的交通工具，只有少量的道路交通基本规则。英国最早的道路交通法规是 1955 年颁布的，内容很简单，只是规定沿街商户养护自己房前的路段；1756 年，英国通过了《伦敦桥保护法》，规定车辆过桥必须靠左行驶，而到了 1853 年，才规定全国道路施行左行制，并沿袭至今；1885 年，英国颁布《红旗法令》，规定汽车与马车会车时，要停下等候马车通过，给予马车优先权，也在一定程度上保障了交通安全。随着汽车数量的不断增多以及道路交通的发展，交通堵塞以及交通事故日益成为突出的社会问题。1930 年，英国议会通过了相关的交通法令，提出了单行线的规定；1935 年，施行了机动车驾驶人考试制度，以从源头上保障交通安全。此后，又制定了大量有关驾驶执照与考试、车辆登记、道路通行规则以及交通肇事、保险方面的道路交通安全法律规范。

1787 年，美国制定了第一部道路交通法规，只规定了向北行驶的马车、雪橇，遇到向南行驶的对面来车时，必须退让或躲避。1899 年，美国的艾诺编制了纽约市交通法典，1903 年，艾诺交通法典被纽约市政府采纳，1919 年修订并被美国道路运输委员会采纳使用。1930 年，美国颁布了《驾车规则》，规定驾驶员必须经过考试领取驾驶证，并在道路上设置了"安全岛"和信号灯，又制定了《统一机动车辆法》。1960 年以后，美国进一步加强了道路交通安全立法。1966 年，美国颁布了《公路交通安全法》，对汽车设定了联邦安全标准，制定了《公路安全规划标准》，包括机动车登记和检验、酒后驾驶、摩托车驾驶、公路设计、交通事故调查等内容。近年来，针对不断发展变化的道路交通形势，英国和美国颁布了比较多的道路交通法律规范，也在一定程度上保障了道路交通管理工作的顺利进行。[②]

---

① 刘建军，张新海主编. 道路交通安全法学 ［M］. 北京：中国人民公安大学出版社，2015.
② 袁西安，郑红雯主编. 道路交通安全法教程（修订本）［M］. 北京：中国人民公安大学出版社，2013.

第三节　道路交通安全法律关系

法律关系是一种社会关系，但并非所有的社会关系都是法律关系。只有由国家确认，由法律规范在调整人们行为过程中形成的权利和义务关系，才是法律关系。道路交通安全法律关系是法律关系中的一种，是由主体、内容、客体三个必不可少的要素构成，一定的法律事实能够引起道路交通安全法律关系的产生、变更和消灭。

一、道路交通安全法律关系的概念

道路交通安全法律关系，是由道路交通安全法律规范所调整的，公安机关与道路交通参与者之间因道路交通管理和进行道路交通活动而产生的，以道路交通权利和道路交通义务为内容的社会关系。道路交通安全法律关系与道路交通关系有密切的联系。但是，它们又存在重大的区别，它们是不同范畴的概念。道路交通活动是人类社会最基本的活动之一。人们进行道路交通活动就必然要形成一定的道路交通关系，这是不以人的意志为转移的客观的关系。道路交通安全法律关系则不同，它是道路交通安全法律规范调整特定的社会关系的结果。因此，道路交通安全法律关系是道路交通关系在法律上的反映，属于思想意识的范畴。包括确定当事人之间权利义务的民事法律关系，调整道路交通安全管理主体与相对人之间关系的行政法律关系以及当事人刑事法律责任的刑事法律关系，本节将主要论述道路交通安全管理行政法律关系。

二、道路交通安全法律关系的构成要素

任何一种具体的法律关系都是由特定的要素构成的，但并不是所有的要素对构成一个法律关系都是不可缺少的。法律关系的构成要素不是指法律关系中一般的要素，而是指构成法律关系不可缺少的、具有决定性意义的要素。道路交通安全法律关系与其他法律关系一样，都是由主体、内容、客体三个必不可少的要素构成。但是，同其他法律关系相比，构成道路交通安全法律关系的主体、内容和客体又具有自身的特点。

（一）道路交通安全法律关系的主体

1. 道路交通安全法律关系主体的概念

任何一项具体的道路交通安全法律关系，都必须有两个或两个以上的主体才能形成。因为只有两个或两个以上的主体之间才能产生权利和义务的关系。道路交通安全法律关系的主体，简称"道路交通安全法主体"，是指在道路交通安全法律关系中，依法享有道路交通权利和承担道路交通义务的当事人，包括依法进行道路交通安全管理的公安机关及其交通管理部门和进行交通有关活动的相对人。

2. 道路交通安全法律关系主体必须具备的条件

道路交通安全法律关系的主体和其他法律关系的主体一样，必须具备权利能力和行为能力。这是决定道路交通安全法律关系的参与者是否具有主体资格的重要条件。

（1）权利能力。权利和权利能力是两个不同的概念。权利，是指法律赋予主体享有的权益，表现为享有权利的人有权作出一定的行为和要求他人作出相应的行为。当其权利受到侵害时，可以请求国家机关以强制性的协助实现其权利。因此，权利是在法律关系中实际享有的具体的权益。权利能力不是指实际的具体的权益，它是指能够依法享受权利和承担义务的资格。具有了这种资格不一定就能实际取得权利。要取得实际的权利，必须作出一定的法律行为，与他人发生一定的法律关系。所以，权利能力是取得权利的资格，是法律上认定权利主体及取得权利的前提，而不是权利本身。

道路交通安全法律关系主体的权利能力，是指享有道路交通法律规范所规定的道路交通权利和承担道路交通义务的资格。公安机关交通管理部门的权利能力是道路交通安全法律规范加以明文规定的，因此，公安机关交通管理部门只能在其职权范围内活动。否则，不但行为无效，而且要承担相应的法律责任。

（2）行为能力。行为能力，是指能够以自己的行为依法行使权利和承担义务的资格。具有行为能力的人，首先要具有权利能力。但是，具有权利能力的人，不一定都有行为能力。为保护公民的合法权益和维护社会生活的正常进行，我国法律对自然人的行为能力作了年龄、智力和精神健康状况的规定。自然人只有达到一定的年龄，能够对自己的行为后果加以辨认，并能自觉控制自己的行为，才具有行为能力。

道路交通安全法律关系主体的行为能力，是指能够以自己的行为依法行使道路交通权利和承担道路交通义务的资格。具有完全民事行为能力的人，可以独立进行道路交通活动。限制民事行为能力的人，可以进行与他们年龄、智力、精神健康状况相称的道路交通活动，如行走、乘车等。但比较重要的道路交通活动不能进行，如驾驶机动车辆等。无民事行为能力的人，只能在他人的带领下进行一些一般的道路交通活动，如在道路上行走。

3. 道路交通安全法律关系主体的种类

道路交通安全法律关系的主体主要包括公安机关、法人和其他组织、中国公民、外国人和无国籍人。

（1）公安机关。公安部是全国道路交通的主管机关，县级以上各级人民政府的公安机关统一管理本行政区域内的道路交通事务。公安机关内部按职责分工，由公安机关交通管理部门具体负责实施道路交通管理，代表国家行使道路交通管理权。由于公安机关及其交通管理部门是道路交通活动的管理者，因此在道路交通安全法律关系中，公安机关及其交通管理部门是最主要的主体。缺少了这一主体，道路交通安全法律关系就不可能产生。

（2）法人和其他组织。法人和其他组织是道路交通及与道路交通有关活动的直接参与者，他们享有道路交通权利，也必须承担道路交通义务，服从公安机关交通管理部门及其交通警察的管理。在道路交通管理过程中，他们必然要与公安机关交通管理部门及其交通警察形成一定的道路交通安全法律关系，成为道路交通安全法律关系的一方当事人。

（3）中国公民。中国公民是道路交通最大的参与者，也是道路交通安全法律关系的重要主体。公民享有广泛的道路交通权利，也必须承担道路交通义务。公民在进行道路交通活动及与道路交通有关的活动中，也会与公安机关交通管理部门及其交通警察形成一定的道路交通安全法律关系。

（4）外国人和无国籍人。随着我国改革开放的不断深入，来我国从事经济、科学、文化、卫生等活动的外国人和无国籍人越来越多。外国人和无国籍人在我国境内道路上的交通行为或者进行与道路交通有关的活动，必须服从公安机关交通管理部门及其交通警察的管理。因此，外国人和无国籍人也能成为道路交通安全法律关系的主体。

（二）道路交通安全法律关系的内容

道路交通安全法律关系的内容，是指道路交通安全法律关系的主体依法享有的道路交通权利和承担的道路交通义务。它反映了道路交通安全法律关系主体的具体要求，决定了道路交通安全法律关系的实质，是联结双方当事人的纽带。任何一个具体的道路交通安全法律关系，都是由主体双方的权利和义务构成的。不具有道路交通权利和道路交通义务关系，也就不具有道路交通安全法律关系的属性。因而，道路交通安全法律关系的内容是构成道路交通安全法律关系的基本要素之一。

由于在道路交通活动中管理者与参与者的法律地位不同，因而在道路交通安全法律关系中他们的权利和义务也不相同。

1. 公安机关交通管理部门的权力和义务

《道路交通安全法》第五条第一款规定："国务院公安部门负责全国道路交通安全管理工作。县级以上地方各级人民政府公安机关交通管理部门负责本行政区域内的道路交通安全管理工作。"公安机关交通管理部门负责的道路交通安全管理工作主要包括指挥疏导交通、维护道路交通秩序、依法查处道路交通安全违法行为、预防和处理道路交通事故、机动车和驾驶人管理、开展交通安全宣传教育、实施道路交通应急管理以及法律、行政法规规定应当履行的其他职责。

公安机关交通管理部门和交通警察依法履行的职责，一方面是依法享有的权力；另一方面又是交通管理部门和交通警察必须履行的法定义务。其权力和义务具有同一性。公安机关交通管理部门及其交通警察在道路交通管理中除必须履行上述法定义务外，还必须履行下列义务：

第一，遵守执行法律、法规、规章和上级机关命令的义务。公安机关交通管理部门是公安机关所属的职能部门，而各级公安机关又是国家各级权力机关和各级人民政府的执行机关。公安机关的一个主要任务就是执行人民政府发布的规章和命令。同时，根据《人民警察法》的规定，下级必须服从上级。公安机关交通管理部门及其交通警察必须服从上级公安机关的领导。对上级公安机关的命令有异议时可以提出，但必须执行，所产生的法律后果由上级公安机关负责。

第二，保护人民合法权益、为人民服务的义务。公安机关及其交通警察是人民的公仆，保护人民的合法权益、全心全意为人民服务是其重要的法定义务。公安机关交通管理部门及其交通警察，必须在其职权范围内保护每一个公民、法人和其他组织的合法权益，使其不受非法侵害。对于公民、法人和其他组织的合法要求，有依法受理、确认、许可的义务。从根本上讲，公安机关交通管理部门及其交通警察对道路交通的管理，就是履行为人民服务的义务。通过对道路交通的管理，服务于人民，服务于道路交通，保护人身安全以及保护公民、法人和其他组织的财产安全及其他合法权益。

第三，依法赔偿的义务。公安机关交通管理部门及其交通警察，如违法行使道路交通管理职权，造成公民、法人和其他组织财产损失的，公安机关交通管理部门应依法履行赔偿的义务。

2. 公民、法人和其他组织的权利和义务

公民、法人和其他组织作为道路交通参与者，在道路交通中享有广泛的权利。他们享有依法进行道路交通活动及与道路交通有关活动的权利，有权采取各种形式进行道路交通活动，有权要求其他交通参与者作出一定的行为，或者抑制一定的行为，以使自己的道路权利得到实现。当其道路交通权利受到侵害时，有权要求公安机关交通管理部门和交通警察给予保护；他们享有对违反道路交通安全法律规范的行为进行劝阻、检举和控告的权利。

公民、法人和其他组织在道路交通活动中既享有道路交通权利，也应依法承担道路交通义务。其义务主要有：遵守国家的道路交通安全法律规范；服从公安机关交通管理部门及其交通警察的管理；不妨碍道路交通的安全与畅通，不破坏道路交通设施，不非法占用道路等。道路交通参与者不履行自己的法定义务，就应承担相应的法律责任。

（三）道路交通安全法律关系的客体

道路交通安全法律关系的客体，是指道路交通安全法律关系主体的道路交通权利和道路交通义务所共同指向的对象。如果没有客体，道路交通安全法律关系主体的权利和义务就不能实现，也就不可能形成道路交通安全法律关系。因此，道路交通安全法律关系的客体是道路交通安全法律关系的基本要素之一。道路交通安全法律关系的客体主要包括物、精神财富、行为。

1. 物

凡是与道路交通有关的物，以及在道路交通活动中所涉及的物都可以成为道路交通安全法律关系的客体。作为道路交通安全法律关系客体的物主要有道路、交通工具、交通管理设施、运输的货物、在道路上方和道路用地范围内架设的管线、悬挂的宣传标语和旗帜、设置的设施和物品等。作为一般等价物的货币也是一种特殊的物，主要有对道路交通参与者违反道路交通安全法律规范处以的罚款、道路交通事故中的损害赔偿金等。

2. 精神财富

道路交通安全管理法律关系中的精神财富，主要是指道路交通安全管理法律关系的名誉，如对于道路交通安全违法行为人的警告处罚，这时道路交通安全管理法律关系的客体就是精神财富，即相对人的名誉。

3. 行为

行为是道路交通安全法律关系中最主要、最普遍的客体。公安机关交通管理部门在道路交通管理中的交通管理行政行为，是道路交通安全法律关系重要的客体。公安交通管理的行政行为，是指由公安机关交通管理部门依法实施的，针对与道路交通相关的具体的人或具体事实，采取的直接产生法律效果的行政措施。其中具体的人，是指特定的道路交通参与者；具体的事，是指特定的与道路交通有关的事件。公安机关交通管理部门的这种行为，直接使相对人享有交通权利和承担交通义务。

道路交通安全法律关系中的行为包括：公安机关交通管理部门及其交通警察管理道路交通的活动，道路交通参与者进行的道路交通及与道路交通有关的活动。行为分为作为和不作为两种。作为又称积极的行为，是指道路交通安全法律规范要求当事人实施的行为，如公安机关交通管理部门及其交通警察按规定对机动车进行检验的行为。不作为又称消极的行为，是指道路交通安全法律规范对一定行为的抑制，如公安机关交通管理部门及其交通警察不得作出超越职权、滥用职权的行为；机动车驾驶人不得作出饮酒后驾驶机动车的行为。无论作为或不作为，只要是违反道路交通安全法律规范的行为，都要依法追究法律责任。具体来讲，公安机关交通管理部门的行政行为又可以分为以下几种。第一，命令。这是公安机关交通管理部门和交通警察依法要求相对人为特定行为或不为特定行为的权力。按其法律特征来讲，命令是公安机关交通管理部门的单方法律行为，不需要取得相对人的同意。命令的结果是相对人有服从的义务，违反或不执行命令就会受到相应的处罚，如交通警察在路口指挥车辆通过或停止。第二，禁止。这是公安机关交通管理部门依法不允许相对人为某种行为的权力，如禁止某类车辆驶入某一路段。第三，赋予。这是公安机关交通管理部门依法给予特定对象一定的权利，如对驾驶考核合格的人发放驾驶证。第四，许可。这是公安机关交通管理部门依法对特定的人或特定的事解除禁止，如准许某单位的货车在某段禁止货车行驶的区域行驶。第五，免除。这是公安机关交通管理部门依法解除特定的人的某种作为义务的权力，即特定的人按照法律规定，本应承担某种作为义务，但是由于某种情况的出现而解除其某种作为义务，如免除对轻微违反道路交通安全法律规范的行为人的处罚。第六，受理。这是公安机关交通管理部门对要求许可或免除的申请，表示受理并准备予以审定，如受理临时占道的申请。第七，批准。这是公安机关交通管理部门依法同意特定人取得某种法律资格或者实施某种行为的权力，如批准临时占道申请。第八，拒绝。这是公安机关交通管理部门对要求许可或免除的申请，依法不予同意，如不同意设置临时停车场。第九，确认。这是公安机关交通管理部门对某项有争议的，尚未最后确立的法律事实或法律关系，依法进行审核后予以肯定或否定的权力。第十，撤销。这是公安机关交通管理部门依法对某种法律资格予以取缔或消灭的权力，如吊销驾驶人的驾驶证。第十一，监督。这是公安机关交通管理部门依法对道路交通行为或者与道路交通有关的活动，进行监督的权力。此外，公安机关交通管理部门在道路交通管理中的具体行政行为还有没收、扣留、约束、强制拆除及拖移等。公安机关交通管理部门及其交通警察在道路交通管理中必须依法作出具体的行为。违法的具体行为，或者依法应作出却不采取具体行为的做法都是法律所不允许的。

三、道路交通安全法律关系的产生、变更和消灭

（一）道路交通安全法律事实

道路交通安全法律关系和所有的法律关系一样，都是由一定的法律事实所引起。法律事实是法学基础理论中的一个重要概念，是指能引起法律关系产生、变更和消灭的客观情况。构成法律事实必须同时具备两个条件：第一，法律规范有明确规定；第二，有符合法律规范规定的客观事实的出现。

1. 道路交通安全法律事实的构成要素

道路交通安全法律事实，是指能引起道路交通安全法律关系产生、变更和消灭的客观情况。道路交通安全法律关系是道路交通安全法律规范调整的结果。同其他法律关系一样，对道路交通安全法律关系有直接影响的要素有两个：第一，道路交通安全法律规范有明确规定。这是道路交通安全法律关系产生、变更和消灭的前提条件。没有道路交通安全法律规范的规定，就不可能有道路交通安全法律关系。第二，有道路交通安全法律规范所规定的客观事实的出现。这是道路交通安全法律关系产生、变更和消灭的直接原因。道路交通安全法律规范的规定，只是确定法律事实的依据。仅有道路交通安全法律规范的规定，还不能产生、变更和消灭道路交通安全法律关系。必须同时具备以上两个条件，才能使道路交通安全法律关系产生、变更和消灭。

道路交通安全法律规范、道路交通安全法律事实、道路交通安全法律关系三者之间的关系是：道路交通安全法律规范是确认道路交通安全法律事实的法律依据；道路交通安全法律事实是引起道路交通安全法律关系产生、变更和消灭的事实依据；道路交通安全法律关系，即当事人之间的道路交通权利和道路交通义务关系，是道路交通安全法律事实引起的法律后果。

2. 道路交通安全法律事实的种类

根据道路交通安全法律事实是否以人的主观意志为转移，可将道路交通安全

法律事实分为事件和行为两大类。

（1）事件。事件，是指不以人的意志为转移，但能引起道路交通安全法律关系产生、变更和消灭的客观现象。事件可以是自然现象，也可以是社会现象。在道路交通安全法律关系中，事件通常是自然现象。例如，埋在道路下的管道爆裂，造成道路塌陷，交通中断；山体滑坡，造成道路毁坏等。这些自然现象都能引起道路交通安全法律关系的产生、变更和消灭。

（2）行为。行为，是指人的有意识的活动。作为道路交通安全法律关系的行为，是指根据道路交通安全法律关系当事人的意志而进行的，能引起道路交通安全法律关系产生、变更和消灭的活动。道路交通安全法律关系的行为，按其不同的标准可以分为作为和不作为、合法行为和违法行为。但无论是作为还是不作为，是合法行为还是违法行为，都可以引起道路交通安全法律关系产生、变更和消灭的效果。

（二）道路交通安全法律关系的产生、变更和消灭

道路交通活动是现代社会人们的一项基本社会活动，而所有的道路交通活动，都是通过道路交通安全法律关系的不断产生、变更和消灭的方式进行的。

1. 道路交通安全法律关系的产生

所谓道路交通安全法律关系的产生，就是指由于一定的道路交通安全法律事实的出现，而在主体之间形成一定的道路交通权利和道路交通义务关系。例如，某人驾驶机动车上道路行驶，这一道路交通法律事实的出现就会使驾驶人和其他主体之间形成一定的道路交通权利和道路交通义务关系。

2. 道路交通安全法律关系的变更

道路交通安全法律关系的变更，是指已经在主体之间形成的道路交通权利和道路交通义务，由于一定的道路交通安全法律事实的出现而引起道路交通安全法律关系构成要素的变更。它既可以是主体的变更，也可以是内容或客体的变更。

3. 道路交通安全法律关系的消灭

道路交通安全法律关系的消灭，是指由于一定的道路交通安全法律事实的出现，使主体之间的道路交通权利和道路交通义务归于消灭。道路交通安全法律关系可以因主体履行了义务而消灭；也可以因不履行义务，按照法定的程序经有权批准机关的批准而消灭。

第四节　道路交通安全法学的研究对象、内容和方法

道路交通安全法学作为一门独立的学科，有其特定的研究对象。道路交通安全法学的研究内容比较丰富，是其研究对象的具体化；与此同时，道路交通安全法学具有交叉学科的特点，可以从不同的学科角度开展研究。

一、道路交通安全法学的研究对象

道路交通安全法学的研究对象是道路交通安全法以及道路交通安全法现象。根据之前关于道路交通安全法学概念的理解和表述，道路交通安全法学是从广义方面的界定，道路交通安全法学的研究对象是指与道路交通安全相关的所有法律规范的总和，它们以《道路交通安全法》为基本法构成了相对完整独立的道路交通安全法律体系。2003 年 10 月 28 日，第十届全国人民代表大会常务委员会第五次会议通过《道路交通安全法》；2007 年 12 月 29 日，根据第十届全国人民代表大会常务委员会第三十一次会议《关于修改〈中华人民共和国道路交通安全法〉的决定》第一次修正；2011 年 4 月 22 日，根据第十一届全国人民代表大会常务委员会第二十次会议《关于修改〈中华人民共和国道路交通安全法〉的决定》第二次修正；2021 年 4 月 29 日，根据第十三届全国人民代表大会常务委员会第二十八次会议《关于修改〈中华人民共和国道路交通安全法〉等八部法律的决定》第三次修正。

法的现象反映和取决于法的本质，法的本质隐藏在法的现象的背后。但法的现象又是认识法的本质及其规律性的基础，故认识法的本质不能脱离法的现象。法学的根本任务在于透过法的现象揭示法的本质及其内在规律性。其中，道路交通安全法现象是道路交通安全法在运行过程中产生的各种关系的总和，即道路交通安全法学的研究对象包括道路交通安全法律规范、道路交通安全法律规范的运行过程以及其与道路交通安全的相互作用等。

二、道路交通安全法学的研究内容

道路交通安全法，是指能够维护道路交通秩序，预防和减少交通事故，保护人身安全，保护公民、法人和其他组织的财产安全及其他合法权益，提高通行效率的各种道路交通安全管理法律规范的总称。这些法律规范，分别以法律、行政

法规、地方性法规、部门规章和地方规章等形式为载体，并联结为有机的法律体系。道路交通安全法学的研究内容是其研究对象的具体化，主要包括以下内容：

（一）道路交通安全法的历史发展

道路交通安全法学的研究内容之一就是探索和研究道路交通安全法的本质以及产生和发展的基本规律。道路交通安全法律规范是随着社会、经济的发展，特别是道路、车辆的发展而产生和发展的，并在不同的历史阶段形成一定的法律规范来调整当时的道路交通安全法律关系。当然，由于道路交通安全法学的研究对象比较广泛，它不仅研究道路交通安全法各组成部分的发展规律，还研究与其他法律、法规的关系，以及道路交通安全法学的历史发展及趋势。

（二）道路交通安全法律体系

从内容上来看，道路交通安全法律体系主要研究道路规范、车辆规范、通行规范、交通违法行为处罚、交通事故处理等各种有关道路交通的法律规范的总和，包括民事法律规范、行政法律规范和刑事法律规范的诸多内容；从效力等级来看，道路交通安全法律体系涉及道路交通安全的法律、法规、规章、技术标准以及相关的规范性文件。

（三）道路交通安全法律关系

法律关系是根据法律规范产生、以主体之间的权利与义务关系的形式表现出来的特殊社会关系，即在法律规范调整社会关系的过程中所形成的人们之间的权利和义务关系。道路交通安全法律关系是指受道路交通安全法调整的社会关系，具体来说，包括公安机关交通管理机关与行政相对人之间的道路交通管理行政关系、道路交通参与者之间的民事关系以及当事人承担刑事责任所构成的刑事法律关系。

（四）道路交通安全法的运行

法的运行是指法从创制、实施到实现的一个完整的过程。主要包括法的创制、法的遵守、法的执行和法的适用等环节。因此，道路交通安全法的运行也包括有关道路交通安全法律法规的制定、公安机关交通管理部门的执法、交通参与者的守法以及法律适用等过程。我们要全面推进科学立法、严格执法、公正司法、全民守法的法治化进程，以保证道路交通安全法的实际运行效果。

（五）道路交通安全法的比较研究

通过中外道路交通安全法律规范的比较研究，我们可以分析和借鉴其他国家和地区相对比较成熟的管理经验、措施与做法，并结合我国道路交通安全的实际情况，制定和实施有利于我国道路交通安全发展的法律、法规，更好地促进和保障我国社会经济的发展。

三、道路交通安全法学的研究方法

方法，是指为获得某种东西或达到某种目的而采取的手段与行为方式。研究方法是人们发现新现象、新事物或提出新理论、新观点，揭示事物内在规律的行为方式和手段。道路交通安全法学具有交叉学科的特点，其研究方法也具有多样性，可以从不同的学科角度出发，去研究道路交通现象及其问题，从而得到有价值的结论。道路交通安全法学的研究方法主要包括以下几种：

（一）价值分析法

价值，是指客体对主体的需要的满足程度。价值分析法就是通过认知和评价社会现象的价值属性，从而揭示、批判或者确定一定社会价值或理想的方法。法律规则在一定意义上就是对人们的行为进行价值判断的规则，[①] 即对道路交通参与者的行为进行价值判断和分析，从而制定和实施科学合理的道路交通安全法律规范。

（二）实证分析法

实证分析法，是指以可以证实的社会事实为分析对象的研究方法。道路交通现象和突出的问题是纷繁复杂的，道路交通安全法律规范是作为一种事实而存在的，因此，需要对道路交通安全法进行大量的实证分析。

（三）规范分析法

规范分析法，是指在思维过程中首先确定一个可靠的前提，并在这个前提的指引下通过逻辑论证得出具体的结论的一种思维方式。规范分析法与实证分析法作为哲学方法论范畴，经常会应用到其他学科领域。规范分析法是对研究对象进行的正当性研究，是从应然角度研究问题的方法。

（四）社会分析法

社会分析法，是指从社会学、经济学等角度来分析法律现象和法律问题的方法。道路交通安全法学随着社会经济的发展而不断发生变化，研究社会学、经济学等的基本方法也能够应用于道路交通安全法学的研究。

（五）比较分析法

比较分析法，是指对不同国家或地区的法律制度以及历史文化进行比较研究的方法。如对于各国危险驾驶罪、交通事故责任认定、电动自行车交通等法律制

---

① 谢晖. 诠释方法：通往真理之路［J］. 学习与探索，2001（5）.

度的比较研究，从中汲取经验，促进本国道路交通安全法学的发展。

（六）工程技术分析法

由于道路交通安全管理涉及相关技术手段和方法，道路交通安全法律体系中也有一些技术性标准等规范，尤其是在智慧交通时代，工程技术得到飞速发展，其给道路交通安全法律规范也带来了一定的挑战。因此，需要加强对技术标准及立法、执法方面的研究。

【思考题】

1. 如何理解道路交通安全法学的概念？
2. 我国道路交通安全法的历史发展经历了哪些阶段？
3. 如何理解我国道路交通安全法律关系的构成要素？
4. 道路交通安全法学的研究内容有哪些？
5. 研究道路交通安全法学有何意义？

第二章　道路交通安全法的立法宗旨、基本原则、渊源和效力

第一节　道路交通安全法的立法宗旨

《道路交通安全法》在制定之初提出的立法宗旨主要是"保障道路交通安全、缓解城市道路交通拥堵、严格管理与方便群众及加强对公安交通管理部门及其交通警察执法活动的规范和监督"①。草案经过数次修改，2003年10月28日第十届全国人民代表大会常务委员会第五次会议通过的《道路交通安全法》第一条表述为："为了维护道路交通秩序，预防和减少交通事故，保护人身安全，保护公民、法人和其他组织的财产安全及其他合法权益，提高通行效率，制定本法。"该条确立了道路交通安全法的立法宗旨包括维护道路交通秩序、预防和减少交通事故、保护人身和财产安全、提高通行效率。

一、预防和减少交通事故，保护人身和财产安全

中国共产党始终把人民群众的利益放在首位，党在领导立法过程中，也始终把人民群众的利益放在首位。在道路交通安全法立法过程中，立法者也应把人民群众的生命和财产安全放在至关重要的位置。道路交通事故是在道路交通安全领域严重损害群众人身和财产安全的主要原因，预防和减少交通事故，可以最大程度上保护群众的人身和财产安全。"道路交通安全法"这一立法名称也能反映《道路交通安全法》所突出追求的法的"安全"价值。"道路千万条，安全第一

---

① 在第九届全国人民代表大会常务委员会第二十五次会议上所作的《关于〈中华人民共和国道路交通安全法（草案）〉的说明》中阐述。

条",这一深入人心的口号,也反映了人民群众对于"安全"价值的认可。

在《道路交通安全法》第五次审议中,有人提出,制定道路交通安全法,应当把保护人身安全放在首位,突出以人为本的精神。据此,法律委员会建议将第一条改成现在所看到的表述。① 这也反映了《道路交通安全法》在制定时,首要宗旨就是保护人身和财产安全。

在《道路交通安全法》制定之前,我国道路交通安全形势严峻,道路交通事故特别是群死群伤的重特大交通事故逐年上升。时至今日,道路里程数、道路交通参与人数和交通工具数量还在持续增加,2001年中国的汽车保有量仅有1100万辆,截至2021年8月的统计数据,我国的汽车保有量达3.12亿辆,20余年间增加了27.36倍。得益于《道路交通安全法》多年来的有效实施,交通事故特别是群死群伤的重特大交通事故没有出现爆炸级增长。截至2024年6月底,全国机动车保有量达4.4亿辆,排名世界第一,人均机动车保有量还有一定的增长空间。随着我国改革开放不断深入,人民的生活水平不断提高,我国的机动车保有量还会进一步增加。道路交通安全压力还在进一步增长,道路交通安全预防和减少交通事故的任务依旧艰巨。

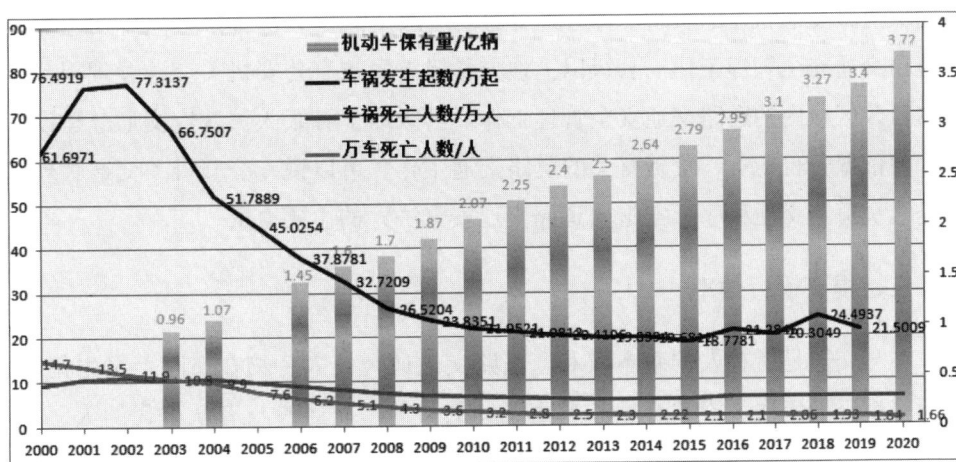

图 2-1　2000—2020 年我国道路交通事故变化态势②

---

① 时任全国人大法律委员会主任委员在第十届全国人民代表大会常务委员会第五次会议上所作的《全国人大法律委员会关于〈中华人民共和国道路交通安全法(草案)〉修改意见的报告》中阐述。

② 刘志峰.2021:新中国道路交通法规走过71年——《道路交通安全法》颁布18周年[J].商用汽车,2021(8):32.

二、维护道路交通秩序

如同自然界一样，秩序在人类生活中也起着极为重要的作用。法的价值追求也包括"秩序"价值，道路交通秩序是道路交通安全法必然要追求的价值。维护道路交通安全秩序自然是道路交通安全法的立法宗旨之一。道路交通通行之所以能实现，主要有赖于道路交通通行规则。在道路交通通行规则的指引下，各种交通参与者各行其道，才不会出现交通混乱。

维护道路交通秩序就是通过法律规范道路交通参与者的行为，让各交通参与者有序参与交通。良好的道路交通秩序可以避免和缓解道路交通拥堵、预防和减少道路交通事故、保障道路交通通行安全、提高道路交通通行能力。良好的通行秩序是道路交通参与者、管理者、全社会追求的道路交通的目标之一。良好的交通秩序不仅需要公安机关道路交通管理部门依法管理服务来实现，更需要交通参与者自觉遵守道路交通安全法律、法规来实现。

《道路交通安全法》中的道路交通规则就是构建道路交通秩序的主要依据。该法所确立的通行规则是道路交通参与者的行为准则，立法者希望通过规则的实施确保道路交通秩序的实现。《道路交通安全法》规定，国务院公安部门负责全国道路交通安全管理工作。县级以上地方各级人民政府公安机关交通管理部门负责本行政区域内的道路交通安全管理工作。县级以上各级人民政府交通、建设管理部门依据各自职责，负责有关的道路交通工作。可以说，公安机关交通管理部门是维护道路交通秩序、实施《道路交通安全法》的主要力量。

三、提高通行效率

参与交通是所有人的基本权利。道路交通通行使人、物在空间上发生位移，从而实现资讯流通、资源交换和自由流动的目的。交通参与者从古代的人、畜、马车，发展到今天的人、车、轨道等立体交通体系，参与者越来越复杂、数量越来越多，一定的道路所承载的通行压力也就越来越大。提高通行效率则是在有限的道路通行资源条件下满足更多的通行需求。道路通车里程不断增加，不同道路之间交汇不断增加，路网越来越密也越来越复杂，不同的道路之间必然存在交集，也存在通行的冲突。不同的交通参与者如行人与车辆、车辆与车辆之间的路权也时刻在产生着冲突，道路交通事故的频发便是通行权冲突严重升级的表现。一旦冲突产生或者升级，就会对道路通行效率产生不良的影响。而道路通行效率下降，也会带来社会运行效率下降和社会经济损失。《道路交通安全法》就是要通过对通行秩序的确立和维护，对通行条件的保障，保证道路交通整体的通行效率处在较高水平并不断提高。

《道路交通安全法》中对道路交通通行条件、事故预防与处理等规定，旨在不断减少阻碍道路通行效率提高的因素，立法者希望通过规则的制定和实施，缓解现实中不断出现的道路交通拥堵情况。同时也在立法中明确，对道路交通安全管理工作，应当加强科学研究，推广、使用先进的管理方法、技术、设备。新技术、新科技的发展，对推动道路通行效率起到了巨大作用。自《道路交通安全法》实施以来，各地交管部门不断探索优化交通规划与组织方案，不断加大新技术的运用，极大地提高了道路通行效率。特别是近年来，互联网、大数据、云计算、物联网、5G 网等技术打造了智慧交通网络，为道路交通发展提供了新的空间。

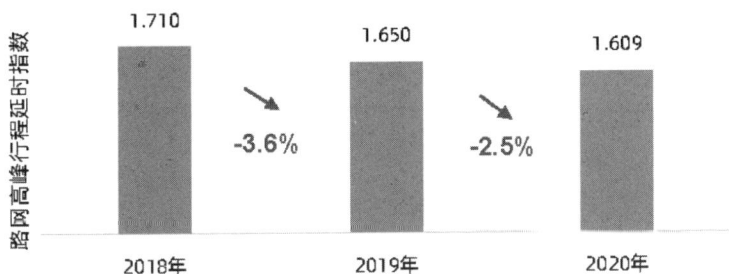

图 2-2　50 城路网高峰行程延时指数同比变化①

第二节　道路交通安全法的基本原则

道路交通安全法的基本原则是贯穿道路交通安全法治实践全过程并且对道路交通安全法制定、执行、适用和遵守具有规范和指导功能，体现道路交通安全法价值内核的根本准则，是行政法理念和行政法原则在道路交通安全法领域的具体化和实践。它可以揭示道路交通安全法的主要矛盾和本质，界定道路交通安全法发展的框架和方向，同时还能弥补道路交通安全法的漏洞，完善道路交通安全法体系。道路交通安全法作为行政法的一部分，应当遵守行政法的基本原则。但作为行政法的部门法，它也有自己的基本原则。

① 高德地图 . 2020 年度中国主要城市交通分析报告 . ［2021-01-18］https：//report. amap. com/share. do？id＝a187527876d07ac50177142eba987ce0.

我国道路交通安全相关立法在条文中直接规定了其应当遵循的基本原则。这些基本原则主要有以人为本、严格依法管理、公开公正、方便群众、教育与处罚相结合和科学管理等原则。道路交通安全管理工作是一项系统工程，涉及交通参与者、车辆、道路及其交通环境等诸多复杂因素，因此，必须建立并完善道路交通安全法律体系，依靠政府统一领导、各相关部门协调联动、全社会共同参与，做到依法管理和科学管理。

一、以人为本的原则

"以人为本"是一种对人在社会历史发展中的主体作用与地位的肯定，强调人在社会历史发展中的主体作用与目的地位；它是一种价值取向，强调尊重人、解放人、依靠人和为了人。道路交通安全法在适用上具有最大的广泛性、开放性和互动性，这一法律特点决定着人的因素始终是第一位的。道路交通安全管理的主体和客体均是由人参与的，管理的根本宗旨是"安全"。因此，道路交通管理工作要"以人民为中心"，保护人身安全，保护公民、法人和其他组织的财产安全及其他合法权益，同时，也要提高通行效率，维护良好的道路交通秩序，创造安全、文明、和谐的交通环境。坚持以人为本的立法理念，倡导人本化管理，坚持符合人的交通特性设计，既有利于得到广大人民群众的理解与支持，也有利于道路交通管理工作的实施，有利于道路交通安全法律、法规得到更普遍的适用。

坚持以人为本是社会主义法律制度的基本要求。在道路交通安全立法活动中，我们要常怀敬畏之心，始终尊重人民的主体地位，开门立法，从民意中汲取立法的动力和营养，保障人民各项权益，使道路交通立法更加充分体现广大人民群众的意愿。良法是善治之前提，科学立法、公众参与才能确保法律之良善。

坚持以人为本是实现道路交通安全立法宗旨的根本途径。以人为本与道路交通安全立法目的和立法价值是协调统一的。道路交通安全立法的宗旨是调整人们在道路交通活动中的法律关系，维护与保障道路交通的安全、有序和畅通。道路交通安全立法不能只单纯地考虑管理的需要，只有建立在人性基础上的立法，考虑绝大多数道路交通参与者需求的立法，才能显示人与法关系上的主体地位，才能体现道路交通安全立法的合理性。法律的生命力在于实施，符合人民需求的法律能更好地促进全民守法，实现良法善治的效果。

《道路交通安全法》在总结我国以往道路交通安全法律、法规的基础上，结合我国道路交通安全管理的实际，提出了若干道路交通安全立法的基本原则。其中，以人为本是道路交通安全立法最重要的基本原则。只有坚持以人为本的原则，才能确立在道路交通活动中人是第一位的理念，即"安全第一"，才能以人的生命以及财产安全为根本。只有树立以人为本的立法理念，才能真正理解其他立法原则的内涵。

二、严格依法管理的原则

严格依法管理，就是要求公安机关交通管理部门和交通警察要把交通管理的一切活动全部纳入法治的轨道，严格地执行交通法律、法规，合法、及时、公正地处理和解决道路交通问题。

严格依法管理，首先应严格遵守《道路交通安全法》及其实施条例和各项规章。公安机关交通管理部门对道路交通的管理权来源于法律，特别是《道路交通安全法》的授权，它是道路交通安全管理的依据。只有严格依法管理，执行好《道路交通安全法》以及相关的法规、规章，才能确保道路交通安全管理目的的实现。其次要控制执法的随意性，防止滥用或弃用自由裁量权。道路交通安全执法所面临的情况是复杂多变的，法律、法规不可能穷尽所有的情况，因此赋予执法者自由裁量权是十分必要的。但是，自由裁量权不是随意裁量权，应当避免被滥用。自由裁量权的行使，应当符合道路交通管理的目的，以事实为依据，与特定行为的事实、性质、情节、社会影响程度相当。同时也应当避免被弃用，不能因为害怕自由裁量或不会自由裁量，而对所有问题"一刀切"。这就违背了设定自由裁量权的初衷，也是没有依法管理的表现。

公安机关交通管理部门应当坚持法定职责必须为、法无授权不可为，勇于负责、敢于担当，坚决纠正不作为、乱作为。例如，所谓的"随意性执法""选择性执法""钓鱼式执法""运动式执法""放任式执法""为了执法而执法"等都是我们应当避免的执法误区。只有不断提高对《道路交通安全法》的理解，不断加强执法人员的素质和能力培养，不断强化《道路交通安全法》的实施，才能更好地促进道路交通安全立法目的的实现。

三、公开公正的原则

公开公正原则主要指行政公开和程序公正两个方面。

行政公开透明是预防行政主体恣意、滥权和腐败的有效手段。正所谓"阳光是最好的防腐剂"。公安机关交通管理部门在交通管理过程中应当遵循这一基本原则。例如，将固定式交通技术监控设备设置地点向社会公布，将相关道路交通许可进行公示等，满足公民对信息的需要。再如，所有的行政执法过程通过执法记录仪同步录音录像，禁止暗箱操作，让所有的民警习惯在镜头下执法。

法律正义包括实体正义和程序正义两个方面。正当的程序不仅仅是实体正义的工具，在许多情况下，只有通过正当程序方可求得正当的实体结果。它要求公安机关交通管理部门充分保障行政相对人的程序权利，在其受到不利对待时，充分给予其《道路交通安全法》赋予的陈述和申辩的机会。同时，工作人员不得处理与自己有利害关系的案件，遵守回避规定，避免偏私；不得单方面接触一方当事人，防止偏听偏信或先入为主。

四、方便群众的原则

高效便民就是要求行政机关依法高效率、高效益地行使职权，最大限度地方便群众，从而更好地服务于人民和实现行政管理的目标。它是行政管理规律和建设服务型政府的基本要求，是落实中央"深化行政执法体制改革"的题中应有之义。基于行政"为人民服务"的基本目标，行政机关应按照以人为本和方便群众的要求，及时有效、方便快捷地提供公共产品和公共服务，减少不必要的环节和麻烦。

高效就是以最低成本在最短时间内创造更多的成果。道路交通管理是现代服务行政的一方面，公众作为公共行政服务的受益人，有权利要求以尽可能低的成本获得更多、更优质的公共服务。近年来，公安机关借助"大数据""云计算"等科技手段，在便利群众方面效果显著。例如，公安机关交通管理部门在"驾管""车管"等业务工作上，不断简化办事流程，减少或取消线下审批，推广交管12123App，一个程序通办各类交管业务，大力推进"放管服"改革不断深化。

五、教育与处罚相结合的原则

教育与处罚相结合是《行政处罚法》的重要原则。行政处罚的目的，重在纠正违法行为，教育公民、法人和其他组织自觉遵守法律，实现"自发秩序"正常运行，全民自觉守法。自觉守法的治理成本远远低于行政处罚的治理成本，行政处罚应首先发挥预防功能，其次才是矫正功能。一罚了事、以罚代教、以罚代管，不是行政处罚的根本目的。

在所有公安行政处罚中，交通管理类处罚案件占到了大多数，由此可见，行政处罚是道路交通安全管理执法的重要内容。教育与处罚相结合的原则要求我们确立以下观念：处罚是手段，而不是目的；教育先行；处罚与教育并行。如果为了处罚而处罚，将处罚当作目的而不是手段，处罚的效果并未达到，道路交通安全风险持续存在。比如，有些交警在查处违法电动自行车时，只顾对违法行为人开罚单，并没有耐心教育违法行为人违法行为的危害。如果他们没有认识到行为的不良后果，则很难自觉遵守规则，还会产生侥幸心理，躲避交警，继续实施交通违法行为。《法治政府实施纲要（2015—2020 年）》规定："推广运用说服教育、劝导示范、行政指导、行政奖励等非强制手段。健全公民和组织守法信用记录，完善守法诚信褒奖机制和违法失信行为惩戒机制。"有些城市在交通路口设置了"现场教育点"，对交通违法行为人进行比较详细的安全教育，这样的举措就很好地体现了教育先行的理念，值得学习借鉴。

六、科学管理的原则

《道路交通安全法》第七条明确规定："对道路交通安全管理工作，应当加强科学研究，推广、使用先进的管理方法、技术、设备。"科学管理的原则是指在掌握道路交通管理规律的基础上，采用先进的科学管理理论、方法以及现代科学技术手段去处理和协调道路中的人、车、路与环境间的相互关系，以实现道路交通安全、畅通、高效率、低公害的目的。

那么，如何坚持科学管理的原则呢？首先要树立科学管理的理念。当前，我国在不断推进治理体系和治理能力现代化，各行各业都要树立科学管理的理念，向科技要生产力，不断追求管理能力与管理水平的优化提高，积极吸收先进科技参与道路交通管理。以社会共治大数据思维推动现代警务机制转型，围绕"法治化、精细化、智能化、规范化"进行业务创新。其次要应用推广科学管理的方法。近年来，我们在道路交通精细化管理上不断深入，探索出了诸多科学管理方法。例如，在复杂路口、综合枢纽、重点区域、环岛等的交通优化，可变车道、潮汐车道、公交车道、交替通行等的合理设置方面，积累了大量案例和科学做法，对提高道路交通通行安全与效率，做出了很大贡献。类似的科学管理方法，要根据道路交通的不断发展，不断调整、优化。最后要创新发展科学管理的技术。技术创新发展对解决交通管理过程中出现的问题，往往能起到至关重要的作用。例如，"城市交通大脑"，以视频云、大数据、人工智能为技术核心，建立了一个统一、开放、智能的"智慧交通"系统，有效打通城市动脉，提升市民出行体验，打击交通违法行为等，极大地提高了生产力。随着我国城镇化、机动化的快速发展和物联网、移动互联网、云计算、大数据等高新技术的融合应用，使得当前城市智能交通系统建设发展面临一次非常难得的机遇与挑战，同时也给交通管理带来新的变化和质的飞跃。为此，认清形势，抓住机遇，面对挑战，攻坚克难，科学决策，按照规范的建设流程建设先进实用、高度智能的智慧交通系统，从而建设交通强国，是我们这代人的历史使命。

第三节　道路交通安全法的渊源和效力

一、道路交通安全法的渊源

（一）法的渊源

法的渊源通常有两方面含义：一是法的历史渊源，即法作为一种社会存在是如何产生的；二是法的表现形式，即特定国家的法如何存在、如何识别。在部门法领域讨论某一部门法的渊源，通常是指法的表现形式这一意义。① 道路交通安全法的渊源就是道路交通安全法的表现形式。在宪法、法律、行政法规、地方性法规、自治条例和单行条例、部门规章、地方政府规章中，与道路交通安全有关的都是正式的法的渊源。

（二）我国道路交通安全法的渊源

1. 宪法

宪法居于整个国家法律体系的最顶端，在法律等级上具有最高效力，它是一切国家机关包括道路交通管理部门行使职权的根本依据。因此，宪法中有关国家行政机关及其职权、宪法原则、国家目标和基本任务等条款均是道路交通安全法的渊源。

2. 法律

这里的法律，是指全国人民代表大会及其常务委员会制定的有关道路交通安全的规范。法律是制定其他道路交通安全法规、规章等的直接依据。其地位和效力仅次于宪法，是道路交通安全法重要的渊源。在道路交通安全法律体系中属于法律的主要是《道路交通安全法》，其次是《刑法》《人民警察法》《行政处罚法》《行政许可法》《行政复议法》《行政诉讼法》《保险法》《民法典》等法律中与道路交通安全相关的条款。

3. 行政法规

行政法规由国务院制定，在全国范围内普遍适用。它是制定地方性法规、规章

---

① 《行政法与行政诉讼法学》编写组. 行政法与行政诉讼法学［M］. 北京：高等教育出版社，2017：22-23.

的依据。它的效力低于法律，高于地方性法规、规章。例如，《道路交通安全法实施条例》《机动车交通事故责任强制保险条例》和《校车安全管理条例》等。

4. 地方性法规

地方性法规是由设区的市以上的地方各级人民代表大会及其常务委员会制定的。它在本行政区域内有效，其效力高于本级和下级地方政府规章，如《江苏省道路交通安全条例》《南京市道路交通安全条例》。

5. 规章

规章分为部门规章和地方政府规章。部门规章是国务院各部委制定的，公安部作为主要的道路交通安全管理部门，制定了一系列规章，如《机动车登记规定》《机动车驾驶证申领和使用规定》《道路交通事故处理程序规定》《道路交通安全违法行为处理程序规定》等。部门规章在全国范围内广泛适用，日常生活中，老百姓接触较多。地方政府规章是由设区的市以上的地方各级人民政府制定的，如《江苏省道路交通事故社会救助基金管理办法》《北京市机动车停车管理办法》和《南京市停车场建设和管理办法》。

6. 其他法律渊源

其他法律渊源还有道路交通安全法律、法规的有权法律解释和国际条约与协定。有权法律解释，是指依法享有法律解释权的特定国家机关对有关法律文件进行具有法律效力的解释，主要有立法解释、司法解释和行政解释。国际条约与协定是由签约国制定，适用于条约和协定及国内规定的范围，这些条约或者协定中与道路交通管理相关的也是交通安全法律、法规的渊源，它们大多在涉外道路交通管理案件中应用。

（三）道路交通安全法渊源的位阶

不同法律渊源之间的效力有所不同，就同一事项规定相冲突的时候，遵循三个基本的冲突解决规则：第一，上位法优于下位法；第二，特别法优于一般法；第三，新法优于旧法。后两种规则在冲突规则属于同一位阶时才适用。

具体而言，宪法具有最高的法律效力，一切法律、行政法规、地方性法规、自治条例和单行条例、规章都不得同宪法相抵触。法律的效力高于行政法规、地方性法规、规章。行政法规的效力高于地方性法规、规章。地方性法规的效力高于本级和下级地方政府规章。省、自治区的人民政府制定的规章的效力高于本行政区域内的设区的市、自治州的人民政府制定的规章。部门规章之间、部门规章与地方政府规章之间具有同等效力，在各自的权限范围内施行。

法律之间对同一事项的新的一般规定与旧的特别规定不一致，不能确定如何适用时，由全国人民代表大会常务委员会裁决。行政法规之间对同一事项的新的一般规定与旧的特别规定不一致，不能确定如何适用时，由国务院裁决。地方性法规、规章之间不一致时，由有关机关依照下列规定的权限作出裁决；同一机关制定的新的一般规定与旧的特别规定不一致时，由制定机关裁决。地方性法规与部门规章之间对同一事项的规定不一致，不能确定如何适用时，由国务院提出意见，国务院认为应当适用地方性法规的，应当作出在该地方适用地方性法规的规定；认为应当适用部门规章的，应当提请全国人民代表大会常务委员会裁决。部门规章之间、部门规章与地方政府规章之间对同一事项的规定不一致时，由国务院裁决。

二、道路交通安全法的效力

道路交通安全法的效力也就是道路交通安全法的适用范围，具体包括对人的效力、空间效力和时间效力。

（一）对人的效力

《道路交通安全法》第二条规定，中华人民共和国境内的车辆驾驶人、行人、乘车人以及与道路交通活动有关的单位和个人，都应当遵守本法。这是对人的效力规定。

（二）空间效力

《道路交通安全法》第一百一十九条规定，"道路"，是指公路、城市道路和虽在单位管辖范围但允许社会机动车通行的地方，包括广场、公共停车场等用于公众通行的场所。这是地域的效力。道路应当具有供公众使用的公共性质，仅供本单位车辆和行人通行的地方，交通管理部门没有义务对其进行管理的，因不具备公共性质，不能列为道路。车辆在道路以外通行时发生的事故，公安机关交通管理部门接到报案的，参照《道路交通安全法》有关规定办理。在"非道路"上发生的人身伤亡、财物损失事故或其他事故，仍然适用侵权责任相关法律调整。

（三）时间效力

时间效力，是指法律规范从什么时间生效和什么时间失效，以及该法律规范对颁布之前的行为是否具有溯及力。例如，《道路交通安全法》第一百二十四条规定："本法自 2004 年 5 月 1 日起施行。"又如，《道路交通事故处理程序规定》第一百一十四条规定："本规定自 2018 年 5 月 1 日起施行。2008 年 8 月 17 日发布的《道路交通事故处理程序规定》（公安部令第 104 号）同时废止。"

【思考题】

1. 如何理解道路交通安全法的立法宗旨？

2. 在实践工作中如何运用道路交通安全法的基本原则？

3. 如何正确理解道路交通安全法的渊源和效力？

第三章　道路通行管理制度和规范

第一节　机动车管理制度

　　机动车管理是公安机关交通管理部门依据国家有关法律、法规和政策，对机动车进行查验、登记、核发牌证，对车辆制造、机动车安全检验进行安全监督的一项专门工作。2004 年，为贯彻实施《道路交通安全法》以及《道路交通安全法实施条例》，公安部发布了《机动车登记规定》，在规范机动车业务办理、推进简政放权优化服务、预防和减少道路交通事故等方面发挥了重要作用。2021 年 12 月，公安部第 164 号令修订了《机动车登记规定》，主要是深化简政便民利企，新推出私家车新车上牌免查验、小客车登记全国"一证通办"、车辆信息变更"跨省通办"等便民措施；深化重点车辆监管，严格"两客一危"重点车辆登记审查，严格违法违规车辆嫌疑调查；深化业务监督管理，加强对办理车辆登记查验、牌证发放等工作的监督管理。具体来说，机动车管理制度主要包括机动车登记制度、机动车安全技术检验制度和机动车强制报废制度。

一、机动车登记制度

（一）机动车登记制度的概念

　　机动车登记制度，是指公安机关车辆管理部门依法对我国民用机动车辆的车主、住址、电话、单位代码、居民身份证、车辆类型、厂牌型号以及车辆技术参数和车辆变更、转移、抵押、注销等情况所实行的管理制度。其中的"机动车"，是指以动力装置驱动或者牵引，上道路行驶的供人员乘用或者用于运送物品以及进行工程专项作业的轮式车辆。与机动车登记相关的法律依据主要是《道路交通安全法》《道路交通安全法实施条例》以及《机动车登记规定》等法律、法规。

（二）机动车登记的种类

根据《道路交通安全法》《道路交通安全法实施条例》以及《机动车登记规定》等法律、法规，机动车登记主要包括注册登记、变更登记、转让登记、抵押登记和注销登记。

1. 注册登记

注册登记，是指对未办理登记的机动车，经机动车所有人申请，由公安机关交通管理部门核发登记证书、号牌、行驶证，准予其上路行驶的行为。《机动车登记规定》第二章第一节对注册登记作了相关具体的规定。

（1）注册登记的一般规定。"初次申领机动车号牌、行驶证的，机动车所有人应当向住所地的车辆管理所申请注册登记。""机动车所有人应当到机动车安全技术检验机构对机动车进行安全技术检验，取得机动车安全技术检验合格证明后申请注册登记。但经海关进口的机动车和国务院机动车产品主管部门认定免予安全技术检验的机动车除外。"

（2）注册登记的特殊规定。"车辆管理所办理消防车、救护车、工程救险车注册登记时，应当对车辆的使用性质、标志图案、标志灯具和警报器进行审查。机动车所有人申请机动车使用性质登记为危险货物运输、公路客运、旅游客运的，应当具备相关道路运输许可；实现与有关部门联网核查道路运输许可信息、车辆使用性质信息的，车辆管理所应当核对相关电子信息。申请危险货物运输车登记的，机动车所有人应当为单位。车辆管理所办理注册登记时，应当对牵引车和挂车分别核发机动车登记证书、号牌、行驶证和检验合格标志。"同时，为了提供便民服务，还规定"车辆管理所实现与机动车制造厂新车出厂查验信息联网的，机动车所有人申请小型、微型非营运载客汽车注册登记时，免予交验机动车。车辆管理所应当会同有关部门在具备条件的摩托车销售企业推行摩托车带牌销售，方便机动车所有人购置车辆、投保保险、缴纳税款、注册登记一站式办理。"申请注册登记的，机动车所有人应当交验机动车，确认申请信息，并提交法定的证明、凭证。

（3）不予注册登记的规定。有下列情形之一的，不予办理注册登记：①机动车所有人提交的证明、凭证无效的；②机动车来历证明被涂改或者机动车来历证明记载的机动车所有人与身份证明不符的；③机动车所有人提交的证明、凭证与机动车不符的；④机动车未经国务院机动车产品主管部门许可生产或者未经国家进口机动车主管部门许可进口的；⑤机动车的型号或者有关技术参数与国务院机动车产品主管部门公告不符的；⑥机动车的车辆识别代号或者有关技术参数不符合国家安全技术标准的；⑦机动车达到国家规定的强制报废标准的；⑧机动车被监察机关、人民法院、人民检察院、行政执法部门依法查封、扣押的；⑨机动车属于被盗抢骗的；⑩其他不符合法律、行政法规规定的情形。

2. 变更登记

变更登记，是指已注册登记的机动车部分登记内容发生变化，经机动车所有人申请，公安机关交通管理部门对依法可以变更的情形给予认可并登记的行为。《机动车登记规定》第二章第二节对于变更登记作了相关具体的规定。

（1）申请变更登记的规定。已注册登记的机动车有下列情形之一的，机动车所有人应当向登记地车辆管理所申请变更登记：①改变车身颜色的；②更换发动机的；③更换车身或者车架的；④因质量问题更换整车的；⑤机动车登记的使用性质改变的；⑥机动车所有人的住所迁出、迁入车辆管理所管辖区域的。属于第一款第一项至第三项规定的变更事项的，机动车所有人应当在变更后十日内向车辆管理所申请变更登记。机动车所有人申请转出、转入前，应当将涉及该车的道路交通安全违法行为和交通事故处理完毕。申请变更登记的，机动车所有人应当交验机动车，确认申请信息，并提交法定证明、凭证。车辆管理所应当自受理之日起一日内，查验机动车，审查提交的证明、凭证，在机动车登记证书上签注变更事项，收回行驶证，重新核发行驶证。此外，对于机动车变更登记中可能遇到的种种情形，也都作了比较细致的规定，如当机动车所有人为两人以上，需要将登记的所有人姓名变更为其他共同所有人姓名的，可以向登记地车辆管理所申请变更登记；对于同一机动车所有人名下机动车的号牌号码需要互换，符合法定情形的，可以向登记地车辆管理所申请变更登记。

（2）不予变更登记的情形。有下列情形之一的，不予办理变更登记：①改变机动车的品牌、型号和发动机型号的，但经国务院机动车产品主管部门许可选装的发动机除外；②改变已登记的机动车外形和有关技术参数的，但法律、法规和国家强制性标准另有规定的除外；③属于第十五条第一项、第七项、第八项、第九项规定情形的。距机动车强制报废标准规定要求使用年限一年以内的机动车，不予办理第十六条第五项、第六项规定的变更事项。

（3）不需要变更登记的情形。有下列情形之一，在不影响安全和识别号牌的情况下，机动车所有人不需要办理变更登记：①增加机动车车内装饰；②小型、微型载客汽车加装出入口踏步件；③货运机动车加装防风罩、水箱、工具箱、备胎架等。属于第一款第二项、第三项规定变更事项的，加装的部件不得超出车辆宽度。

（4）申请变更备案的情形。已注册登记的机动车有下列情形之一的，机动车所有人应当在信息或者事项变更后三十日内，向登记地车辆管理所申请变更备案：①机动车所有人住所在车辆管理所管辖区域内迁移、机动车所有人姓名（单位名称）变更的；②机动车所有人身份证明名称或者号码变更的；③机动车所有人联系方式变更的；④车辆识别代号因磨损、锈蚀、事故等原因辨认不清或者损坏的；⑤小型、微型自动挡载客汽车加装、拆除、更换肢体残疾人操纵辅助装置的；⑥载货汽车、挂车加装、拆除车用起重尾板的；⑦小型、微型载客汽车在不改变车身主体结构且保证安全的情况下加装车顶行李架，换装不同式样散热器面罩、保险杠、轮毂的；属于换装轮毂的，不得改变轮胎规格。

3. 转让登记

转让登记，是指已注册登记的机动车的所有权发生转移后，根据现机动车所有人申请，经公安机关交通管理部门审查后，对已登记的机动车所有人信息予以变更的行为。《机动车登记规定》第二章第三节对转让登记作了相关具体的规定。

（1）转让登记的一般规定。已注册登记的机动车所有权发生转让的，现机动车所有人应当自机动车交付之日起三十日内向登记地车辆管理所申请转让登记。机动车所有人申请转让登记前，应当将涉及该车的道路交通安全违法行为和交通事故处理完毕。申请转让登记的，现机动车所有人应当交验机动车，确认申请信息，并提交法定的证明、凭证。车辆管理所应当自受理申请之日起一日内，查验机动车，核对车辆识别代号拓印膜或者电子资料，审查提交的证明、凭证，收回号牌、行驶证，确定新的机动车号牌号码，在机动车登记证书上签注转让事项，重新核发号牌、行驶证和检验合格标志。在机动车抵押登记期间申请转让登记的，应当由原机动车所有人、现机动车所有人和抵押权人共同申请，车辆管理所一并办理新的抵押登记。在机动车质押备案期间申请转让登记的，应当由原机动车所有人、现机动车所有人和质权人共同申请，车辆管理所一并办理新的质押备案。

（2）不予转让登记的规定。有以下情形之一的，不予办理转让登记：①机动车与该车档案记载内容不一致的；②属于海关监管的机动车，海关未解除监管或者批准转让的；③距机动车强制报废标准规定要求使用年限一年以内的机动车；④属于《机动车登记规定》第十五条第一项、第二项、第七项、第八项、第九项规定情形的。

4. 抵押登记

抵押登记，是指已注册登记的机动车作为抵押物抵押，根据抵押权人和机动车所有人申请，经公安机关交通管理部门审查后，对抵押状态予以登记的行为。《机动车登记规定》第二章第四节对抵押登记作了相关具体的规定。

（1）抵押登记的一般规定。机动车作为抵押物抵押的，机动车所有人和抵押权人应当向登记地车辆管理所申请抵押登记；抵押权消灭的，应当向登记地车辆管理所申请解除抵押登记。申请抵押登记的，由机动车所有人和抵押权人共同申请，确认申请信息，并提交法定的证明、凭证。车辆管理所应当自受理之日起一日内，审查提交的证明、凭证，在机动车登记证书上签注抵押登记的内容和日期。在机动车抵押登记期间，申请因质量问题更换整车变更登记、机动车迁出迁入、共同所有人变更或者补领、换领机动车登记证书的，应当由机动车所有人和抵押权人共同申请。

（2）解除抵押登记的规定。申请解除抵押登记的，由机动车所有人和抵押权人共同申请，确认申请信息，并提交机动车所有人和抵押权人的身份证明、机动车登记证书等证明、凭证。人民法院调解、裁定、判决解除抵押的，机动车所有人或者抵押权人应当确认申请信息，提交机动车登记证书、人民法院出具的已经生效的调解书、裁定书或者判决书，以及相应的协助执行通知书。车辆管理所应当自受理之日起一日内，审查提交的证明、凭证，在机动车登记证书上签注解除抵押登记的内容和日期。

此外，为了更好地方便群众办理相关登记业务，机动车抵押、解除抵押信息实现与有关部门或者金融机构等联网核查的，申请人免予提交相关证明、凭证。机动车抵押登记日期、解除抵押登记日期可以供公众查询。

5. 注销登记

注销登记，是指已注册登记的机动车因报废、灭失等原因，不再继续在我国境内道路上行驶，公安机关交通管理部门对机动车的原有登记予以注销，取消其上路行驶的资格，并收回其登记证书、号牌、行驶证的行为。《机动车登记规定》第二章第五节对注销登记作了相关具体的规定。

（1）申请注销登记的情形。机动车有下列情形之一的，机动车所有人应当向登记地车辆管理所申请注销登记：①机动车已达到国家强制报废标准的；②机动车未达到国家强制报废标准，机动车所有人自愿报废的；③因自然灾害、失火、交通事故等造成机动车灭失的；④机动车因故不在我国境内使用的；⑤因质量问题退车的。属于第一款第四项、第五项规定情形的，机动车所有人申请注销登记前，应当将涉及该车的道路交通安全违法行为和交通事故处理完毕。属于二手车出口符合第一款第四项规定情形的，二手车出口企业应当在机动车办理海关出口通关手续后二个月内申请注销登记。

（2）车辆管理所办理机动车注销和公告机动车登记证书、号牌、行驶证作废的情形。已注册登记的机动车有下列情形之一的，登记地车辆管理所应当办理机动车注销：①机动车登记被依法撤销的；②达到国家强制报废标准的机动车被依法收缴并强制报废的。此外，已注册登记的机动车有下列情形之一的，车辆管理所应当公告机动车登记证书、号牌、行驶证作废：①达到国家强制报废标准，机动车所有人逾期不办理注销登记的；②机动车登记被依法撤销后，未收缴机动车登记证书、号牌、行驶证的；③达到国家强制报废标准的机动车被依法收缴并强制报废的；④机动车所有人办理注销登记时未交回机动车登记证书、号牌、行驶证的。

二、机动车安全技术检验制度

（一）机动车安全技术检验制度的概念

机动车安全技术检验制度，是指经登记后上路行驶的机动车，依照法律、法规的规定，根据车辆用途、载客载货数量、使用年限等情况，定期进行安全技术检验，向公安机关交通管理部门申领检验合格标志的制度。《道路交通安全法》《道路交通安全法实施条例》以及《机动车登记规定》等法律、法规对于机动车安全技术检验制度都作了具体的规定。此外，相关技术标准主要包括《机动车安全技术检验项目和方法》（GB 38900-2020）和《机动车运行安全技术条件》（GB 7258-2017）。其中，《机动车安全技术检验项目和方法》（GB 38900-2020）规定了机动车安全检验的检验方式、工位、项目、常用设备和工具以及检验流程、检验方法、检验结果及审核、合格签章与资料收存等详细要求，是指导机动车安全检验的强制性行业标准。

（二）机动车安全技术检验制度的主要内容

1. 免予安全技术检验

《道路交通安全法》第十条规定，"准予登记的机动车应当符合机动车国家安全技术标准。申请机动车登记时，应当接受对该机动车的安全技术检验。但是，经国家机动车产品主管部门依据机动车国家安全技术标准认定的企业生产的机动车型，该车型的新车在出厂时经检验符合机动车国家安全技术标准，获得检验合格证的，免予安全技术检验"。

2. 机动车定期安全技术检验

《道路交通安全法》第十三条规定，对登记后上道路行驶的机动车，应当依照法律、行政法规的规定，根据车辆用途、载客载货数量、使用年限等不同情况，定期进行安全技术检验。对提供机动车行驶证和机动车第三者责任强制保险单的，机动车安全技术检验机构应当予以检验，任何单位不得附加其他条件。对符合机动车国家安全技术标准的，公安机关交通管理部门应当发给检验合格标志。

3. 机动车的安全技术检验社会化

对机动车的安全技术检验实行社会化，具体办法由国务院规定。机动车安全技术检验实行社会化的地方，任何单位不得要求机动车到指定的场所进行检验。公安机关交通管理部门、机动车安全技术检验机构不得要求机动车到指定的场所进行维修、保养。机动车安全技术检验机构对机动车检验收取费用，应当严格执行国务院价格主管部门核定的收费标准。机动车安全技术检验机构实施机动车安全技术检验超过国务院价格主管部门核定的收费标准收取费用的，退还多收取的费用，并由价格主管部门依照《中华人民共和国价格法》的有关规定给予处罚。机动车安全技术检验机构不按照机动车国家安全技术标准进行检验，出具虚假检验结果的，由公安机关交通管理部门处所收检验费用五倍以上十倍以下罚款，并依法撤销其检验资格；构成犯罪的，依法追究刑事责任。《道路交通安全法实施条例》第十五条规定，"机动车安全技术检验由机动车安全技术检验机构实施。机动车安全技术检验机构应当按照国家机动车安全技术检验标准对机动车进行检验，对检验结果承担法律责任。质量技术监督部门负责对机动车安全技术检验机构实行计量认证管理，对机动车安全技术检验设备进行检定，对执行国家机动车安全技术检验标准的情况进行监督。机动车安全技术检验项目由国务院公安部门会同国务院质量技术监督部门规定"。《机动车登记规定》对机动车安全技术检验作了诸多具体的规定，其中第七十二条规定，"机动车安全技术检验机构应当按照国家机动车安全技术检验标准对机动车进行检验，对检验结果承担法律责任。公安机关交通管理部门在核发机动车检验合格标志时，发现机动车安全技术检验机构存在为未经检验的机动车出具检验合格证明、伪造或者篡改检验数据等出具虚假检验结果行为的，停止认可其出具的检验合格证明，依法进行处罚，并通报市场监督管理部门；构成犯罪的，依法追究相关责任人员刑事责任"。

三、机动车强制报废制度

（一）机动车强制报废制度的概念

机动车强制报废制度，是指国家根据机动车的安全技术状况和不同用途，规定不同的报废标准，对于已达到国家报废标准的机动车，由国家强制回收拆解，防止拼装、组装后重新上道路行驶的制度。

（二）机动车强制报废制度的主要内容

《道路交通安全法》第一百条规定，"驾驶拼装的机动车或者已达到报废标准的机动车上道路行驶的，公安机关交通管理部门应当予以收缴，强制报废"。根据《机动车登记规定》第四十条的有关规定，达到国家强制报废标准的已注册登记的机动车被依法收缴并强制报废的，登记地车辆管理所应当办理机动车注销。《道路交通安全法实施条例》第九条还规定："已注册登记的机动车达到国家规定的强制报废标准的，公安机关交通管理部门应当在报废期满的 2 个月前通知机动车所有人办理注销登记。机动车所有人应当在报废期满前将机动车交售给机动车回收企业，由机动车回收企业将报废的机动车登记证书、号牌、行驶证交公安机关交通管理部门注销。机动车所有人逾期不办理注销登记的，公安机关交通管理部门应当公告该机动车登记证书、号牌、行驶证作废……"同时，按照商务部、国家发展和改革委员会、公安部、环境保护部令 2012 年第 12 号《机动车强制报废标准规定》，已注册机动车有下列情形之一的应当强制报废，其所有人应当将机动车交售给报废机动车回收拆解企业，由报废机动车回收拆解企业按规定进行登记、拆解、销毁等处理，并将报废机动车登记证书、号牌、行驶证交公安机关交通管理部门注销：达到规定使用年限的；经修理和调整仍不符合机动车安全技术国家标准对在用车有关要求的；经修理和调整或者采用控制技术后，向大气排放污染物或者噪声仍不符合国家标准对在用车有关要求的；在检验有效期届满后连续 3 个机动车检验周期内未取得机动车检验合格标志的。

各类机动车使用年限分别如下：

（1）小、微型出租客运汽车使用 8 年，中型出租客运汽车使用 10 年，大型出租客运汽车使用 12 年；

（2）租赁载客汽车使用 15 年；

（3）小型教练载客汽车使用 10 年，中型教练载客汽车使用 12 年，大型教练载客汽车使用 15 年；

（4）公交客运汽车使用 13 年；

（5）其他小、微型营运载客汽车使用 10 年，大、中型营运载客汽车使用 15 年；

（6）专用校车使用 15 年；

（7）大、中型非营运载客汽车（大型轿车除外）使用 20 年；

（8）三轮汽车、装用单缸发动机的低速货车使用 9 年，装用多缸发动机的低速货车以及微型载货汽车使用 12 年，危险品运输载货汽车使用 10 年，其他载货汽车（包括半挂牵引车和全挂牵引车）使用 15 年；

（9）有载货功能的专项作业车使用 15 年，无载货功能的专项作业车使用 30 年；

（10）全挂车、危险品运输半挂车使用 10 年，集装箱半挂车使用 20 年，其他半挂车使用 15 年；

（11）正三轮摩托车使用 12 年，其他摩托车使用 13 年。

第二节　机动车驾驶人管理制度

机动车驾驶人管理，是指公安机关交通管理部门根据道路交通安全法律规范和有关技术标准，对车辆驾驶人进行考试、发证、审验、变更、教育、档案管理以及指导和监督相关部门对驾驶人进行管理的活动。公安机关交通管理部门对机动车驾驶人管理主要是通过对机动车驾驶证的管理来实现。2021 年 12 月公安部令第 162 号修订了《机动车驾驶证申领和使用规定》，公安部令第 163 号制定了新的部门规章《道路交通安全违法行为记分管理办法》。对于部门规章的制定，是坚持全面依法行政，在法治轨道上推进道路交通治理体系和治理能力现代化的需要；是坚持以人民为中心，主动满足人民群众对美好生活向往的需要；是坚持放管并重，筑牢交通安全车驾准入防线的需要；是坚持全面从严治警，推进交警队伍正规化专业化职业化建设的需要。

其中，《机动车驾驶证申领和使用规定》聚焦推出更多服务措施，保障改革与法治协同，更好地服务人民群众；聚焦强化重点驾驶人管理，保障公共安全，引导鼓励驾驶职业培训教育发展；聚焦改进驾驶证申领使用制度，增加"轻型牵引挂车"车型；聚焦健全驾驶考试监管机制，加强对县级车管所、社会考场的监督管理，严格违法违规考试责任追究。此外，《道路交通安全违法行为记分管理办法》突出"四个坚持"：坚持宽严相济，系统调整记分分值；坚持教育引领，增加减免记分规定；坚持重点管理，严格满分教育制度；坚持严格执法，保证公开公平公正，其主要目的是更好地发挥记分制度的作用，坚持宽严相济，强化教育引导，提升驾驶人安全文明意识。

一、机动车驾驶证申领制度

（一）机动车驾驶证申领制度的概念

机动车驾驶证申领制度，是指公安机关交通管理部门根据申请人的申请，按照法定的程序进行考核审查，对符合条件的申请人核发机动车驾驶证件，准予申请人驾驶相应类别机动车上道路行驶的制度。

（二）申请机动车驾驶证的条件

根据《机动车驾驶证申领和使用规定》，申请人申请机动车驾驶证时，需要满足一定的年龄条件和身体条件，并提交申请人的身份证明和医疗机构出具的有关身体条件的证明。

1. 年龄条件

（1）申请小型汽车、小型自动挡汽车、残疾人专用小型自动挡载客汽车、轻便摩托车准驾车型的，在 18 周岁以上。

（2）申请低速载货汽车、三轮汽车、普通三轮摩托车、普通二轮摩托车或者轮式专用机械车准驾车型的，在 18 周岁以上，60 周岁以下；

（3）申请城市公交车、中型客车、大型货车、轻型牵引挂车、无轨电车或者有轨电车准驾车型的，在 20 周岁以上，60 周岁以下；

（4）申请大型客车、重型牵引挂车准驾车型的，在 22 周岁以上，60 周岁以下；

（5）接受全日制驾驶职业教育的学生，申请大型客车、重型牵引挂车准驾车型的，在 19 周岁以上，60 周岁以下。

2. 身体条件

（1）身高：申请大型客车、重型牵引挂车、城市公交车、大型货车、无轨电车准驾车型的，身高为 155 厘米以上。申请中型客车准驾车型的，身高为 150 厘米以上。

（2）视力：申请大型客车、重型牵引挂车、城市公交车、中型客车、大型货车、无轨电车或者有轨电车准驾车型的，两眼裸视力或者矫正视力达到对数视力表 5.0 以上。申请其他准驾车型的，两眼裸视力或者矫正视力达到对数视力表 4.9 以上。单眼视力障碍，优眼裸视力或者矫正视力达到对数视力表 5.0 以上，且水平视野达到 150 度的，可以申请小型汽车、小型自动挡汽车、低速载货汽车、三轮汽车、残疾人专用小型自动挡载客汽车准驾车型的机动车驾驶证。

（3）辨色力：无红绿色盲。

（4）听力：两耳分别距音叉 50 厘米能辨别声源方向。有听力障碍但佩戴助听设备能够达到以上条件的，可以申请小型汽车、小型自动挡汽车准驾车型的机动车驾驶证。

（5）上肢：双手拇指健全，每只手其他手指必须有三指健全，肢体和手指运动功能正常。但手指末节残缺或者左手有三指健全，且双手手掌完整的，可以申请小型汽车、小型自动挡汽车、低速载货汽车、三轮汽车准驾车型的机动车驾驶证。

（6）下肢：双下肢健全且运动功能正常，不等长度不得大于 5 厘米。单独左下肢缺失或者丧失运动功能，但右下肢正常的，可以申请小型自动挡汽车准驾车型的机动车驾驶证。

（7）躯干、颈部：无运动功能障碍。

（8）右下肢、双下肢缺失或者丧失运动功能但能够自主坐立，且上肢符合上述第（5）项规定的，可以申请残疾人专用小型自动挡载客汽车准驾车型的机动车驾驶证。一只手掌缺失，另一只手拇指健全，其他手指有两指健全，上肢和手指运动功能正常，且下肢符合上述第（6）项规定的，可以申请残疾人专用小型自动挡载客汽车准驾车型的机动车驾驶证。

（9）年龄在 70 周岁以上能够通过记忆力、判断力、反应力等能力测试的，可以申请小型汽车、小型自动挡汽车、残疾人专用小型自动挡载客汽车、轻便摩托车准驾车型的机动车驾驶证。

（三）不得申请机动车驾驶证的情形

《机动车驾驶证申领和使用规定》第十五条规定，有下列情形之一的，不得申请机动车驾驶证：有器质性心脏病、癫痫病、美尼尔氏症、眩晕症、癔病、震颤麻痹、精神病、痴呆以及影响肢体活动的神经系统疾病等妨碍安全驾驶疾病的；三年内有吸食、注射毒品行为或者解除强制隔离戒毒措施未满三年，以及长期服用依赖性精神药品成瘾尚未戒除的；造成交通事故后逃逸构成犯罪的；饮酒后或者醉酒驾驶机动车发生重大交通事故构成犯罪的；醉酒驾驶机动车或者饮酒后驾驶营运机动车依法被吊销机动车驾驶证未满五年的；醉酒驾驶营运机动车依法被吊销机动车驾驶证未满十年的；驾驶机动车追逐竞驶、超员、超速、违反危险化学品安全管理规定运输危险化学品构成犯罪依法被吊销机动车驾驶证未满五年的；因本款第四项以外的其他违反交通管理法律、法规的行为发生重大交通事故构成犯罪依法被吊销机动车驾驶证未满十年的；因其他情形依法被吊销机动车驾驶证未满二年的；驾驶许可依法被撤销未满三年的；未取得机动车驾驶证驾驶机动车，发生负同等以上责任交通事故造成人员重伤或者死亡未满十年的；三年内有代替他人参加机动车驾驶人考试行为的；法律、行政法规规定的其他情形。未取得机动车驾驶证驾驶机动车，有第一款第五项至第八项行为之一的，在规定期限内不得申请机动车驾驶证。

二、机动车驾驶人考试制度

（一）机动车驾驶人考试制度的概念

机动车驾驶人考试制度，是指公安机关交通管理部门对申请机动车驾驶证的人员依法进行道路交通安全法律、法规和相关知识考试、场地驾驶技能考试、道路驾驶技能和安全文明驾驶常识考试，经考试合格后核发相应准驾车型驾驶证的制度。

初次申领机动车驾驶证的，可以申请准驾车型为城市公交车、大型货车、小型汽车、小型自动挡汽车、低速载货汽车、三轮汽车、残疾人专用小型自动挡载客汽车、普通三轮摩托车、普通二轮摩托车、轻便摩托车、轮式专用机械车、无轨电车、有轨电车的机动车驾驶证。已持有机动车驾驶证，申请增加准驾车型的，可以申请增加的准驾车型为大型客车、重型牵引挂车、城市公交车、中型客车、大型货车、小型汽车、小型自动挡汽车、低速载货汽车、三轮汽车、轻型牵引挂车、普通三轮摩托车、普通二轮摩托车、轻便摩托车、轮式专用机械车、无轨电车、有轨电车。

（二）机动车驾驶人考试的内容

机动车驾驶人考试内容分为道路交通安全法律、法规和相关知识考试科目（简称"科目一"）、场地驾驶技能考试科目（简称"科目二"）、道路驾驶技能和安全文明驾驶常识考试科目（简称"科目三"）。考试内容和合格标准全国统一，根据不同准驾车型规定相应的考试项目。

1. 道路交通安全法律、法规和相关知识考试科目

科目一考试内容包括：道路通行、交通信号、道路交通安全违法行为和交通事故处理、机动车驾驶证申领和使用、机动车登记等规定以及其他道路交通安全法律、法规和规章。

2. 场地驾驶技能考试科目

科目二考试内容包括：

（1）大型客车、重型牵引挂车、城市公交车、中型客车、大型货车考试桩考、坡道定点停车和起步、侧方停车、通过单边桥、曲线行驶、直角转弯、通过

限宽门、窄路掉头，以及模拟高速公路、连续急弯山区路、隧道、雨（雾）天、湿滑路、紧急情况处置；

（2）小型汽车、低速载货汽车考试倒车入库、坡道定点停车和起步、侧方停车、曲线行驶、直角转弯；

（3）小型自动挡汽车、残疾人专用小型自动挡载客汽车考试倒车入库、侧方停车、曲线行驶、直角转弯；

（4）轻型牵引挂车考试桩考、曲线行驶、直角转弯；

（5）三轮汽车、普通三轮摩托车、普通二轮摩托车和轻便摩托车考试桩考、坡道定点停车和起步、通过单边桥；

（6）轮式专用机械车、无轨电车、有轨电车的考试内容由省级公安机关交通管理部门确定。

对上述第一项至第三项规定的准驾车型，省级公安机关交通管理部门可以根据实际增加考试内容。

3. 道路驾驶技能和安全文明驾驶常识考试科目

科目三考试内容包括：

（1）道路驾驶技能考试。道路驾驶技能考试内容包括：大型客车、重型牵引挂车、城市公交车、中型客车、大型货车、小型汽车、小型自动挡汽车、低速载货汽车和残疾人专用小型自动挡载客汽车考试上车准备、起步、直线行驶、加减挡位操作、变更车道、靠边停车、直行通过路口、路口左转弯、路口右转弯、通过人行横道线、通过学校区域、通过公共汽车站、会车、超车、掉头、夜间行驶；其他准驾车型的考试内容，由省级公安机关交通管理部门确定。

大型客车、重型牵引挂车、城市公交车、中型客车、大型货车考试里程不少于10公里，其中初次申领城市公交车、大型货车准驾车型的，白天考试里程不少于5公里，夜间考试里程不少于3公里。小型汽车、小型自动挡汽车、低速载货汽车、残疾人专用小型自动挡载客汽车考试里程不少于3公里。不进行夜间考试的，应当进行模拟夜间灯光考试。对大型客车、重型牵引挂车、城市公交车、中型客车、大型货车准驾车型，省级公安机关交通管理部门应当根据实际增加山区、隧道、陡坡等复杂道路驾驶考试内容。对其他汽车准驾车型，省级公安机关交通管理部门可以根据实际增加考试内容。

（2）安全文明驾驶常识考试。安全文明驾驶常识考试内容包括：安全文明驾驶操作要求、恶劣气象和复杂道路条件下的安全驾驶知识、爆胎等紧急情况下的临危处置方法、防范次生事故处置知识、伤员急救知识等。

（三）机动车驾驶考试的合格标准

各科目考试的合格标准为：

科目一考试满分为 100 分，成绩达到 90 分的为合格；

科目二考试满分为 100 分，考试大型客车、重型牵引挂车、城市公交车、中型客车、大型货车、轻型牵引挂车准驾车型的，成绩达到 90 分的为合格，其他准驾车型的成绩达到 80 分的为合格；

科目三道路驾驶技能和安全文明驾驶常识考试满分均为 100 分，成绩均达到 90 分的为合格。

（四）机动车驾驶考试的程序

车辆管理所应当按照预约的考场和时间安排考试。申请人科目一考试合格后，可以预约科目二或者科目三道路驾驶技能考试。有条件的地方，申请人可以同时预约科目二、科目三道路驾驶技能考试，预约成功后可以连续进行考试。科目二、科目三道路驾驶技能考试均合格后，申请人可以当日参加科目三安全文明驾驶常识考试。申请人申请大型客车、重型牵引挂车、城市公交车、中型客车、大型货车、轻型牵引挂车驾驶证，因当地尚未设立科目二考场的，可以选择省（自治区）内其他考场参加考试。申请人申领小型汽车、小型自动挡汽车、低速载货汽车、三轮汽车、残疾人专用小型自动挡载客汽车、轻型牵引挂车驾驶证期间，已通过部分科目考试后，居住地发生变更的，可以申请变更考试地，在现居住地预约其他科目考试。申请变更考试地不得超过三次。车辆管理所应当使用全国统一的考试预约系统，采用互联网、电话、服务窗口等方式供申请人预约考试。

三、机动车驾驶证审验制度

（一）驾驶证审验制度的概念

驾驶证审验制度，是指依据道路交通安全法律、法规的规定，对机动车驾驶证进行定期审验的制度。其中，审验的主要内容包括驾驶证的有效状态、驾驶记录、驾驶人的身体条件、遵守道路交通安全法律、法规等情况。

（二）驾驶证审验制度的主要内容

机动车驾驶人应当按照法律、行政法规的规定，定期到公安机关交通管理部门接受审验。持有大型客车、重型牵引挂车、城市公交车、中型客车、大型货车驾驶证的驾驶人，应当在每个记分周期结束后三十日内到公安机关交通管理部门接受审验。但在一个记分周期内没有记分记录的，免予本记分周期审验。持有大型客车、重型牵引挂车、城市公交车、中型客车、大型货车以外准驾车型驾驶证的驾驶人，发生交通事故造成人员死亡承担同等以上责任未被吊销机动车驾驶证的，应当在本记分周期结束后三十日内到公安机关交通管理部门接受审验。年龄在 70 周岁以上的机动车驾驶人发生责任交通事故造成人员重伤或者死亡的，应当在本记分周期结束后三十日内到公安机关交通管理部门接受审验。

机动车驾驶证审验内容包括：

（1）道路交通安全违法行为、交通事故处理情况；

（2）身体条件情况；

（3）道路交通安全违法行为记分及记满 12 分后参加学习和考试情况。

持有大型客车、重型牵引挂车、城市公交车、中型客车、大型货车驾驶证一个记分周期内有记分的，以及持有其他准驾车型发生交通事故造成人员死亡承担同等以上责任未被吊销机动车驾驶证的驾驶人，审验时应当参加不少于三小时的道路交通安全法律法规、交通安全文明驾驶、应急处置等知识学习，并接受交通事故案例警示教育。

年龄在 70 周岁以上的机动车驾驶人审验时还应当按照规定进行记忆力、判断力、反应力等能力测试。

对道路交通安全违法行为或者交通事故未处理完毕的，身体条件不符合驾驶许可条件的，未按照规定参加学习、教育和考试的，不予通过审验。

四、道路交通安全违法行为累积记分制度

（一）道路交通安全违法行为累积记分制度的概念

道路交通安全违法行为累积记分制度，是指公安机关交通管理部门对违反道路交通安全法律、法规的机动车驾驶人，根据其违法行为对其驾驶证记以一定分值的教育管理措施。

（二）道路交通安全违法行为累积记分制度的主要内容

公安机关交通管理部门对机动车驾驶人的交通违法行为，除依法给予行政处罚外，实行累积记分制度。记分周期为 12 个月，满分为 12 分。记分周期自机动车驾驶人初次领取机动车驾驶证之日起连续计算，或者自初次取得临时机动车驾驶许可之日起累积计算。记分达到满分的，机动车驾驶人应当按照规定参加满分学习、考试。在记分达到满分前，符合条件的机动车驾驶人可以按照规定减免部分记分。公安机关交通管理部门应当通过互联网、公安机关交通管理部门业务窗口提供交通违法行为记录及记分查询。根据交通违法行为的严重程度，一次记分

的分值为 12 分、9 分、6 分、3 分、1 分。

　　机动车驾驶人在一个记分周期内累积记分满 12 分的，公安机关交通管理部门应当扣留其机动车驾驶证，开具强制措施凭证，并送达满分教育通知书，通知机动车驾驶人参加满分学习、考试。机动车驾驶人在一个记分周期内累积记分满 12 分的，应当参加为期 7 天的道路交通安全法律、法规和相关知识学习。其中，大型客车、重型牵引挂车、城市公交车、中型客车、大型货车驾驶人应当参加为期 30 天的道路交通安全法律、法规和相关知识学习。

　　机动车驾驶人在一个记分周期内三次以上累积记分满 12 分或者累积记分满 36 分的，应当在道路交通安全法律、法规和相关知识考试合格后，按照《机动车驾驶证申领和使用规定》第四十三条和第四十四条的规定预约参加场地驾驶技能和道路驾驶技能考试。考试不合格的，10 日后预约重新考试。

　　机动车驾驶人在一个记分周期内参加满分教育的次数每增加一次或者累积记分每增加 12 分，道路交通安全法律、法规和相关知识的学习时间增加 7 天，每次满分学习的天数最多 60 天。其中，大型客车、重型牵引挂车、城市公交车、中型客车、大型货车驾驶人在一个记分周期内参加满分教育的次数每增加一次或者累积记分每增加 12 分，道路交通安全法律、法规和相关知识的学习时间增加 30 天，每次满分学习的天数最多 120 天。

第三节　道路通行基本规则

　　道路通行规则，是指道路交通安全法律制定的，交通参与者在道路上通行的基本行为规范。道路通行的基本规则包括右侧通行、各行其道、按交通信号通行和优先通行等。

一、右侧通行

　　《古礼》曰："男子由右，妇女由左，车从中央。"我国的交通法规则是兴于唐，盛于宋，仪制是朝廷官府颁布的法规礼节，即社会奉行的礼仪制度。《唐律·仪制令》中规定："贱避贵，少避长，轻避重，去避来。"因为唐朝时期经济繁荣，城市人口大为增加，守城士兵在城门或街道关口上检查行人及过往车辆时，因无左右之分，秩序十分混乱，检查起来很不方便，并时有交通状况发生。针对这一情况，唐朝时期制定了靠右侧通行的规定，这一规定的实施使交通状况大为改观。到了近代，我国的一些城市曾施行过左行制，随着中华人民共和国的成立，右侧通行规则开始实施。公安部曾于 1985 年颁发的《城市机动车辆安全检验暂行标准》和 1987 年颁发的《机动车运行安全技术条件》等标准中均规定，机动车方向盘必须设于左侧。我国现行的《道路交通安全法》第三十五条更是明确规定："机动车、非机动车实行右侧通行。"

右侧通行是机动车、非机动车在道路上行驶时应遵循的基本通行规则，在道路通行规则设定中处于重要的基础性地位。右侧通行规则，是指机动车、非机动车在道路上行驶时，如果道路上划设中心线的，以中心线为界；未划设中心线的，以道路几何中心为界，以面对方向定左右，即左手一侧的道路为左侧道路，右手一侧的道路为右侧道路，除有特殊规定的车辆外，一律靠右侧的道路行驶。在路口转弯时，有岗台或中心圈的，以岗台或中心圈为界；无岗台或中心圈的，以几何中心点为界，除有特殊规定的车辆外，从其右侧左转弯，也属于右侧通行规则的范畴。

《道路交通安全法》第五十七条还对非机动车右侧通行作了规定，"驾驶非机动车在道路上行驶应当遵守有关交通安全的规定。非机动车应当在非机动车道内行驶；在没有非机动车道的道路上，应当靠车行道的右侧行驶"。这些都是我国道路交通车辆实行右侧通行规则的法律规定，也是我国道路交通的基本通行规则。在没有法律特别规定的条件下，违反右侧通行规则便构成逆向行驶，逆向行驶是严重的道路交通安全违法行为之一。

二、各行其道

各行其道规则不仅是道路通行规则中的基本规则之一，也是道路交通安全立法中保障道路交通参与主体有序的重要原则，为建立现代道路交通安全管理体系奠定了基础。各行其道也称分道行驶或路权原则，所谓各行其道，是指机动车、非机动车、行人要按照道路上划分、设置的法定车道或在道路的某一法定部位上同向通行。

我国《道路交通安全法》第三十六条对分道通行作了基本的规定："根据道路条件和通行需要，道路划分为机动车道、非机动车道和人行道的，机动车、非机动车、行人实行分道通行。没有划分机动车道、非机动车道和人行道的，机动车在道路中间通行，非机动车和行人在道路两侧通行。"

《道路交通安全法实施条例》第四十四条对机动车的右侧通行作了进一步规范，"在道路同方向划有 2 条以上机动车道的，左侧为快速车道，右侧为慢速车道。在快速车道行驶的机动车应当按照快速车道规定的速度行驶，未达到快速车道规定的行驶速度的，应当在慢速车道行驶。摩托车应当在最右侧车道行驶。有交通标志标明行驶速度的，按照标明的行驶速度行驶。慢速车道内的机动车超越前车时，可以借用快速车道行驶"。

三、按交通信号通行

按交通信号通行是道路通行规则中的基本规则之一。交通信号是各种道路通行规则的重要载体，是道路交通指挥与控制的基本语言。按交通信号通行是保障道路交通安全、有序、畅通的重要前提。《道路交通安全法》对交通信号的法律意义和作用、设置原则和标准、日常维护和更新的方法和程序都作了明确的规定。例如，交通信号灯、交通标志、交通标线的设置应当符合道路交通安全、畅通的要求和国家标准，并保持清晰、醒目、准确、完好。根据通行需要，应当及时增设、调换、更新道路交通信号。增设、调换、更新限制性的道路交通信号，应当提前向社会公告，广泛进行宣传；而《道路交通安全法实施条例》对交通标志、交通标线的种类，特殊危险路段的交通标志设置和管理等问题作了更进一步的规定和补充。

《道路交通安全法》第二十五条规定："全国实行统一的道路交通信号。交通信号包括交通信号灯、交通标志、交通标线和交通警察的指挥。"《道路交通安全法》和《道路交通安全法实施条例》对交通信号灯、交通标志、交通标线和交通警察的指挥都作了相应的规定。

（一）交通信号灯

交通信号灯由红灯、绿灯、黄灯组成。红灯表示禁止通行，绿灯表示准许通行，黄灯表示警示。交通信号灯分为机动车信号灯、非机动车信号灯、人行横道信号灯、车道信号灯、方向指示信号灯、闪光警告信号灯、道路与铁路平面交叉道口信号灯。

（二）交通标志

交通标志是以颜色、形状、图形或字符等向道路使用者传递交通信息的一种道路交通管理设施。交通标志包括主标志和辅助标志两大类，其中主标志包括警告标志、禁令标志、指示标志、指路标志、旅游区标志、道路施工安全标志等；辅助标志是附设在主标志之下，对主标志起着辅助说明的作用，它不能单独设立。

（三）交通标线

交通标线，是指施划在路面上的由各种线条、箭头、文字、图案以及立面标记、突起路标、路边线轮廓标等所构成的向道路使用者传递交通信息的一种道路交通管理设施。交通标线按照功能可以分为警告标线、禁止标线和指示标线；按照设置方向又可以分为纵向标线、横向标线和其他标线等。

（四）交通警察的指挥

交通警察的指挥，是指交通警察用手势或者交通指挥棒发出的指挥车辆、行人通行的指令。车辆、行人应当按照交通信号通行；遇有交通警察现场指挥时，应当按照交通警察的指挥通行；在没有交通信号的道路上，应当在确保安全、畅通的原则下通行。交通警察手势信号包括停止信号、示意车辆靠边停车信号、直行信号、左转弯信号、左转弯待转信号、右转弯信号、变道信号和减速慢行信号等八个信号。

四、优先通行

优先通行规则是解决道路交通冲突的基本通行规则，体现了"事急从权"原则的法制化。优先通行规则，是指车辆与车辆或车辆与行人在道路上相遇时，依照道路交通安全法律、法规的相关规定，一方具有优先通行的权利而另一方有避让义务的通行规则。优先通行规则是通过道路交通安全法律、法规确立了某种车型或某种道路交通情形下的道路优先通行权，它包括车辆或行人在本车道或人行横道通行和车辆在没有交通信号控制的交叉口通行时的优先权。例如，借道通行的车辆应当让在其本车道行驶的车辆先行；机动车通过没有交通信号灯控制也没有交通警察指挥的交叉路口时，转弯的机动车让直行的车辆先行，相对方向行驶的右转弯的机动车让左转弯的车辆先行等，尤其是对特种车辆、道路作业车辆和公共汽车的优先通行提供了保障。

（一）特种车辆优先通行规则

所谓特种车辆，是指警车、消防车、救护车、工程救险车。《道路交通安全法》第五十三条第一款规定了警车、消防车、救护车、工程救险车的优先通行权，这与以人为本、生命至上的理念相吻合。这类车辆在执行紧急任务时，可以使用警报器、标志灯具；在确保安全的前提下，不受行驶路线、行驶方向、行驶速度和信号灯的限制，其他车辆和行人应当让行。所谓特种车辆不受行驶路线、行驶方向、行驶速度和信号灯的限制，是指不受《道路交通安全法》第三十六条、第三十七条关于车辆、行人分道通行和专用车道专用通行的规定，第三十五条关于车辆实行右侧通行的规定，第四十二条以及相关道路交通安全管理法规中关于车辆行驶速度的规定，《道路交通安全法》第三十八条和《道路交通安全法实施条例》中按交通信号通行等规定的限制。值得注意的是，警车、消防车、救护车、工程救险车在非执行紧急任务时，不得使用警报器、标志灯具，不享有前款规定的道路优先通行权。

此外，道路养护车辆、工程作业车虽然不属于特种车辆，但是由于其特殊的使用性质，享有部分优先通行权。《道路交通安全法》第五十四条规定，"道路养护车辆、工程作业车进行作业时，在不影响过往车辆通行的前提下，其行驶路线和方向不受交通标志、标线限制，过往车辆和人员应当注意避让。洒水车、清扫车等机动车应当按照安全作业标准作业；在不影响其他车辆通行的情况下，可以不受车辆分道行驶的限制，但是不得逆向行驶"。

（二）行人优先通行规则

行人优先通行规则是依据道路交通安全管理保护弱者的基本原则确立的。《道路交通安全法》第四十四条规定，机动车通过没有交通信号灯、交通标志、交通标线或者交通警察指挥的交叉路口时，应当减速慢行，并让行人和优先通行的车辆先行。《道路交通安全法》第四十七条还规定："机动车行经人行横道时，应当减速行驶；遇行人正在通过人行横道，应当停车让行。机动车行经没有交通信号的道路时，遇行人横过道路，应当避让。"《道路交通安全法》第六十四条规定，"盲人在道路上通行，应当使用盲杖或者采取其他导盲手段，车辆应当避让盲人"。

除了以上的优先通行权之外，法律还赋予准许规定的车辆在专用车道内的通行权。例如，《道路交通安全法》第三十七条规定，"道路划设专用车道的，在专用车道内，只准许规定的车辆通行，其他车辆不得进入专用车道内行驶。"我国常见的专用车道包括公交车专用车道、为重大体育赛事设置的专用车道等。

第四节　道路通行规范

根据《道路交通安全法》《道路交通安全法实施条例》等道路交通安全法律、法规的有关规定，道路通行规定主要包括机动车通行规范、非机动车通行规范、行人和乘车人通行规范、高速公路的特别规范等内容。

一、机动车通行规范

（一）关于行驶速度的规定

1. 一般车速限制

机动车上道路行驶，不得超过限速标志标明的最高时速。在没有限速标志的路段，应当保持安全车速。夜间行驶或者在容易发生危险的路段行驶，以及遇有沙尘、冰雹、雨、雪、雾、结冰等气象条件时，应当降低行驶速度。机动车在道路上行驶不得超过限速标志、标线标明的速度。在没有限速标志、标线的道路上，机动车不得超过下列最高行驶速度：

（1）没有道路中心线的道路，城市道路为每小时 30 公里，公路为每小时 40 公里；

（2）同方向只有 1 条机动车道的道路，城市道路为每小时 50 公里，公路为每小时 70 公里。

2. 特殊车速限制

机动车行驶中遇有下列情形之一的，最高行驶速度不得超过每小时 30 公里，其中拖拉机、电瓶车、轮式专用机械车不得超过每小时 15 公里：

（1）进出非机动车道，通过铁路道口、急弯路、窄路、窄桥时；

（2）掉头、转弯、下陡坡时；

（3）遇雾、雨、雪、沙尘、冰雹，能见度在 50 米以内时；

（4）在冰雪、泥泞的道路上行驶时；

（5）牵引发生故障的机动车时。

（二）关于超车的规定

1. 不得超车的情形

同车道行驶的机动车，后车应当与前车保持足以采取紧急制动措施的安全距离。有下列情形之一的，不得超车：

（1）前车正在左转弯、掉头、超车的；

（2）与对面来车有会车可能的；

（3）前车为执行紧急任务的警车、消防车、救护车、工程救险车的；

（4）行经铁路道口、交叉路口、窄桥、弯道、陡坡、隧道、人行横道、市区交通流量大的路段等没有超车条件的。

2. 如何超车的规定

机动车超车时，应当提前开启左转向灯、变换使用远、近光灯或者鸣喇叭。

在没有道路中心线或者同方向只有 1 条机动车道的道路上，前车遇后车发出超车信号时，在条件许可的情况下，应当降低速度、靠右让路。后车应当在确认有充足的安全距离后，从前车的左侧超越，在与被超车辆拉开必要的安全距离后，开启右转向灯，驶回原车道。

（三）关于让行的规定

1. 一般让行规定

机动车通过交叉路口，应当按照交通信号灯、交通标志、交通标线或者交通警察的指挥通过；通过没有交通信号灯、交通标志、交通标线或者交通警察指挥的交叉路口时，应当减速慢行，并让行人和优先通行的车辆先行。

机动车遇有前方车辆停车排队等候或者缓慢行驶时，不得借道超车或者占用对面车道，不得穿插等候的车辆。在车道减少的路段、路口，或者在没有交通信号灯、交通标志、交通标线或者交通警察指挥的交叉路口遇到停车排队等候或者缓慢行驶时，机动车应当依次交替通行。

机动车行经人行横道时，应当减速行驶；遇行人正在通过人行横道，应当停车让行。机动车行经没有交通信号的道路时，遇行人横过道路，应当避让。

2. 特定情形下的让行规定

在没有中心隔离设施或者没有中心线的道路上，机动车遇相对方向来车时应当遵守下列规定：减速靠右行驶，并与其他车辆、行人保持必要的安全距离；在有障碍的路段，无障碍的一方先行；但有障碍的一方已驶入障碍路段而无障碍的一方未驶入时，有障碍的一方先行；在狭窄的坡路，上坡的一方先行；但下坡的一方已行至中途而上坡的一方未上坡时，下坡的一方先行；在狭窄的山路，不靠山体的一方先行；夜间会车应当在距相对方向来车 150 米以外改用近光灯，在窄路、窄桥与非机动车会车时应当使用近光灯。

机动车通过有交通信号灯控制的交叉路口，应当按下列规定通行：在划有导向车道的路口，按所需行进方向驶入导向车道；准备进入环形路口的让已在路口内的机动车先行；向左转弯时，靠路口中心点左侧转弯。转弯时开启转向灯，夜间行驶开启近光灯；遇放行信号时，依次通过；遇停止信号时，依次停在停止线以外。没有停止线的，停在路口以外；向右转弯遇有同车道前车正在等候放行信号时，依次停车等候；在没有方向指示信号灯的交叉路口，转弯的机动车让直行的车辆、行人先行。相对方向行驶的右转弯机动车让左转弯车辆先行。

而当机动车通过没有交通信号灯控制也没有交通警察指挥的交叉路口，除应当遵守相关法律规定外，还应当遵守下列规定：有交通标志、标线控制的，让优先通行的一方先行；没有交通标志、标线控制的，在进入路口前停车瞭望，让右方道路的来车先行；转弯的机动车让直行的车辆先行；相对方向行驶的右转弯的机动车让左转弯的车辆先行。

（四）关于装载的规定

1. 载物

机动车载物应当符合核定的载质量，严禁超载；载物的长、宽、高不得违反装载要求，不得遗洒、飘散载运物。机动车运载超限的不可解体的物品，影响交通安全的，应当按照公安机关交通管理部门指定的时间、路线、速度行驶，悬挂明显标志。在公路上运载超限的不可解体的物品，同时应当依照公路法的规定执行。机动车载运爆炸物品、易燃易爆化学物品以及剧毒、放射性等危险物品，应当经公安机关批准后，按指定的时间、路线、速度行驶，悬挂警示标志并采取必要的安全措施。此外，机动车载物不得超过机动车行驶证上核定的载质量，装载长度、宽度不得超出车厢，并应当遵守下列规定：

（1）重型、中型载货汽车，半挂车载物，高度从地面起不得超过 4 米，载运集装箱的车辆不得超过 4.2 米。

（2）其他载货的机动车载物，高度从地面起不得超过 2.5 米。

（3）摩托车载物，高度从地面起不得超过 1.5 米，长度不得超出车身 0.2 米。两轮摩托车载物宽度左右各不得超出车把 0.15 米；三轮摩托车载物宽度不得超过车身。

载客汽车除车身外部的行李架和内置的行李箱外，不得载货。载客汽车行李架载货，从车顶起高度不得超过 0.5 米，从地面起高度不得超过 4 米。

2. 载人

机动车载人不得超过核定的人数，客运机动车不得违反规定载货。禁止货运机动车载客。货运机动车需要附载作业人员的，应当设置保护作业人员的安全措施。机动车行驶时，驾驶人、乘坐人员应当按规定使用安全带，摩托车驾驶人及乘坐人员应当按规定戴安全头盔。

此外，机动车载人应当遵守下列规定：

（1）公路载客汽车不得超过核定的载客人数，但按照规定免票的儿童除外，在载客人数已满的情况下，按照规定免票的儿童不得超过核定载客人数的 10%。

（2）载货汽车车厢不得载客。在城市道路上，货运机动车在留有安全位置的情况下，车厢内可以附载临时作业人员 1-5 人；载物高度超过车厢栏板时，货物上不得载人。

（3）摩托车后座不得乘坐未满 12 周岁的未成年人，轻便摩托车不得载人。

（五）有关灯光使用的规定

1. 危险报警闪光灯的使用

机动车在道路上发生故障，需要停车排除故障时，驾驶人应当立即开启危险报警闪光灯，将机动车移至不妨碍交通的地方停放；难以移动的，应当持续开启危险报警闪光灯，并在来车方向设置警告标志等措施扩大示警距离，必要时迅速报警。

2. 转向灯的使用

机动车应当按照下列规定使用转向灯：

（1）向左转弯、向左变更车道、准备超车、驶离停车地点或者掉头时，应当提前开启左转向灯。

（2）向右转弯、向右变更车道、超车完毕驶回原车道、靠路边停车时，应当提前开启右转向灯。

3. 其他灯光的使用

机动车在夜间没有路灯、照明不良或者遇有雾、雨、雪、沙尘、冰雹等低能见度情况下行驶时，应当开启前照灯、示廓灯和后位灯，但同方向行驶的后车与前车近距离行驶时，不得使用远光灯。机动车雾天行驶应当开启雾灯和危险报警闪光灯。机动车在夜间通过急弯、坡路、拱桥、人行横道或者没有交通信号灯控制的路口时，应当交替使用远近光灯示意。机动车在道路上发生故障或者发生交通事故，妨碍交通又难以移动的，应当按照规定开启危险报警闪光灯并在车后 50-100 米处设置警告标志，夜间还应当同时开启示廓灯和后位灯。

（六）有关掉头和倒车的规定

1. 掉头的规定

机动车在有禁止掉头或者禁止左转弯标志、标线的地点以及在铁路道口、人行横道、桥梁、急弯、陡坡、隧道或者容易发生危险的路段，不得掉头。机动车在没有禁止掉头或者没有禁止左转弯标志、标线的地点可以掉头，但不得妨碍正常行驶的其他车辆和行人的通行。

2. 倒车的规定

机动车倒车时，应当察明车后情况，确认安全后倒车。不得在铁路道口、交叉路口、单行路、桥梁、急弯、陡坡或者隧道中倒车。

（七）有关停放的规定

机动车应当在规定地点停放。禁止在人行道上停放机动车；但是，依照法律规定施划的停车泊位除外。在道路上临时停车的，不得妨碍其他车辆和行人通行。机动车在道路上临时停车，还应当遵守下列规定：

（1）在设有禁停标志、标线的路段，在机动车道与非机动车道、人行道之间设有隔离设施的路段以及人行横道、施工地段，不得停车；

（2）交叉路口、铁路道口、急弯路、宽度不足 4 米的窄路、桥梁、陡坡、隧道以及距离上述地点 50 米以内的路段，不得停车；

（3）公共汽车站、急救站、加油站、消防栓或者消防队（站）门前以及距离上述地点 30 米以内的路段，除使用上述设施的以外，不得停车；

（4）车辆停稳前不得开车门和上下人员，开关车门不得妨碍其他车辆和行人通行；

（5）路边停车应当紧靠道路右侧，机动车驾驶人不得离车，上下人员或者装卸物品后，立即驶离；

（6）城市公共汽车不得在站点以外的路段停车上下乘客。

（八）其他禁止的规定

驾驶机动车不得有下列行为：

（1）在车门、车厢没有关好时行车；

（2）在机动车驾驶室的前后窗范围内悬挂、放置妨碍驾驶人视线的物品；

（3）拨打接听手持电话、观看电视等妨碍安全驾驶的行为；

（4）下陡坡时熄火或者空挡滑行；

（5）向道路上抛撒物品；

（6）驾驶摩托车手离车把或者在车把上悬挂物品；

（7）连续驾驶机动车超过 4 小时未停车休息或者停车休息时间少于 20 分钟；

（8）在禁止鸣喇叭的区域或者路段鸣喇叭。

二、非机动车通行规范

驾驶非机动车在道路上行驶应当遵守有关交通安全的规定。

（一）行驶规定

驾驶非机动车在道路上行驶应当遵守有关交通安全的规定。非机动车应当在非机动车道内行驶；在没有非机动车道的道路上，应当靠车行道的右侧行驶。驾驶自行车、电动自行车、三轮车在路段上横过机动车道，应当下车推行，有人行横道或者行人过街设施的，应当从人行横道或者行人过街设施通过；没有人行横道、没有行人过街设施或者不便使用行人过街设施的，在确认安全后直行通过。

残疾人机动轮椅车、电动自行车在非机动车道内行驶时，最高时速不得超过 15 公里。

（二）装载规定

1. 非机动车载物的规定

（1）自行车、电动自行车、残疾人机动轮椅车载物，高度从地面起不得超过 1.5 米，宽度左右各不得超出车把 0.15 米，长度前端不得超出车轮，后端不得超出车身 0.3 米；

（2）三轮车、人力车载物，高度从地面起不得超过 2 米，宽度左右各不得超出车身 0.2 米，长度不得超出车身 1 米；

（3）畜力车载物，高度从地面起不得超过 2.5 米，宽度左右各不得超出车身 0.2 米，长度前端不得超出车辕，后端不得超出车身 1 米。

2. 非机动车载人的规定

自行车载人的规定，由省、自治区、直辖市人民政府根据当地实际情况制定。

（三）停放规定

非机动车应当在规定地点停放。未设停放地点的，非机动车停放不得妨碍其他车辆和行人通行。

（四）其他规定

在道路上驾驶自行车、三轮车、电动自行车、残疾人机动轮椅车应当遵守下列规定：

（1）驾驶自行车、三轮车必须年满 12 周岁；

（2）驾驶电动自行车和残疾人机动轮椅车必须年满 16 周岁；

（3）不得醉酒驾驶；

（4）转弯前应当减速慢行，伸手示意，不得突然猛拐，超越前车时不得妨碍被超越的车辆行驶；

（5）不得牵引、攀扶车辆或者被其他车辆牵引，不得双手离把或者手中持物；

（6）不得扶身并行、互相追逐或者曲折竞驶；

（7）不得在道路上骑独轮自行车或者 2 人以上骑行的自行车；

（8）非下肢残疾的人不得驾驶残疾人机动轮椅车；

（9）自行车、三轮车不得加装动力装置；

（10）不得在道路上学习驾驶非机动车。

三、行人和乘车人通行规范

（一）行人通行的规定

（1）行人应当在人行道内行走，没有人行道的靠路边行走。行人列队在道路上通行，每横列不得超过 2 人，但在已经实行交通管制的路段不受限制。

（2）行人横过机动车道，应当从行人过街设施通过；没有行人过街设施的，应当从人行横道通过；没有人行横道的，应当观察来往车辆的情况，确认安全后直行通过，不得在车辆临近时突然加速横穿或者中途倒退、折返。通过有交通信号灯的人行横道，应当按照交通信号灯指示通行；通过没有交通信号灯、人行横道的路口，或者在没有过街设施的路段横过道路，应当在确认安全后通过。

（3）学龄前儿童以及不能辨认或者不能控制自己行为的精神疾病患者、智力障碍者在道路上通行，应当由其监护人、监护人委托的人或者对其负有管理、保护职责的人带领。

（4）行人不得跨越、倚坐道路隔离设施，不得扒车、强行拦车或者实施妨碍道路交通安全的其他行为。此外，行人不得有下列行为：

①在道路上使用滑板、旱冰鞋等滑行工具；

②在车行道内坐卧、停留、嬉闹；

③追车、抛物击车等妨碍道路交通安全的行为。

（二）乘车人的规定

乘车人不得携带易燃易爆等危险物品，不得向车外抛洒物品，不得有影响驾驶人安全驾驶的行为。此外，乘坐机动车应当遵守下列规定：

（1）不得在机动车道上拦乘机动车；

（2）在机动车道上不得从机动车左侧上下车；

（3）开关车门不得妨碍其他车辆和行人通行；

（4）机动车行驶中，不得干扰驾驶，不得将身体任何部分伸出车外，不得跳车；

（5）乘坐两轮摩托车应当正向骑坐。

四、高速公路通行规范

（一）关于速度的规定

行人、非机动车、拖拉机、轮式专用机械车、铰接式客车、全挂拖斗车以及其他设计最高时速低于 70 公里的机动车，不得进入高速公路。高速公路限速标志标明的最高时速不得超过 120 公里。此外，高速公路应当标明车道的行驶速度，最高车速不得超过每小时 120 公里，最低车速不得低于每小时 60 公里。在高速公路上行驶的小型载客汽车最高车速不得超过每小时 120 公里，其他机动车不得超过每小时 100 公里，摩托车不得超过每小时 80 公里。同方向有 2 条车道的，左侧车道的最低车速为每小时 100 公里；同方向有 3 条以上车道的，最左侧车道的最低车速为每小时 110 公里，中间车道的最低车速为每小时 90 公里。道路限速标志标明的车速与上述车道行驶车速的规定不一致的，按照道路限速标志标明的车速行驶。机动车在高速公路上行驶，车速超过每小时 100 公里时，应当与同车道前车保持 100 米以上的距离，车速低于每小时 100 公里时，与同车道前车距离可以适当缩短，但最小距离不得少于 50 米。

（二）关于灯光使用的规定

机动车从匝道驶入高速公路，应当开启左转向灯，在不妨碍已在高速公路内的机动车正常行驶的情况下驶入车道。机动车驶离高速公路时，应当开启右转向灯，驶入减速车道，降低车速后驶离。

机动车在高速公路上行驶，遇有雾、雨、雪、沙尘、冰雹等低能见度气象条件时，应当遵守下列规定：

（1）能见度小于 200 米时，开启雾灯、近光灯、示廓灯和前后位灯，车速不得超过每小时 60 公里，与同车道前车保持 100 米以上的距离；

（2）能见度小于 100 米时，开启雾灯、近光灯、示廓灯、前后位灯和危险报警闪光灯，车速不得超过每小时 40 公里，与同车道前车保持 50 米以上的距离；

（3）能见度小于 50 米时，开启雾灯、近光灯、示廓灯、前后位灯和危险报警闪光灯，车速不得超过每小时 20 公里，并从最近的出口尽快驶离高速公路。

遇有上述情形时，高速公路管理部门应当通过显示屏等方式发布速度限制、保持车距等提示信息。

（三）发生故障时的规定

机动车在高速公路上发生故障时，应当依照《道路交通安全法》第五十二条的有关规定办理；警告标志应当设置在故障车来车方向 150 米以外，车上人员应当迅速转移到右侧路肩上或者应急车道内，并且迅速报警。

【思考题】

1. 机动车登记的种类及规定有哪些？

2. 机动车安全技术检验制度的主要内容是什么？

3. 机动车强制报废制度的主要内容是什么？

4. 机动车驾驶证的申领条件有哪些？

5. 机动车驾驶人考试的内容有哪些？

6. 驾驶证审验制度的主要内容有哪些？

7. 道路交通安全违法行为累积记分制度的主要内容有哪些？

8. 道路通行有哪些基本规则？

9. 机动车行驶速度、超车、让行、装载以及使用灯光等都有哪些规定？

10. 非机动车在道路上通行必须遵守哪些规定？

11. 行人在道路上通行必须遵守哪些规定？

12. 高速公路有哪些特殊的通行规定？

第四章　道路交通安全行政执法

第一节　道路交通安全行政执法概述

我们要全面推进科学立法、严格执法、公正司法、全民守法，其中，严格公正文明执法是公安工作的生命线。我们需要不断提升执法人员的执法水平和素养，改善执法的内外部环境，提高执法办案的效率，清廉从政，不断提高公民的法治意识和文明交通素养，保护公民的合法权益，维护和谐稳定的社会环境，促进依法行政和全面依法治国。

一、道路交通安全行政执法的概念

就公安机关交通管理部门的道路交通安全行政执法行为来说，交通警察的执法活动面广量大，直接涉及公民、法人和其他组织的权益，也往往成为公众关注的焦点。而从执法环境来讲，目前道路交通安全形势还比较严峻，道路交通安全违法行为也比较突出，公众的法制意识和文明交通素养还有待进一步提高。随着道路交通安全法律规范体系的建立和日趋完善，研究道路交通安全行政执法具有十分重要的意义。道路交通安全行政执法是一种行政行为，具有行政行为所蕴含的基本要素。

（一）行政行为

"行政行为"一词最早出现于法国行政法学，但作为一个学理概念，则最早由德国行政法学家奥托·迈耶提出，他认为，"行政行为在具体情况中决定人们的权利义务"。① 行政行为一般是指国家行政机关（和法律、法规授权的组织）依法实施行政管理，直接或间接产生法律效果的行为。构成行政行为需要具备以下三个基本要素：一是具有执法主体资格。行政行为是国家行政机关依法实施行政管理的行为，行政行为的主体就是国家行政机关。在一般情况下，只有国家行政机关才能作出行政行为，其他社会团体、企事业单位所作的行为不能称之为行政行为。当然，经法律、法规授权的或行政机关委托的组织，在其授权或委托的范围内，也可以作出行政行为。二是必须依法实施行政管理。行政行为是国家行政机关依法实施行政管理的行为，具体有两层含义，这里的行为必须是行政机关实施行政管理、行使行政职权的行为；行政行为是行政机关代表国家的所作所为，国家的意志是通过法律来体现的，行政行为也是由国家强制力来保证实施的。因此，行政机关必须依法行政，行政行为都应该有明确的法律依据，严格依法作出。三是行政行为直接或间接产生法律效果。行政行为的法律效力和后果有直接和间接之分。一般对于具体的行政行为而言，行政机关与行政相对人直接产生权利义务关系，即直接产生法律后果；但也有行政行为不对行政相对人的权利义务直接产生影响，如抽象行政行为，在很多情形下，对于行政相对人产生的权利义务关系，需要经过行政机关的执法行为才能实现。

行政行为可以按照不同的标准划分为不同的种类。一是依据行政行为的调整范围和方式方法，行政行为可以分为抽象行政行为与具体行政行为。抽象行政行为是指行政主体针对不特定的行政相对人所作的行政行为，一般表现为制定和发布具有普遍约束力的规范性文件的活动，如行政法规、规章或者决定、命令等；具体行政行为是指行政主体针对特定的行政相对人，就特定的事项作出的直接影响行政机关与行政相对人的权利义务关系的行为，如行政强制措施等。二是依据行政行为的具体性质不同，可以将行政行为分为实体行政行为与程序行政行为。国家行政机关依照实体内容的法律、法规规定发生影响行政相对人权利、义务关系的行政行为就是实体行政行为；行政程序是行政机关在行使实体职权时应该遵循的程序。三是依据行政行为是否由行政主体单方面意志就可实施并发生法律效力，可以将行政行为分为单方行政行为、双方或多方行政行为。行政行为大多数是单方行政行为，指的是仅有行政主体单方意思表示就发生法律效力，而无须行政相对人同意，如行政处罚等。双方或多方行政行为是指需要由行政主体与行政相对人协商一致才能发生法律效力的行政行为，如行政合同。四是依据实施行政

---

① ［德］奥托·迈耶. 德国行政法［M］. 刘飞译. 北京：商务印书馆，2002.

行为时所形成的法律关系的不同，可以将行政行为分为行政立法行为、行政执法行为和行政司法行为。行政立法行为是法定机关按照法定程序制定具有普遍约束力的规则的行为，行政执法行为是执法机关实施与相对方产生法律关系的行为，行政司法行为是由法定的第三者依法解决双方的矛盾、纠纷的行为。五是依据行政行为的权力来源，可以将行政行为分为职权行政行为、授权行政行为与委托行政行为。职权行政行为是指国家行政机关直接按法律、法规规定的职权实施的行政行为，授权行政行为是指执法机关按法律、法规的授权而实施的行政行为，而委托行政行为是指行政机关将自己的某一部分职权委托给其他组织行使。

（二）道路交通安全行政执法

道路交通安全行政执法，是指公安机关交通管理部门依据道路交通安全行政法律、法规，所采取的影响交通管理相对人权利义务的行为。《道路交通安全法》及其相关的法律、法规对道路交通安全行政执法的原则、目的、权限、适用范围、内容、程序和对交通警察的要求等都作出了相应的规定，以规范公安机关交通管理部门及交通警察的执法行为。例如，《道路交通安全法》第二条规定了道路交通安全行政执法适用的范围，即中华人民共和国境内的车辆驾驶人、行人、乘车人以及与道路交通活动有关的单位和个人。第三条规定了道路交通安全行政执法的基本原则和目的，即道路交通安全工作应当遵循依法管理、方便群众的原则，保障道路交通有序、安全、畅通。第五条还规定了道路交通安全行政执法的职责权限划分，即国务院公安部门负责全国道路交通安全管理工作。县级以上地方各级人民政府公安机关交通管理部门负责本行政区域内的道路交通安全管理工作，其中的县级以上各级人民政府公安机关交通管理部门是指县级及以上公安机关的交通警察大队、支队和总队。第六条规定："各级人民政府应当经常进行道路交通安全教育，提高公民的道路交通安全意识。公安机关交通管理部门及其交通警察执行职务时，应当加强道路交通安全法律、法规的宣传，并模范遵守道路交通安全法律、法规……"第七十八条规定："公安机关交通管理部门应当加强对交通警察的管理，提高交通警察的素质和管理道路交通的水平。公安机关交通管理部门应当对交通警察进行法制和交通安全管理业务培训、考核。交通警察经考核不合格的，不得上岗执行职务。"第七十九条规定："公安机关交通管理部门及其交通警察实施道路交通安全管理，应当依据法定的职权和程序，简化办事手续，做到公正、严格、文明、高效。"《道路交通安全违法行为处理程序规定》则进一步规范和完善了道路交通安全违法行为处理程序，从而保障公安机关交通管理部门正确履行职责，保护公民、法人和其他组织的合法权益。

二、道路交通安全行政执法的基本特征

根据以上关于行政行为概念和构成要素的分析，同时结合道路交通安全行政执法的概念，道路交通安全行政执法应具有以下基本特征。

（一）执法主体的特定性

《道路交通安全法》和其他有关法规规定的交通安全执法权力，只能由公安机关交通管理部门及其交通警察行使，其他任何机关、团体和个人无权行使。公安机关是道路交通管理的主管机关，公安机关交通管理部门和交通警察负责道路交通管理工作的具体实施。公安机关交通管理部门不得随意将对国家应尽的义务转交给其他组织去完成。因为，公安机关交通管理部门维护道路交通安全和秩序、保护交通参与者合法权益的职责是依法确定的法定职责。公安机关交通管理部门履行对国家应尽的职责和义务，就是完成国家赋予的道路交通管理的任务。

（二）执法内容的具体性

道路交通安全执法行为，是针对道路交通活动中具体的道路交通参与者或具体的事实施的行为。人们只要进行道路交通活动或者进行与道路交通活动有关的活动，就必然产生道路交通权利和义务关系。道路交通安全法律关系中，各方当事人依据道路交通安全法律规范享有道路交通权利并承担义务。道路交通权利是指道路交通安全法律关系主体根据道路交通安全法律规范所享有的权利，公安机关交通管理部门应依法保护道路交通参与者的合法权益。道路交通义务是指道路交通安全法律关系主体根据道路交通安全法律规范的规定，必须为或不为一定行为的责任。如果道路交通安全法律关系主体不履行道路交通义务，也必须承担相应的法律责任。

（三）执法行为的法定性

公安机关交通管理部门是开展道路交通管理工作的职能部门，实施道路交通安全行政执法行为，是《道路交通安全法》等有关法律、法规赋予公安机关交通管理部门的权力。公安机关交通管理部门实施的道路交通安全行政执法行为，是由道路交通安全法律规范明确规定的。道路交通安全行政执法权力只能在法律界定的范围内并依照法定程序行使，同时接受国家权力机关、司法机关和人民群众的制约和监督，《道路交通安全法》第六章专门规定了执法监督，第七十九条规定："公安机关交通管理部门及其交通警察实施道路交通安全管理，应当依据法定的职权和程序，简化办事手续，做到公正、严格、文明、高效。"第八十四条规定："公安机关交通管理部门及其交通警察的行政执法活动，应当接受行政监

察机关依法实施的监督。公安机关督察部门应当对公安机关交通管理部门及其交通警察执行法律、法规和遵守纪律的情况依法进行监督。上级公安机关交通管理部门应当对下级公安机关交通管理部门的执法活动进行监督。"第八十五条规定："公安机关交通管理部门及其交通警察执行职务，应当自觉接受社会和公民的监督。"

（四）执法行为的强制性

公安机关交通管理部门及其交通警察的执法行为，是国家意志的单方面表示，以国家强制力为后盾，不以当事人同意与否为条件。道路交通安全法律关系中当事人的法律地位不同于民事法律关系，在道路交通安全法律关系中，公安机关交通管理部门是代表国家行使道路交通管理权，处于管理者的地位，其单方的意思表示就能引起道路交通安全法律关系的产生、变更和消灭，而无须征得对方当事人的同意。当相对人一方不履行义务时，公安机关交通管理部门和交通警察则予以强制执行。

三、道路交通安全行政执法的分类

依据不同的分类标准，道路交通安全行政执法大致有以下几个种类：

（一）道路交通安全违法行为处罚、行政强制措施、行政许可及其他行政执法

公安机关交通管理部门及交通警察在道路交通管理中必须依法作出具体行政行为。依据道路交通安全具体行政行为的工作内容，可以分为道路交通安全违法行为处罚、交通行政强制措施、交通行政许可及其他道路交通安全行政执法，这是道路交通安全行政执法最普遍的分类，以下章节将就这些种类分别予以详细阐述。

（二）羁束与自由裁量道路交通安全执法行为

按照道路交通安全法律、法规对行政行为的约束程度，可以分为羁束道路交通安全执法与自由裁量道路交通安全执法。羁束的道路交通安全执法行为，是指公安机关交通管理部门必须严格依照道路交通安全法律、法规的规定作出明确具体的行为，对于道路交通安全法律规范的适用没有自由裁量的空间。例如，道路交通安全法律规范对机动车主申请机动车注册登记的条件、注册登记的项目都作出了严格的规定，公安机关交通管理部门必须严格按照规定执行。而当道路交通安全法律、法规只是对某些行为作出了原则性的规定或是有自由裁量的空间，公安机关交通管理部门及其交通警察可以在其范围内根据具体行为的实际情况，恰当合理地适用法律、法规，这就是自由裁量的道路交通安全执法行为。例如，

《道路交通安全法》第九十条规定："机动车驾驶人违反道路交通安全法律、法规关于道路通行规定的，处警告或者二十元以上二百元以下罚款。本法另有规定的，依照规定处罚。"当然，地方道路交通安全法规可以在《道路交通安全法》规定的权限和幅度范围内予以具体的规定。例如，《道路交通安全法》第八十九条规定："行人、乘车人、非机动车驾驶人违反道路交通安全法律、法规关于道路通行规定的，处警告或者五元以上五十元以下罚款；非机动车驾驶人拒绝接受罚款处罚的，可以扣留其非机动车。"这里的对行人、乘车人的处罚可以根据违法情节轻重等情况处警告或者五元以上五十元以下罚款，《江苏省道路交通安全条例》中对此则有羁束的所谓"刚性"规定，其中规定："行人或者乘车人有下列行为之一的，处以二十元罚款：不按照交通信号灯指示通行的；通过路口或者横过道路，没有按规定走人行横道或者过街设施的；在机动车道内行走、停留的；跨越、倚坐道路隔离设施的；扒车、跳车、追车、强行拦车或者抛物击车的；携带易燃易爆等危险物品乘车的；向车外抛洒物品的。行人、乘车人违反道路交通安全法律、法规其他通行规定的，处以五元罚款。"

（三）依职权与依申请道路交通安全执法行为

根据道路交通安全管理主体行使职权的前提条件，可以分为依职权道路交通安全执法与依申请道路交通安全执法。依职权的道路交通安全执法行为，是指依据公安机关交通管理部门所具有的法定的道路交通管理权力，不需要道路交通活动参与者申请就可以作出的行政行为，如道路交通安全违法行为处罚、公安交通安全行政强制等。依申请的道路交通安全执法行为，是指公安机关交通管理部门必须应道路交通活动参与人的申请才能作出的行政行为，如道路交通安全行政许可等。

（四）授益性和侵益性道路交通安全执法行为

授益性道路交通安全执法行为，是指赋予道路交通参与者某种新的道路交通安全法律规范上的权利，或者免除其原来承担的道路交通义务的行为，如颁发机动车驾驶证等。侵益性道路交通安全执法行为，是指剥夺或限制道路交通参与者已有的某种道路交通权利，或者使其承担某种义务的行为，如吊销机动车驾驶证等。

（五）要式与非要式道路交通安全执法行为

依据道路交通安全行政执法行为是否必须具备法定的形式和程序，可以分为要式与非要式道路交通安全执法。要式道路交通安全执法，是指必须符合道路交通安全法律规范规定的某种特定形式或程序才能产生法律效力的行政行为。例如，交通行政处罚必须具有行政处罚决定书；对当场收缴的罚款，执勤交通警察必须出具省级以上财政部门统一印制的收据，否则就是违法行政。而非要式道路交通安全执法，是指法律、法规没有规定行为的具体形式，行政主体可以根据实际需要作出各种形式的行政行为。对这类行为公安机关交通管理部门及其交通警察可以选择适当的方式作出意思表示，传达给道路交通管理相对人，并可立即产生法律后果。例如，根据《道路交通安全法》的有关规定，公安机关交通管理部门及其交通警察对于情节轻微、未影响道路通行的道路交通安全违法行为，指出违法行为，给予口头警告后放行。

第二节　交通行政强制措施

行政强制理论是现代行政法学研究的重要内容之一。《行政强制法》以及《道路交通安全法》《道路交通安全法实施条例》《道路交通安全违法行为处理程序规定》的制定，为交通行政强制措施的正确实施和保护公民的合法权益奠定了基础。

一、交通行政强制措施的概念

（一）行政强制

根据《行政强制法》的有关规定，行政强制包括行政强制措施和行政强制执行。其中，行政强制措施，是指行政机关在行政管理过程中，为制止违法行为、防止证据损毁、避免危害发生、控制危险扩大等情形，依法对公民的人身自由实施暂时性限制，或者对公民、法人或者其他组织的财物实施暂时性控制的行为。行政强制措施的种类包括限制公民人身自由，查封场所、设施或者财物，扣押财物，冻结存款、汇款以及其他行政强制措施。行政机关在行政管理过程中采取的行政强制措施，应当依照法定的权限、范围、条件和程序，同时，还应当适当，在法定情形下予以解除；实施行政强制，应当坚持教育与强制相结合；公民、法人或者其他组织对行政机关实施行政强制，享有陈述权、申辩权，有权依法申请行政复议或者提起行政诉讼，因行政机关违法实施行政强制受到损害的，有权依法要求赔偿。因此，《行政强制法》的制定有利于规范行政强制的设定和实施，保障和监督行政机关依法履行职责，维护公共利益和社会秩序，保护公民、法人和其他组织的合法权益。

（二）交通行政强制措施

交通行政强制措施，是指公安机关交通管理部门为了维护道路交通秩序、保障道路交通的安全与畅通以及保护具体相对人的个人安全和利益，而在必要或紧迫情形下依法运用行政强制权对有关交通参与者的人身、财物及其他权利和利益所作的暂时性限制或控制的行为。交通行政强制措施具有强制性、具体性、预防性、临时性、合法性和可诉性等行政强制措施的基本特征。由于交通行政强制措施的行使直接危及当事人的人身或财产权利，因而必须严格依法进行。首先，实施交通行政强制措施的主体必须是特定的，交通行政强制措施的实施主体只能是公安机关及其交通管理部门，而不能是其他的行政主体；其次，交通行政强制措施的客体是公共安全、公共利益以及行政相对人的人身自由、财产、资格以及行为等；再次，交通行政强制措施的客观方面是对行政相对人的机动车和非机动车驾驶人、行人等的人身自由、车辆、驾驶证等的临时性限制或控制；最后，实施交通行政强制措施的目的是制止道路交通安全违法行为、避免交通事故的发生及其危害后果的发生，保护正处于或即将处于某种危险状态下的相对人的安全和利益，维护道路交通秩序、保障道路交通的安全与畅通。

交通行政强制措施与道路交通安全违法行为处罚有所不同，道路交通安全违法行为处罚是公安机关交通管理部门及其交通警察依据事实和法律、法规的有关规定对道路交通安全违法行为予以的一种行政处罚，而交通行政强制措施是指公安机关交通管理部门为了维护道路交通秩序、保障交通安全与畅通，而对具体的人或物、证照等所实施的暂时性限制或控制；同时，交通行政强制措施与行政强制执行也有所区别，行政强制执行是以相对人不履行行政主体依法作出的行政决定为前提，是指行政机关或者行政机关申请人民法院，对不履行行政决定的公民、法人或者其他组织，依法强制履行义务的行为。

二、交通行政强制措施的种类及其适用

根据《道路交通安全法》《道路交通安全法实施条例》《道路交通安全违法行为处理程序规定》以及《行政强制法》等法律、法规的规定，我国公安机关交通管理部门及其交通警察在执法过程中，依法可以采取的行政强制措施主要有以下几种：扣留车辆、扣留机动车驾驶证、拖移机动车，检验体内酒精、国家管制的精神药品、麻醉药品含量以及收缴物品和法律、法规规定的其他行政强制措施。

（一）扣留车辆

扣留车辆又分为扣留机动车与扣留非机动车。有下列情形之一的，公安机关交通管理部门及其人员应当依法扣留车辆：

1. 上道路行驶的机动车未悬挂机动车号牌，未放置检验合格标志、保险标志，或者未随车携带机动车行驶证、驾驶证的

这将使机动车的合法性、安全性以及驾驶人是否具有驾驶机动车的合法资格等情况处于不确定的状态。公安机关交通管理部门应当扣留机动车，通知当事人提供相应的牌证、标志或者补办相应手续，并可以依法予以处罚。公安机关交通管理部门依法扣留机动车的目的是通过强制手段禁止此类不确定合法资格的机动车或者驾驶人继续在道路上行驶，从而消除安全隐患。对扣留的车辆，如果当事人提供相应的牌证、标志或者补办相应手续的，公安机关交通管理部门应当及时退还机动车。

2. 有伪造、变造或者使用伪造、变造的机动车登记证书、号牌、行驶证、检验合格标志、保险标志、驾驶证或者使用其他车辆的机动车登记证书、号牌、行驶证、检验合格标志、保险标志嫌疑的

对于机动车和驾驶人的管理主要是通过依法取得号牌、证件、标志和资格等措施来实现的，而上述违法行为严重干扰车辆管理、道路交通安全与秩序，因此，必须依法予以收缴伪造、变造的机动车登记证书、号牌、行驶证、驾驶证或者检验合格标志、保险标志的，由公安机关交通管理部门扣留该机动车并依法予以处罚。如果当事人能够提供相应的合法证明或者补办相应手续的，应当及时退还机动车。

3. 未按照国家规定投保机动车交通事故责任强制保险的

由公安机关交通管理部门对于没有投保的机动车予以扣留，并要求当事人按照法律、法规的规定去办理相关的保险手续。当事人依照规定投保后，到公安机关交通管理部门领取车辆并接受罚款，由公安机关交通管理部门处依照规定投保最低责任限额应缴纳的保险费的二倍罚款，缴纳的罚款全部纳入道路交通事故社会救助基金。

4. 公路客运车辆或者货运机动车超载的

车辆超载，严重影响了车辆的安全性能，对道路造成损害，也容易酿发道路交通事故，是一种比较严重的道路交通安全违法行为。因此，在对超载的公路客运车辆或者货运机动车处罚的同时，还规定了扣留机动车的行政强制措施。对公路客运车辆载客超过核定乘员、货运机动车超过核定载质量的，公安机关交通管

理部门应当按照下列规定消除违法状态：一是违法行为人可以自行消除违法状态的，应当在公安机关交通管理部门的监督下，自行将超载的乘车人转运、将超载的货物卸载；二是违法行为人无法自行消除违法状态的，对超载的乘车人，公安机关交通管理部门应当及时通知有关部门联系转运；对超载的货物，应当在指定的场地卸载，并由违法行为人与指定场地的保管方签订卸载货物的保管合同。消除违法状态的费用由违法行为人承担。违法状态消除后，应当立即退还被扣留的机动车。

5. 机动车有被盗抢嫌疑的

交通警察在执法过程中，发现有与通缉、通报、盗抢车辆的号牌、类型相一致的或有被盗抢嫌疑的车辆，依法扣留该车辆。

6. 机动车有拼装或者达到报废标准嫌疑的

非法拼装的车辆和已经达到报废标准的车辆，机动车的安全技术条件都不能达到国家规定的标准，这些车辆对于道路交通安全构成了巨大的隐患。因此，对于驾驶拼装或者达到报废标准嫌疑的机动车上道路行驶的，公安机关交通管理部门一经发现，应当予以收缴，强制报废。对驾驶前款所列机动车上道路行驶的驾驶人，处二百元以上二千元以下罚款，并吊销机动车驾驶证。出售已达到报废标准的机动车的，没收违法所得，处销售金额等额的罚款。

7. 未申领《剧毒化学品公路运输通行证》通过公路运输剧毒化学品的

由于剧毒化学品公路运输车辆一旦发生交通事故的危害后果非常严重，因此，我国对于剧毒化学品公路运输有着严格的规定，要求从事运输的车辆必须依法申领《剧毒化学品公路运输通行证》，并按照公安机关交通管理部门指定的时间、路线、方式等行驶。对于未申领《剧毒化学品公路运输通行证》通过公路运输剧毒化学品的，则依法扣留车辆。

8. 非机动车驾驶人拒绝接受罚款处罚的

行人、乘车人以及非机动车驾驶人的道路交通安全违法行为，一般属于比较轻微的违法行为，但执法的难度比较大，而扣留非机动车的目的就在于迫使违法行为人接受教育和处罚。例如，一男子在某路口骑自行车闯红灯，被执勤交警拦下，并对其处以二十元罚款，该男子拒绝接受罚款处罚，于是交警扣留其自行车。那么，交警的执法行为是否正确呢？交警的执法行为涉及交通行政处罚和交通行政强制措施两个行政行为。根据《道路交通安全法》的有关规定，"行人、乘车人、非机动车驾驶人违反道路交通安全法律、法规关于道路通行规定的，处警告或者五元以上五十元以下罚款；非机动车驾驶人拒绝接受罚款处罚的，可以扣留其非机动车"。案例中的男子骑自行车闯红灯，属于交通违法行为，因此，在纠违教育的同时，依法处以二十元罚款的处罚是正确的；同时，由于该男子拒绝接受罚款处罚，依法可以扣留其非机动车，交警所采取的行政强制措施也是正确的。

此外，对发生道路交通事故，因收集证据需要的，可以依法扣留事故车辆。《道路交通安全法》第一百一十二条规定，"公安机关交通管理部门扣留机动车、非机动车，应当当场出具凭证，并告知当事人在规定期限内到公安机关交通管理部门接受处理。公安机关交通管理部门对被扣留的车辆应当妥善保管，不得使用。逾期不来接受处理，并且经公告三个月仍不来接受处理的，对扣留的车辆依法处理"。同时，《道路交通安全违法行为处理程序规定》第二十八条规定，"交通警察应当在扣留车辆后二十四小时内，将被扣留车辆交所属公安机关交通管理部门。公安机关交通管理部门扣留车辆的，不得扣留车辆所载货物。对车辆所载货物应当通知当事人自行处理，当事人无法自行处理或者不自行处理的，应当登记并妥善保管，对容易腐烂、损毁、灭失或者其他不具备保管条件的物品，经县级以上公安机关交通管理部门负责人批准，可以在拍照或者录像后变卖或者拍卖，变卖、拍卖所得按照有关规定处理"。

（二）扣留机动车驾驶证

根据《道路交通安全违法行为处理程序规定》第三十一条的规定，有下列情形之一的，依法扣留机动车驾驶证：

（1）饮酒后驾驶机动车的；

（2）将机动车交由未取得机动车驾驶证或者机动车驾驶证被吊销、暂扣的人驾驶的；

（3）机动车行驶超过规定时速百分之五十的；

（4）驾驶有拼装或者达到报废标准嫌疑的机动车上道路行驶的；

（5）在一个记分周期内累积记分达到十二分的。

如果驾驶人具有以上法定情形之一的，如机动车行驶超过规定时速百分之五十的属于严重的超速行为，依法应由公安机关交通管理部门处二百元以上二千元以下罚款，可以并处吊销机动车驾驶证，因此，一经发现应立即依法扣留机动车驾驶证，既预防和减少了交通安全隐患，也保障了后面的交通行政处罚得以顺利进行。《道路交通安全法》第一百一十三条规定，"暂扣机动车驾驶证的期限从处罚决定生效之日起计算；处罚决定生效前先予扣留机动车驾驶证的，扣留一日折抵暂扣期限一日。吊销机动车驾驶证后重新申请领取机动车驾驶证的期限，按照机动车驾驶证管理规定办理"。《道路交通安全违法行为处理程序规定》第三十二条也有相应的规定："交通警察应当在扣留机动车驾驶证后二十四小时内，将被扣留机动车驾驶证交所属公安机关交通管理部门。具有本规定第三十一条第（一）、（二）、（三）、（四）项所列情形之一的，扣留机动车驾驶证至作出处罚决定之日；处罚决定生效前先予扣留机动车驾驶证的，扣留一日折抵暂扣期限一日。只对违法行为人作出罚款处罚的，缴纳罚款完毕后，应当立即发还机动车驾驶证。具有本规定第三十一条第（五）项情形的，扣留机动车驾驶证至考试合格之日。"

（三）拖移机动车

对违反道路交通安全法律、法规关于机动车停放、临时停车规定的行为，采取教育与处罚相结合的原则，根据具体情形予以口头警告或者罚款处罚。根据《道路交通安全法》第九十三条的有关规定，"对违反道路交通安全法律、法规关于机动车停放、临时停车规定的，可以指出违法行为，并予以口头警告，令其立即驶离。机动车驾驶人不在现场或者虽在现场但拒绝立即驶离，妨碍其他车辆、行人通行的，处二十元以上二百元以下罚款，并可以将该机动车拖移至不妨碍交通的地点或者公安机关交通管理部门指定的地点停放。公安机关交通管理部门拖车不得向当事人收取费用，并应当及时告知当事人停放地点。因采取不正确的方法拖车造成机动车损坏的，应当依法承担补偿责任"，这里所承担的补偿责任，实质上是一种国家赔偿，充分体现了对公民合法权益的维护和保障。国家机关和国家机关工作人员行使职权，有侵犯公民、法人和其他组织合法权益的情形，造成损害的，受害人有依法取得国家赔偿的权利。根据《中华人民共和国国家赔偿法》（以下简称《国家赔偿法》）第三十六条的规定，侵犯公民、法人和其他组织的财产权造成损害的，应当返还的财产损坏的，能够恢复原状的恢复原状，不能恢复原状的，按照损害程度给付相应的赔偿金。

《道路交通安全违法行为处理程序规定》第三十三条规定："违反机动车停放、临时停车规定，驾驶人不在现场或者虽在现场但拒绝立即驶离，妨碍其他车辆、行人通行的，公安机关交通管理部门及其交通警察可以将机动车拖移至不妨碍交通的地点或者公安机关交通管理部门指定的地点。拖移机动车的，现场交通警察应当通过拍照、录像等方式固定违法事实和证据。"为了更好地体现"以人民为中心"理念，在对违法停车妨碍交通秩序的行为进行教育和处罚的同时，也从方便群众和服务群众的角度出发，《道路交通安全违法行为处理程序规定》第三十四条还规定了公安机关交通管理部门有义务及时告知违法行为人被拖移机动车的停放地点等信息，"公安机关交通管理部门应当公开拖移机动车查询电话，并通过设置拖移机动车专用标志牌明示或者以其他方式告知当事人。当事人可以通过电话查询接受处理的地点、期限和被拖移机动车的停放地点"。

（四）检验体内酒精、国家管制的精神药品、麻醉药品含量

机动车驾驶人有饮酒、醉酒、服用国家管制的精神药品或者麻醉药品嫌疑的，会对行车安全构成极大的威胁，应当接受测试、检验。根据我国《麻醉药品和精神药品管理条例》的有关规定，麻醉药品和精神药品是指列入麻醉药品目录、精神药品目录（以下称目录）的药品和其他物质，其中精神药品分为第一类精神药品和第二类精神药品。目录由国务院药品监督管理部门会同国务院公安部门、国务院卫生主管部门制定、调整并公布。此外，对于机动车驾驶人有饮酒、醉酒嫌疑的，《道路交通安全违法行为处理程序规定》第三十五条规定："车辆驾驶人有下列情形之一的，应当对其检验体内酒精含量：（一）对酒精呼气测试等方法测试的酒精含量结果有异议并当场提出的；（二）涉嫌饮酒驾驶车辆发生交通事故的；（三）涉嫌醉酒驾驶的；（四）拒绝配合酒精呼气测试等方法测试的。车辆驾驶人对酒精呼气测试结果无异议的，应当签字确认。事后提出异议的，不予采纳。车辆驾驶人涉嫌吸食、注射毒品或者服用国家管制的精神药品、麻醉药品后驾驶车辆的，应当按照《吸毒检测程序规定》对车辆驾驶人进行吸毒检测，并通知其家属，但无法通知的除外。"

（五）收缴物品

根据道路交通安全法律规范的相关规定，公安机关交通管理部门依法收缴的主要物品为非法机动车、牌证和装置等。

1. 收缴非法机动车、牌证

《道路交通安全法》第九十六条规定："伪造、变造或者使用伪造、变造的机动车登记证书、号牌、行驶证、驾驶证的，由公安机关交通管理部门予以收缴，扣留该机动车，处十五日以下拘留，并处二千元以上五千元以下罚款；构成犯罪的，依法追究刑事责任。伪造、变造或者使用伪造、变造的检验合格标志、保险标志的，由公安机关交通管理部门予以收缴，扣留该机动车，处十日以下拘留，并处一千元以上三千元以下罚款；构成犯罪的，依法追究刑事责任。使用其他车辆的机动车登记证书、号牌、行驶证、检验合格标志、保险标志的，由公安机关交通管理部门予以收缴，扣留该机动车，处二千元以上五千元以下罚款。"第一百条规定："驾驶拼装的机动车或者已达到报废标准的机动车上道路行驶的，公安机关交通管理部门应当予以收缴，强制报废。"此外，《道路交通安全违法行为

处理程序规定》第三十八条规定："公安机关交通管理部门对扣留的拼装或者已达到报废标准的机动车，经县级以上公安机关交通管理部门批准后，予以收缴，强制报废。"第三十九条则规定："对伪造、变造或者使用伪造、变造的机动车登记证书、号牌、行驶证、检验合格标志、保险标志、驾驶证的，应当予以收缴，依法处罚后予以销毁。对使用其他车辆的机动车登记证书、号牌、行驶证、检验合格标志、保险标志的，应当予以收缴，依法处罚后转至机动车登记地车辆管理所。"

2. 收缴非法装置

《道路交通安全法》第九十七条规定："非法安装警报器、标志灯具的，由公安机关交通管理部门强制拆除，予以收缴，并处二百元以上二千元以下罚款。"《道路交通安全违法行为处理程序规定》第三十七条还规定："对非法安装警报器、标志灯具或者自行车、三轮车加装动力装置的，公安机关交通管理部门应当强制拆除，予以收缴，并依法予以处罚。交通警察现场收缴非法装置的，应当在二十四小时内，将收缴的物品交所属公安机关交通管理部门。对收缴的物品，除作为证据保存外，经县级以上公安机关交通管理部门批准后，依法予以销毁。"

（六）法律、法规规定的其他行政强制措施

1. 强制排除妨碍

《道路交通安全法》第一百零六条规定："在道路两侧及隔离带上种植树木、其他植物或者设置广告牌、管线等，遮挡路灯、交通信号灯、交通标志，妨碍安全视距的，由公安机关交通管理部门责令行为人排除妨碍；拒不执行的，处二百元以上二千元以下罚款，并强制排除妨碍，所需费用由行为人负担。"《道路交通安全违法行为处理程序规定》第四十条还进一步规定："对在道路两侧及隔离带上种植树木、其他植物或者设置广告牌、管线等，遮挡路灯、交通信号灯、交通标志，妨碍安全视距的，公安机关交通管理部门应当向违法行为人送达排除妨碍通知书，告知履行期限和不履行的后果。违法行为人在规定期限内拒不履行的，依法予以处罚并强制排除妨碍。"

2. 约束

根据《道路交通安全法》第九十一条的有关规定，"醉酒驾驶机动车的，由公安机关交通管理部门约束至酒醒，吊销机动车驾驶证，依法追究刑事责任；五年内不得重新取得机动车驾驶证……醉酒驾驶营运机动车的，由公安机关交通管理部门约束至酒醒，吊销机动车驾驶证，依法追究刑事责任；十年内不得重新取得机动车驾驶证，重新取得机动车驾驶证后，不得驾驶营运机动车"。这里要注意的是，一旦醉酒驾驶人酒醒，应立即解除约束这种强制措施。此外，《道路交通安全违法行为处理程序规定》还规定："对酒后、吸毒后行为失控或者拒绝配合检验的，可以使用约束带或者警绳等约束性警械。"同时，根据《人民警察法》第十四条的规定，"公安机关的人民警察对严重危害公共安全或者他人人身安全的精神病人，可以采取保护性约束措施。需要送往指定的单位、场所加以监护的，应当报请县级以上人民政府公安机关批准，并及时通知其监护人"。因此，这里的"约束"虽属于强制措施，但应是《人民警察法》所规定的保护性约束措施；另外，根据《人民警察使用警械和武器条例》第三条的有关规定，警械是指人民警察按照规定装备的警棍、催泪弹、高压水枪、特种防暴枪、手铐、脚镣、警绳等警用器械。警械虽然有不少种类，但是对酒后、吸毒后行为失控或者拒绝配合检验的道路交通安全违法行为人，仅仅可以使用约束带或者警绳等约束性警械。

3. 责令恢复原状

《中华人民共和国噪声污染防治法》（以下简称《噪声污染防治法》）第四十七条规定，"机动车的消声器和喇叭应当符合国家规定。禁止驾驶拆除或者损坏消声器、加装排气管等擅自改装的机动车以轰鸣、疾驶等方式造成噪声污染……"第四十八条还规定，"机动车、铁路机车车辆、城市轨道交通车辆、机动船舶等交通运输工具运行时，应当按照规定使用喇叭等声响装置……"噪声，是指在工业生产、建筑施工、交通运输和社会生活中产生的干扰周围生活环境的声音。噪声污染，是指超过噪声排放标准或者未依法采取防控措施产生噪声，并干扰他人正常生活、工作和学习的现象。交通运输噪声，则是指机动车、铁路机车车辆、城市轨道交通车辆、机动船舶、航空器等交通运输工具在运行时产生的干扰周围生活环境的声音。国务院生态环境主管部门对全国噪声污染防治实施统一监督管理，地方人民政府生态环境主管部门对本行政区域噪声污染防治实施统一监督管理，其中公安部门在职责范围内，对部分交通运输噪声污染防治实施监督管理。《噪声污染防治法》第七十九条还规定，"违反本法规定，驾驶拆除或者损坏消声器、加装排气管等擅自改装的机动车轰鸣、疾驶，机动车运行时未按照规定使用声响装置，或者违反禁止机动车行驶和使用声响装置的路段和时间规定的，由县级以上地方人民政府公安机关交通管理部门依照有关道路交通安全的法律法规处罚"。同时，《机动车登记规定》第七十九条规定，"除第十六条、第二十二条、第二十三条规定的情形外，擅自改变机动车外形和已登记的有关技术参数的，由公安机关交通管理部门责令恢复原状，并处警告或者五百元以下罚款"。

第三节　道路交通安全违法行为处罚

　　道路交通安全违法行为处罚，是公安机关交通管理部门及其交通警察的一项重要执法工作。对于道路交通安全违法行为，公安机关交通管理部门及其交通警察要坚持教育与处罚相结合的原则，教育公民、法人和其他组织自觉遵守道路交通安全法律、法规，同时应当严格根据事实和法律、法规对道路交通安全违法行为进行处罚。

一、道路交通安全违法行为处罚概述

　　在熟悉和理解道路交通安全违法行为处罚的概念和特征之前，首先要明确道路交通安全违法行为的概念及其构成要件，这对于判定某一具体的道路交通或与交通有关的行为是否构成道路交通安全违法行为，乃至正确地实施处罚都具有重要的意义。

　　（一）道路交通安全违法行为的概念和构成要件

　　道路交通安全违法行为，是指道路交通安全法律关系主体由于扰乱道路交通秩序，妨害道路交通安全，侵犯他人交通权益，依照道路交通安全法律、法规的规定应受行政处罚的行为。道路交通安全违法行为简称交通违法行为，道路交通安全违法行为的构成具备主体、客体、主观方面和客观方面四个方面的要件。

　　1. 道路交通安全违法行为的主体

　　《道路交通安全法》第二条规定："中华人民共和国境内的车辆驾驶人、行人、乘车人以及与道路交通活动有关的单位和个人，都应当遵守本法。"因此，道路交通安全违法行为的主体是指实施了违反道路交通安全法律、法规规定的行为，并依法应该承担责任的自然人、法人和其他组织。其中，对于道路交通安全违法行为主体中的自然人而言，则须达到法定责任年龄和具有责任能力。

　　2. 道路交通安全违法行为的客体

　　道路交通安全违法行为的客体，是指我国道路交通安全法律、法规所保护的而为道路交通安全违法行为所侵害的社会关系。这种社会关系在道路交通中主要表现为道路交通秩序、道路交通安全以及他人的交通权益，道路交通安全违法行为侵害的社会关系可以是其中的一个方面或几个方面，也只有侵害了其中一个方面或几个方面的行为，才有可能被认定为道路交通安全违法行为。

3. 道路交通安全违法行为的主观方面

道路交通安全违法行为的主观方面，是指道路交通安全违法行为人对自己所实施的违法行为及其危害后果所持的心理态度，即行为人主观上存在过错，包括故意和过失。故意违反道路交通安全行为，是指行为人明知自己的行为违反道路交通安全法律、法规，可能发生危害社会的后果而故意或者放任自己实施了这种行为；过失违反道路交通安全行为，是指行为人应知其实施的行为违反道路交通安全法律、法规，可能发生危害社会的后果，但由于疏忽大意而没有预见，或虽已预见却轻信能够避免而实施的违反道路交通安全行为。无论是故意还是过失，只要行为人实施了具体的交通违法行为，都可以构成道路交通安全违法行为。比如，行人闯红灯的交通违法行为，不管这个人是看见了红灯故意去闯，还是没有注意到红灯而不小心闯了红灯，都可以构成道路交通安全违法行为。应该指出的是，由于故意违法的社会危害性较过失违法的社会危害性大，因而在处罚上，对故意违反道路交通安全行为的处罚应重于对过失违反道路交通安全行为的处罚。

4. 道路交通安全违法行为的客观方面

道路交通安全违法行为的客观方面，是指道路交通安全违法行为的客观外在表现，包括行为人所实施的具有社会危害性应受交通行政处罚的行为，以及由此行为造成或可能造成的危害社会的结果。道路交通安全违法行为在客观方面有作为和不作为两种表现形式。作为，是指行为人以积极的行为所实施的为我国道路交通安全法律、法规所禁止的行为。大多数的道路交通安全违法行为都是以作为方式实施的，如"超速行驶""酒后驾驶""超载""故意遮挡、污损或者不按规定安装机动车号牌"和"非法安装警报器、标志灯具"等。不作为，是指负有特定义务实施某种行为并且有能力履行这种义务而不履行的行为。《道路交通安全法》第一百零五条规定，"道路施工作业或者道路出现损毁，未及时设置警示标志、未采取防护措施，或者应当设置交通信号灯、交通标志、交通标线而没有设置或者应当及时变更交通信号灯、交通标志、交通标线而没有及时变更，致使通行的人员、车辆及其他财产遭受损失的，负有相关职责的单位应当依法承担赔偿责任"。其中的未及时设置警示标志、未采取防护措施，或者应当设置交通信号灯、交通标志、交通标线而没有设置或者应当及时变更交通信号灯、交通标志、交通标线而没有及时变更等行为就属于不作为方式的道路交通安全违法行为。

(二) 道路交通安全违法行为处罚的概念和基本特征

道路交通安全违法行为处罚是公安机关在进行交通管理工作中的一项重要的执法工作，属于公安行政处罚。

1. 道路交通安全违法行为处罚的概念

道路交通安全违法行为处罚，是指公安机关为了维护道路交通秩序、保障道路交通安全与畅通，依法对违反道路交通安全行为人给予法律制裁的一种行政行为。《道路交通安全法》第八十七条规定："公安机关交通管理部门及其交通警察对道路交通安全违法行为，应当及时纠正。公安机关交通管理部门及其交通警察应当依据事实和本法的有关规定对道路交通安全违法行为予以处罚。对于情节轻微，未影响道路通行的，指出违法行为，给予口头警告后放行。"对于道路交通安全违法行为，公安机关交通管理部门及其交通警察首先应当及时纠正，消除当事人的行为违法状态，然后，公安机关交通管理部门及其交通警察对道路交通安全违法行为人进行处罚和教育，以使其认识到自身的错误和造成的危害，避免再次出现类似道路交通安全违法行为。公安机关交通管理部门及其交通警察对违法行为的处理，应当遵循合法、及时、公正和处罚与教育相结合的原则。对应当给予处罚的，依据违法行为的事实和法律、法规的规定作出处罚决定。所谓"事实"，是指当事人违法的具体行为、情节、后果以及过错程度等；所谓"本法的有关规定"，是指依法对不同交通违法行为予以的具体处罚。对交通违法行为人进行处罚时，除了要依据法律规定的实体内容，还要严格遵守处罚的程序。当然，对道路交通安全违法行为人的处罚不是目的，而是为了维护道路交通安全、有序和畅通。

道路交通安全违法行为处罚的法律依据主要是道路交通安全法律、法规以及与道路交通安全有关的法律、法规与规章等。一是道路交通安全法律，是指由国家最高权力机关——全国人民代表大会及其常务委员会制定的规范性文件，如《道路交通安全法》。二是与道路交通安全有关的法律规范，从广义上讲，如《行政处罚法》《行政复议法》《行政诉讼法》《行政强制法》《国家赔偿法》以及《治安管理处罚法》《人民警察法》等相关法律，其他如《刑法》《民法典》等法律也是在对道路交通安全违法行为的处罚过程中可能涉及的法律依据。三是道路交通安全行政法规，是指国务院根据宪法和法律制定的有关国家行政管理的规范性文件的总称，如《道路交通安全法实施条例》是国务院制定的全面而系统的一部专门的行政法规，旨在具体细化、落实道路交通安全法确立的基本原则和基本制度。四是道路交通安全行政规章，是指国务院所属各部、委员会在本部门权限内根据宪法、法律和行政法规等制定和发布的规范性文件。道路交通安全行政规章是我国道路交通安全法律规范体系的一个重要组成部分，如《道路交通安全违法行为处理程序规定》《道路交通事故处理程序规定》《机动车驾驶证申领和使用规定》以及《机动车登记规定》等。五是地方性道路交通安全法规及规章，各省、自治区、直辖市的人民代表大会及其常务委员会有权制定地方性法规，如《江苏省道路交通安全条例》等；而由各省、自治区、直辖市的人民政府制定的则是地方性规章。但要注意的是，地方性法规和规章所规定的内容不得与法律、行政法规等所规定的内容相抵触，另外，地方性道路交通安全法规及规章也只在各地方颁布生效的范围内有效。

2. 道路交通安全违法行为处罚的基本特征

道路交通安全违法行为处罚是一种行政处罚，从道路交通安全违法行为处罚的概念及其本质属性来看，具有以下几个基本特征：

第一，道路交通安全违法行为处罚的实施主体是公安机关及其交通管理部门，其他组织和个人无权作出。《行政处罚法》第三十八条规定，"行政处罚没有依据或者实施主体不具有行政主体资格的，行政处罚无效"。其中，对违法行为人处以行政拘留处罚的，由县、市公安局、公安分局或者相当于县一级的公安机关作出处罚决定，而警告、罚款、暂扣或吊销机动车驾驶证由有相应处罚权限的公安机关交通管理部门作出。

第二，道路交通安全违法行为处罚是对违反道路交通安全行为人所作的处罚。例如，《道路交通安全法》第一百条规定，"驾驶拼装的机动车或者已达到报废标准的机动车上道路行驶的，公安机关交通管理部门应当予以收缴，强制报废。对驾驶前款所列机动车上道路行驶的驾驶人，处二百元以上二千元以下罚款，并吊销机动车驾驶证。出售已达到报废标准的机动车的，没收违法所得，处销售金额等额的罚款，对该机动车依照本条第一款的规定处理。"此外，对于非现场执法而言，如交通技术监控记录的违法行为，《道路交通安全法》第一百一十四条规定："公安机关交通管理部门根据交通技术监控记录资料，可以对违法的机动车所有人或者管理人依法予以处罚。对能够确定驾驶人的，可以依照本法的规定依法予以处罚。"《道路交通安全违法行为处理程序规定》第二十一条规定："对交通技术监控设备记录的违法行为信息，经核查能够确定实际驾驶人的，公安机关交通管理部门可以在道路交通违法信息管理系统中将其记录为实际驾驶人的违法行为信息。"

第三，道路交通安全违法行为处罚是具有法律制裁性的行为，通过处罚而剥夺或者限制道路交通安全违法行为人一定的权利或利益，使其人身权或财产权受到一定的损失，从而达到预防、警戒和制止违法行为的目的。《道路交通安全法》第九十一条规定："饮酒后驾驶机动车的，处暂扣六个月机动车驾驶证，并处一千元以上二千元以下罚款。因饮酒后驾驶机动车被处罚，再次饮酒后驾驶机动车的，处十日以下拘留，并处一千元以上二千元以下罚款，吊销机动车驾驶证。醉酒驾驶机动车的，由公安机关交通管理部门约束至酒醒，吊销机动车驾驶证，依法追究刑事责任；五年内不得重新取得机动车驾驶证。饮酒后驾驶营运机动车的，处十五日拘留，并处五千元罚款，吊销机动车驾驶证，五年内不得重新取得机动车驾驶证。醉酒驾驶营运机动车的，由公安机关交通管理部门约束至酒醒，吊销机动车驾驶证，依法追究刑事责任；十年内不得重新取得机动车驾驶证，重新取得机动车驾驶证后，不得驾驶营运机动车。饮酒后或者醉酒驾驶机动车发生重大交通事故，构成犯罪的，依法追究刑事责任，并由公安机关交通管理部门吊销机动车驾驶证，终生不得重新取得机动车驾驶证。"

第四，道路交通安全违法行为处罚具有可诉性。道路交通安全违法行为处罚是公安机关及其交通管理部门依法作出的一种行政处罚。《行政处罚法》第七条规定，"公民、法人或者其他组织对行政机关所给予的行政处罚，享有陈述权、申辩权；对行政处罚不服的，有权依法申请行政复议或者提起行政诉讼"。

二、道路交通安全违法行为处罚的种类

道路交通安全违法行为处罚的种类包括警告、罚款、暂扣或者吊销机动车驾驶证、拘留，以下对这五种道路交通安全违法行为处罚的种类及其幅度等作简要的阐释。

（一）警告

警告是公安机关交通管理部门依法对违反道路交通安全行为人予以谴责和告诫的一种行政处罚方法。从性质上来看，它属于一种申戒罚，其目的是通过对违法行为人一种精神、名誉或者荣誉方面的惩戒，申明其有违法行为，并指出其危害性，责令道路交通安全违法行为人改正违法行为并不再重犯。

警告是对道路交通安全违法行为实施的最轻的一种行政处罚，一般适用于情节轻微，后果不严重的道路交通安全违法行为。例如，《道路交通安全法》第八十九条规定："行人、乘车人、非机动车驾驶人违反道路交通安全法律、法规关于道路通行规定的，处警告或者五元以上五十元以下罚款；非机动车驾驶人拒绝接受罚款处罚的，可以扣留其非机动车。"第九十条则规定："机动车驾驶人违反道路交通安全法律、法规关于道路通行规定的，处警告或者二十元以上二百元以下罚款。本法另有规定的，依照规定处罚。"同时，《行政处罚法》第五十一条、第五十二条规定，违法事实确凿并有法定依据，对公民处以……或者警告的行政

处罚的，可以当场作出行政处罚决定……执法人员当场作出行政处罚决定的，应当向当事人出示执法证件，填写预定格式、编有号码的行政处罚决定书，并当场交付当事人……《道路交通安全法》第一百零七条也规定，"对道路交通违法行为人予以警告、二百元以下罚款，交通警察可以当场作出行政处罚决定，并出具行政处罚决定书。行政处罚决定书应当载明当事人的违法事实、行政处罚的依据、处罚内容、时间、地点以及处罚机关名称，并由执法人员签名或者盖章"。警告作为一种行政处罚，当事人对警告处罚不服的，可以提起行政复议或者行政诉讼。此外，《道路交通安全法》第八十七条还规定，"公安机关交通管理部门及其交通警察对道路交通安全违法行为，应当及时纠正。公安机关交通管理部门及其交通警察应当依据事实和本法的有关规定对道路交通安全违法行为予以处罚。对于情节轻微，未影响道路通行的，指出违法行为，给予口头警告后放行"。第九十三条规定："对违反道路交通安全法律、法规关于机动车停放、临时停车规定的，可以指出违法行为，并予以口头警告，令其立即驶离……"这里的对相关违法行为人的口头警告，从法律规定以及实施情况来看，则等同于批评教育。

（二）罚款

罚款是公安机关交通管理部门依法强制道路交通安全违法行为人当场或者在规定的期限内交纳一定数额金钱的一种行政处罚。从性质上来看，它属于一种财产罚。这种处罚旨在通过经济上的制裁而达到教育、警示违法行为人的目的。在对道路交通安全违法行为进行处罚的方式中，罚款是适用最为普遍的一种处罚。

从对道路交通安全违法行为人罚款的幅度来看，一般来说，行人、乘车人、非机动车驾驶人违反道路交通安全法律、法规关于道路通行规定的，处警告或者五元以上五十元以下罚款；机动车驾驶人违反道路交通安全法律、法规关于道路通行规定的，一般处警告或者二十元以上二百元以下罚款。而对于法律另有规定的，一般是比较严重的道路交通安全违法行为，依照规定处罚。一是分别处以二百元以上五千元以下等具体数额的罚款。例如，饮酒后驾驶机动车的，处暂扣六个月机动车驾驶证，并处一千元以上二千元以下罚款；饮酒后驾驶营运机动车的，处十五日拘留，并处五千元罚款，吊销机动车驾驶证。再如，对于公路客运车辆载客超过额定乘员的，处二百元以上五百元以下罚款；超过额定乘员百分之二十或者违反规定载货的，处五百元以上二千元以下罚款；货运机动车超过核定载质量的，处二百元以上五百元以下罚款；超过核定载质量百分之三十或者违反规定载客的，处五百元以上二千元以下罚款；运输单位的车辆有上述规定的情形，经处罚不改的，对直接负责的主管人员处二千元以上五千元以下罚款。二是予以相关倍数的罚款。例如，机动车安全技术检验机构不按照机动车国家安全技术标准进行检验，出具虚假检验结果的，由公安机关交通管理部门处所收检验费用五倍以上十倍以下罚款，并依法撤销其检验资格；又如，机动车所有人、管理人未按照国家规定投保机动车第三者责任强制保险的，由公安机关交通管理部门扣留车辆至依照规定投保后，并处依照规定投保最低责任限额应缴纳的保险费的二倍罚款；出售已达到报废标准的机动车的，没收违法所得，处销售金额等额的罚款等。

对道路交通违法行为人予以警告、二百元以下罚款，交通警察可以当场作出行政处罚决定，并出具行政处罚决定书。行政处罚决定书应当载明当事人的违法事实、行政处罚的依据、处罚的内容、时间、地点以及处罚机关名称，并由执法人员签名或者盖章。而对于超过上述规定数额的罚款，应当适用一般程序作出处罚决定；公安机关交通管理部门拟作出较大数额的罚款和吊销机动车驾驶证的处罚决定，应当告知当事人有要求听证的权利，当事人要求听证的，行政机关应当组织听证。此外，对道路交通违法行为人的罚款依法施行罚缴分离的规定，《道路交通安全法》第八十二条规定："公安机关交通管理部门依法实施罚款的行政处罚，应当依照有关法律、行政法规的规定，实施罚款决定与罚款收缴分离；收缴的罚款以及依法没收的违法所得，应当全部上缴国库。"第一百零八条则进一步规定："当事人应当自收到罚款的行政处罚决定书之日起十五日内，到指定的银行缴纳罚款。对行人、乘车人和非机动车驾驶人的罚款，当事人无异议的，可以当场予以收缴罚款。罚款应当开具省、自治区、直辖市财政部门统一制发的罚款收据；不出具财政部门统一制发的罚款收据的，当事人有权拒绝缴纳罚款。"

（三）暂扣机动车驾驶证

暂扣机动车驾驶证是公安机关交通管理部门因机动车驾驶人的道路交通安全违法行为而在一定期限内暂停其机动车驾驶资格的一种处罚。无论是许可证还是执照，都是公民、法人或者其他组织的某种资格、能力符合法定条件，从而得到国家法律的承认和保障的证明，因此，从性质上说，暂扣机动车驾驶证属于能力罚。

暂扣机动车驾驶证的处罚可以单独适用，也可以和其他处罚合并使用。例如《道路交通安全法》第九十一条规定，"饮酒后驾驶机动车的，处暂扣六个月机动车驾驶证，并处一千元以上二千元以下罚款……"又如，根据《道路交通安全法》第九十九条的有关规定，未取得机动车驾驶证、机动车驾驶证被吊销或者机动车驾驶证被暂扣期间驾驶机动车的，由公安机关交通管理部门处二百元以上二千元以下罚款，可以并处十五日以下拘留；将机动车交由未取得机动车驾驶证或者机动车驾驶证被吊销、暂扣的人驾驶的，由公安机关交通管理部门处二百元以上二千元以下罚款，可以并处吊销机动车驾驶证。另外，执行职务的交通警察认为应当对道路交通违法行为人给予暂扣或者吊销机动车驾驶证处罚的，可以先予扣留机动车驾驶证，并在二十四小时内将案件移交公安机关交通管理部门处理。暂扣机动车驾驶证的期限从处罚决定生效之日起计算；处罚决定生效前先予扣留机动车驾驶证的，扣留一日折抵暂扣期限一日。公安机关交通管理部门暂扣机动车驾驶证的，应当出具行政处罚决定书。

（四）吊销机动车驾驶证

吊销机动车驾驶证是公安机关交通管理部门对违反道路交通安全的机动车驾驶人实施取消其驾驶资格的处罚。它是对道路交通安全违法行为人处以比较严厉的一种能力罚。

吊销机动车驾驶证可以单独适用，也可以和其他处罚合并使用。例如，根据《道路交通安全法》的有关规定，"因饮酒后驾驶机动车被处罚，再次饮酒后驾驶机动车的，处十日以下拘留，并处一千元以上二千元以下罚款，吊销机动车驾驶证。醉酒驾驶机动车的，由公安机关交通管理部门约束至酒醒，吊销机动车驾驶证，依法追究刑事责任；五年内不得重新取得机动车驾驶证"。又如，"机动车行驶超过规定时速百分之五十的，由公安机关交通管理部门处二百元以上二千元以下罚款，可以并处吊销机动车驾驶证"。"对驾驶拼装或已达到报废标准的机动车上道路行驶的驾驶人，处二百元以上二千元以下罚款，并吊销机动车驾驶证"。此外，根据《道路交通安全法》的有关规定，"违反道路交通安全法律、法规的规定，发生重大交通事故，构成犯罪的，依法追究刑事责任，并由公安机关交通管理部门吊销机动车驾驶证。造成交通事故后逃逸的，由公安机关交通管理部门吊销机动车驾驶证，且终生不得重新取得机动车驾驶证"，这就意味着当事人终生丧失了驾驶机动车的资格。公安机关交通管理部门吊销机动车驾驶证的，应当出具行政处罚决定书。

（五）拘留

拘留是公安机关依法对道路交通安全违法行为人实施的在一定时间内限制其人身自由的一种行政处罚，是交通行政处罚中最严厉的一种处罚方法。从性质上看，属人身罚。根据《中华人民共和国立法法》第十一条规定，对公民政治权利的剥夺、限制人身自由的强制措施和处罚，必须由全国人民代表大会及其常务委员会制定法律予以规定。同时，《行政处罚法》第十条也规定，"法律可以设定各种行政处罚。限制人身自由的行政处罚，只能由法律设定。"《道路交通安全法》第一百一十一条规定："对违反本法规定予以拘留的行政处罚，由县、市公安局、公安分局或者相当于县一级的公安机关裁决。"值得一提的是，这里的拘留是对道路交通安全违法行为人实施的一种行政处罚，不同于刑事拘留。刑事拘留是公安机关、人民检察院在办理刑事案件的过程中，遇到法定的紧急情况时，对于现行犯或者重大嫌疑人所采取的临时剥夺其人身自由的强制措施，二者在根本性质、法律依据和执法目的等方面有着严格的区别，不能混淆。

拘留一般适用于严重违反道路交通安全的行为人。可以适用拘留处罚的交通违法行为包括饮酒后驾驶机动车被处罚并再次饮酒后驾驶机动车的行为，饮酒后驾驶营运机动车的行为，伪造、变造或者使用伪造、变造的机动车登记证书、号牌、行驶证、驾驶证的行为，伪造、变造或者使用伪造、变造的检验合格标志、保险标志的行为，未取得机动车驾驶证、机动车驾驶证被吊销或者机动车驾驶证被暂扣期间驾驶机动车的行为，造成交通事故后逃逸尚不构成犯罪的行为，违反交通管制的规定强行通行和不听劝阻的行为等。例如，《道路交通安全法》第九十一条规定："……因饮酒后驾驶机动车被处罚，再次饮酒后驾驶机动车的，处十日以下拘留，并处一千元以上二千元以下罚款，吊销机动车驾驶证……饮酒后驾驶营运机动车的，处十五日拘留，并处五千元罚款，吊销机动车驾驶证，五年内不得重新取得机动车驾驶证……"第九十六条规定："伪造、变造或者使用伪造、变造的机动车登记证书、号牌、行驶证、驾驶证的，由公安机关交通管理部门予以收缴，扣留该机动车，处十五日以下拘留，并处二千元以上五千元以下罚款；构成犯罪的，依法追究刑事责任。伪造、变造或者使用伪造、变造的检验合格标志、保险标志的，由公安机关交通管理部门予以收缴，扣留该机动车，处十日以下拘留，并处一千元以上三千元以下罚款；构成犯罪的，依法追究刑事责任……"第九十九条还规定："有下列行为之一的，由公安机关交通管理部门处二百元以上二千元以下罚款：（一）未取得机动车驾驶证、机动车驾驶证被吊销或者机动车驾驶证被暂扣期间驾驶机动车的；（二）将机动车交由未取得机动车驾驶证或者机动车驾驶证被吊销、暂扣的人驾驶的；（三）造成交通事故后逃逸，尚不构成犯罪的；（四）机动车行驶超过规定时速百分之五十的；（五）强迫机动车驾驶人违反道路交通安全法律、法规和机动车安全驾驶要求驾驶机动车，造成交通事故，尚不构成犯罪的；（六）违反交通管制的规定强行通行，不听劝阻的；（七）故意损毁、移动、涂改交通设施，造成危害后果，尚不构成犯罪的；（八）非法拦截、扣留机动车辆，不听劝阻，造成交通严重阻塞或者较大财产损失的。行为人有前款第二项、第四项情形之一的，可以并处吊销机动车驾驶证；有第一项、第三项、第五项至第八项情形之一的，可以并处十五日以下拘留。"

三、道路交通安全违法行为处罚的权限

道路交通安全违法行为处罚的权限，是指有管辖权的各级公安机关交通管理部门决定对道路安全违法行为处罚时的权力划分。任何逾越法定的权限所作的道路交通安全违法行为的处罚均是无效的。关于道路交通安全违法行为处罚的权限，《道路交通安全法》《道路交通安全法实施条例》以及《道路交通安全违法行为处理程序规定》中均有体现。处罚权限具体划分为：

（1）对违法行为人处以警告、罚款或者暂扣机动车驾驶证处罚的，由县级以上公安机关交通管理部门作出处罚决定。

（2）对违法行为人处以吊销机动车驾驶证处罚的，由设区的市公安机关交通管理部门作出处罚决定。

（3）对违法行为人处以行政拘留处罚的，由县、市公安局、公安分局或者相当于县一级的公安机关作出处罚决定。

四、道路交通安全违法行为处罚的适用

（一）一人有两种以上道路交通安全违法行为的处罚

《道路交通安全违法行为处理程序规定》第五十条第一款规定："一人有两种以上违法行为，分别裁决，合并执行，可以制作一份行政处罚决定书。"分别裁决，就是对一人有两种以上违法行为的，根据每一种交通违法行为分别予以处罚，并将所有的处罚实行"简单相加法"，可以制作一份行政处罚决定书，合并执行。例如，机动车驾驶人驾驶机动车存在闯红灯和驾驶机动车行驶超过规定时速百分之五十的行为，对其闯红灯行为依法予以罚款二百元，以及对其驾驶机动车行驶超过规定时速百分之五十的行为依法予以罚款一千元和并处吊销机动车驾驶证，则合并执行罚款一千二百元和吊销机动车驾驶证的处罚。与此同时，根据《公安机关办理行政案件程序规定》第一百六十一条第一款规定，"一人有两种以上违法行为的，分别决定，合并执行，可以制作一份决定书，分别写明对每种违法行为的处理内容和合并执行的内容"。其中，对于拘留处罚的合并执行，《公安机关办理行政案件程序规定》第一百六十二条还规定："行政拘留处罚合并执行的，最长不超过二十日。行政拘留处罚执行完毕前，发现违法行为人有其他违法行为，公安机关依法作出行政拘留决定的，与正在执行的行政拘留合并执行。"

（二）两个以上主体共同违反道路交通安全行为的处罚

《公安机关办理行政案件程序规定》第一百六十一条第二款规定，"一个案件有多个违法行为人的，分别决定，可以制作一式多份决定书，写明给予每个人的处理决定，分别送达每一个违法行为人"。《道路交通安全违法行为处理程序规定》第五十条第二款规定："一人只有一种违法行为，依法应当并处两个以上处罚种类且涉及两个处罚主体的，应当分别制作行政处罚决定书。"两个以上主体共同违反道路交通安全行为，指的是两个以上的主体实施同一违反道路交通安全行为，且依法应当并处两个以上处罚种类的，则根据其在共同违法行为中所处的地位和作用，并在处罚权限和幅度范围内来决定施以何种处罚，对每个道路交通安全行为人应当分别制作行政处罚决定书。

（三）从重处罚

从重处罚，是指在法定的处罚种类和幅度范围内，对道路交通安全违法行为给予较重的处罚。根据《公安机关办理行政案件程序规定》第一百六十条规定，"违法行为人有下列情形之一的，应当从重处罚：（一）有较严重后果的；（二）教唆、胁迫、诱骗他人实施违法行为的；（三）对报案人、控告人、举报人、证人等打击报复的；（四）六个月内曾受过治安管理处罚或者一年内因同类违法行为受到两次以上公安行政处罚的；（五）刑罚执行完毕三年内，或者在缓刑期间，违反治安管理的"。道路交通安全违法行为人如有以上法定情形之一的，应当在法定的处罚种类和幅度范围内给予从重处罚。

（四）从轻、减轻或不予处罚

从轻处罚，是指具有法定从轻处罚的情形，在处罚的种类和幅度范围内，对道路交通安全违法行为给予较轻的处罚；减轻处罚，是指具有法定减轻处罚的情形，在处罚的种类和幅度范围以下，对道路交通安全违法行为给予降低惩处的处罚；不予处罚，是指当事人虽已构成道路交通安全违法行为，但因为情节轻微或符合其他法定情形，依法不予处罚。《公安机关办理行政案件程序规定》第四十六条规定，"对快速办理的行政案件，公安机关可以根据违法行为人认错悔改、纠正违法行为、赔偿损失以及被侵害人谅解情况等情节，依法对违法行为人从轻、减轻处罚或者不予行政处罚"。《公安机关办理行政案件程序规定》第一百五十七条规定："不满十四周岁的人有违法行为的，不予行政处罚，但是应当责令其监护人严加管教，并在不予行政处罚决定书中载明。已满十四周岁不满十八周岁的人有违法行为的，从轻或者减轻行政处罚。"第一百五十八条则规定："精神病人在不能辨认或者不能控制自己行为时有违法行为的，不予行政处罚，但应当责令其监护人严加看管和治疗，并在不予行政处罚决定书中载明。间歇性精神病人在精神正常时有违法行为的，应当给予行政处罚。尚未完全丧失辨认或者控制自己行为能力的精神病人有违法行为的，应当予以行政处罚，但可以从轻或者减轻行政处罚。"第一百五十九条还规定："违法行为人有下列情形之一的，应当从轻、减轻处罚或者不予行政处罚：（一）主动消除或者减轻违法行为危害后果，并取得被侵害人谅解的；（二）受他人胁迫或者诱骗的；（三）有立功表现的；（四）主动投案，向公安机关如实陈述自己的违法行为的；（五）其他依法应当从轻、减轻或者不予行政处罚的。违法行为轻微并及时纠正，没有造成危害后果的，不予行政处罚。盲人或者又聋又哑的人违反治安管理的，可以从轻、减轻或者不予行政处罚；醉酒的人违反治安管理的，应当给予处罚。"

五、道路交通安全违法行为处罚的执行

道路交通安全行政处罚的执行可以分为自觉履行和强制执行两种。自觉履行，是指道路交通安全违法行为人在法定的期限内，自觉履行道路交通安全行政处罚所决定义务的行为；强制执行，是指公安机关交通管理部门对于拒绝履行处罚决定义务的道路交通安全违法行为人依法自行或者向人民法院申请采取强制措施，强制其履行处罚决定义务的行为。

罚款的执行分为当事人的自觉履行和强制执行两种。《道路交通安全法》规定，"公安机关交通管理部门依法实施罚款的行政处罚，应当依照有关法律、行政法规的规定，实施罚款决定与罚款收缴分离；收缴的罚款以及依法没收的违法所得，应当全部上缴国库"。"当事人应当自收到罚款的行政处罚决定书之日起十五日内，到指定的银行缴纳罚款。对行人、乘车人和非机动车驾驶人的罚款，当事人无异议的，可以当场予以收缴罚款。罚款应当开具省、自治区、直辖市财政部门统一制发的罚款收据；不出具财政部门统一制发的罚款收据的，当事人有权拒绝缴纳罚款"。同时，《道路交通安全违法行为处理程序规定》规定，"对行人、乘车人、非机动车驾驶人处以罚款，交通警察当场收缴的，交通警察应当在简易程序处罚决定书上注明，由被处罚人签名确认。被处罚人拒绝签名的，交通警察应当在处罚决定书上注明。交通警察依法当场收缴罚款的，应当开具省、自治区、直辖市财政部门统一制发的罚款收据；不开具省、自治区、直辖市财政部门统一制发的罚款收据的，当事人有权拒绝缴纳罚款"。此外，《道路交通安全违法行为处理程序规定》还规定，"公安机关交通管理部门对非本辖区机动车驾驶人给予暂扣、吊销机动车驾驶证处罚的，应当在作出处罚决定之日起十五日内，将

机动车驾驶证转至核发地公安机关交通管理部门。违法行为人申请不将暂扣的机动车驾驶证转至核发地公安机关交通管理部门的，应当准许，并在行政处罚决定书上注明"。"对违法行为人决定行政拘留并处罚款的，公安机关交通管理部门应当告知违法行为人可以委托他人代缴罚款"。

行政处罚的强制执行，是指行政主体对拒绝履行行政处罚决定义务的当事人，依法采取强制性措施，迫使其履行行政处罚义务的行为。当事人逾期不履行行政处罚决定的，作出行政处罚决定的公安机关交通管理部门可以采取下列措施：到期不缴纳罚款的，每日按罚款数额的百分之三加处罚款，加处罚款总额不得超出罚款数额；申请人民法院强制执行。当事人对公安机关交通管理部门采取的行政强制措施或者作出的行政处罚决定不服的，可以依法申请行政复议或者提起行政诉讼。

第四节　其他道路交通安全行政执法

除了道路交通安全违法行为处罚和交通行政强制措施之外，根据道路交通安全法律、法规的规定，道路交通安全行政执法还有道路交通安全行政命令、道路交通安全行政许可、道路交通安全行政监督检查和道路交通安全行政奖励等，所有道路交通安全行政执法行为都必须依法执行。

一、道路交通安全行政命令

（一）概念

行政命令是行政管理的重要手段和方式。道路交通安全行政命令就是公安机关交通管理部门依法要求道路交通参与者"为"或"不为"一定行为的意思表示。其中，要求道路交通参与者"为"一定行为的意思表示称为"令"，要求道路交通参与者"不为"一定行为的意思表示称为"禁令"。道路交通安全行政命令的主体是公安机关交通管理部门，其内容通常表现为要求交通参与者履行一定的作为或不作为义务的行为，道路交通安全行政命令是一种意思表示，可以通过书面形式、口头形式，甚至是形体动作的形式作出，并以国家强制力保障实施。

（二）主要种类

道路交通安全行政命令的种类较为多样，根据《道路交通安全法》等法律、法规的规定，在道路交通安全行政执法中的主要种类包括：

1. 责令消除安全隐患

根据《道路交通安全法》第一百零二条规定，"对六个月内发生二次以上特大交通事故负有主要责任或者全部责任的专业运输单位，由公安机关交通管理部门责令消除安全隐患，未消除安全隐患的机动车，禁止上道路行驶"。专业运输单位屡次频发特大交通事故且负有主要责任或者全部责任，具有安全隐患，对交通安全构成了严重的威胁，为了预防和减少此类交通事故的发生，必须要求专业运输单位消除安全隐患。

2. 责令停止违法行为

责令停止违法行为，是指公安机关交通管理部门责令违法行为人立即停止其影响道路交通安全的行为。根据《道路交通安全法》第一百零四条规定，"未经批准，擅自挖掘道路、占用道路施工或者从事其他影响道路交通安全活动的，由道路主管部门责令停止违法行为，并恢复原状，可以依法给予罚款；致使通行的人员、车辆及其他财产遭受损失的，依法承担赔偿责任。有前款行为，影响道路交通安全活动的，公安机关交通管理部门可以责令停止违法行为，迅速恢复交通"。挖掘道路、占用道路施工或者从事其他影响道路交通安全活动的，应当事先征得交通和城市建设主管部门的批准，任何单位和个人不得擅自挖掘和占用道路；恢复原状，指的是由道路主管部门责令违法行为人采取措施，消除其对道路交通安全的不良影响，恢复到原来状态，如修复已经挖掘的道路、清除在道路上堆放的施工材料等；影响道路交通安全活动的，还应当征得公安机关交通管理部门的同意，否则公安机关交通管理部门可以责令停止违法行为，迅速恢复交通。

3. 责令当事人撤离现场

鉴于当前的道路交通状况，为了避免和减少交通拥堵以及可能带来的二次事故，根据《道路交通安全法实施条例》第八十九条规定，"公安机关交通管理部门或者交通警察接到交通事故报警，应当及时赶赴现场，对未造成人身伤亡，事实清楚，并且机动车可以移动的，应当在记录事故情况后责令当事人撤离现场，恢复交通。对拒不撤离现场的，予以强制撤离"。《道路交通事故处理程序规定》第十九条也规定，"机动车与机动车、机动车与非机动车发生财产损失事故，当事人应当在确保安全的原则下，采取现场拍照或者标划事故车辆现场位置等方式固定证据后，立即撤离现场，将车辆移至不妨碍交通的地点，再协商处理损害赔偿事宜，但有本规定第十三条第一款情形的除外。非机动车与非机动车或者行人发生财产损失事故，当事人应当先撤离现场，再协商处理损害赔偿事宜。对应当自行撤离现场而未撤离的，交通警察应当责令当事人撤离现场；造成交通堵塞的，对驾驶人处以 200 元罚款"。

4. 责令驶离

根据《道路交通安全法》第九十三条规定，"对违反道路交通安全法律、法规关于机动车停放、临时停车规定的，可以指出违法行为，并予以口头警告，令其立即驶离。机动车驾驶人不在现场或者虽在现场但拒绝立即驶离，妨碍其他车辆、行人通行的，处二十元以上二百元以下罚款，并可以将该机动车拖移至不妨碍交通的地点或者公安机关交通管理部门指定的地点停放。公安机关交通管理部门拖车不得向当事人收取费用，并应当及时告知当事人停放地点"。对于违反道路交通安全法律、法规关于机动车停放、临时停车规定的行为，交通警察发现后可以指出违法行为，并予以口头警告，令其立即驶离，对于立即驶离的违法行为人不再采取拖车的强制措施和予以罚款处罚。但是，对于机动车驾驶人不在现场或者虽在现场但拒绝立即驶离，妨碍其他车辆、行人通行的，则应处以罚款，并可以采取拖车的强制措施。

5. 交通管制

公安机关交通管理部门实施交通管制的行为也是一种行政命令。《道路交通安全法》第四十条规定，"遇有自然灾害、恶劣气象条件或者重大交通事故等严重影响交通安全的情形，采取其他措施难以保证交通安全时，公安机关交通管理部门可以实行交通管制。"《道路交通安全法》第九十九条规定，违反交通管制的规定强行通行，不听劝阻的，"由公安机关交通管理部门处二百元以上二千元以下罚款"，"可以并处十五日以下拘留"。

除此以外，交通警察指挥信号是交通警察指挥参与道路交通活动的车辆、行人的一种行政命令。根据《道路交通安全法》第三十八条规定，"车辆、行人应当按照交通信号通行；遇有交通警察现场指挥时，应当按照交通警察的指挥通行"。《道路交通安全法》第八十七条第一款规定，"公安机关交通管理部门及其交通警察对道路交通安全违法行为，应当及时纠正"。交通警察要求道路交通安全违法行为人及时改正其违法行为的意思表示，就是一种行政命令。

二、道路交通安全行政许可

（一）概念

许可是容许、准许的意思，指一方允许另一方从事某种活动。民法上的许可通常是指平等民事主体之间关于特定民事权利的有条件使用行为，而行政许可则是国家的一种行政管理手段，具有强力控制与灵活运用相结合的特征，在国内外行政管理实践中得到广泛应用。为了规范行政许可的设定和实施，保护公民、法人和其他组织的合法权益，维护公共利益和社会秩序，保障和监督行政机关有效实施行政管理，2003年8月27日第十届全国人民代表大会常务委员会第四次会议通过了《行政许可法》，并于2019年4月23日第十三届全国人民代表大会常务委员会第十次会议予以修正。《行政许可法》的颁布和实施，在很大程度上推进了行政审批制度的改革。

道路交通安全行政许可，是指公安机关交通管理部门根据公民、法人或者其他组织的有关申请，经依法审查，准予其从事特定活动的行为。道路交通安全行政许可具有以下几个基本特征：

1. 许可主体的特定性

道路交通安全行政许可的主体是公安机关交通管理部门，当然也包括法律、法规授权的组织。《行政许可法》第二十三条规定："法律、法规授权的具有管理公共事务职能的组织，在法定授权范围内，以自己的名义实施行政许可。被授权的组织适用本法有关行政机关的规定。"第二十四条还规定："行政机关在其法定职权范围内，依照法律、法规、规章的规定，可以委托其他行政机关实施行政许可。委托机关应当将受委托行政机关和受委托实施行政许可的内容予以公告。委托行政机关对受委托行政机关实施行政许可的行为应当负责监督，并对该行为的后果承担法律责任。受委托行政机关在委托范围内，以委托行政机关名义实施行政许可；不得再委托其他组织或者个人实施行政许可。"

2. 被许可人的具体性

道路交通安全行政许可的被许可人是提出申请的公民、法人和其他组织，不包括行政机关对其他机关或者对其直接管理的事业单位的人事、财务、外事等事项的审批，这些审批不属于《行政许可法》调整的范围。

3. 被动性行为

行政许可是依据公民、法人或其他组织的申请而作出的行政行为，无申请即无行政许可，行政主体不能主动作出，属于被动性行为。

4. 依法许可

行政许可必须严格依法进行，设定和实施行政许可，应当依照法定的权限、范围、条件和程序，遵循公开、公平、公正、非歧视和便民的原则，公民、法人或者其他组织依法取得的行政许可受法律保护，行政机关不得擅自改变已经生效的行政许可；行政许可的具体内容是准予申请人从事特定的活动，这个特定活动限定在行政许可以及相关道路交通安全法律、法规所允许从事的事项范围。

（二）种类

道路交通安全行政许可的种类必须严格控制在国家行政许可法设定的范围内。《行政许可法》第十二条规定："下列事项可以设定行政许可：（一）直接涉及国家安全、公共安全、经济宏观调控、生态环境保护以及直接关系人身健康、生命财产安全等特定活动，需要按照法定条件予以批准的事项；（二）有限自然资源开发利用、公共资源配置以及直接关系公共利益的特定行业的市场准入等，需要赋予特定权利的事项；（三）提供公众服务并且直接关系公共利益的职业、行业，需要确定具备特殊信誉、特殊条件或者特殊技能等资格、资质的事项；（四）直接关系公共安全、人身健康、生命财产安全的重要设备、设施、产品、物品，需要按照技术标准、技术规范，通过检验、检测、检疫等方式进行审定的事项；（五）企业或者其他组织的设立等，需要确定主体资格的事项；（六）法律、行政法规规定可以设定行政许可的其他事项。"有关数据显示，截至 2024 年 6 月底，全国机动车保有量达 4.4 亿辆，其中汽车达 3.45 亿辆；机动车驾驶人 5.32 亿人，其中汽车驾驶人 4.96 亿人。2024 年上半年全国新注册登记机动车 1680 万辆，新领证驾驶人 1397 万人。① 道路交通安全行政许可的设定范围，主要是直接涉及公共安全和直接关系人身健康、生命财产安全等特定活动，如驾驶机动车；直接关系公共安全、人身健康、生命财产安全的重要设备、设施、产品、物品，需要按照技术标准、技术规范，通过检验、检测、检疫等方式进行审定的事项，如机动车检验等。根据道路交通安全法律、法规的具体设定，道路交通安全行政许可主要包括以下几种。

1. 驾驶许可

《道路交通安全法》第十九条规定："驾驶机动车，应当依法取得机动车驾驶证。申请机动车驾驶证，应当符合国务院公安部门规定的驾驶许可条件；经考试合格后，由公安机关交通管理部门发给相应类别的机动车驾驶证。持有境外机动车驾驶证的人，符合国务院公安部门规定的驾驶许可条件，经公安机关交通管理部门考核合格的，可以发给中国的机动车驾驶证。"《道路交通安全法实施条例》第十九条规定："符合国务院公安部门规定的驾驶许可条件的人，可以向公安机关交通管理部门申请机动车驾驶证。"此外，《机动车驾驶证申领和使用规定》第二十一条规定，"持有境外机动车驾驶证，需要临时驾驶机动车的，应当按规定向车辆管理所申领临时机动车驾驶许可。对入境短期停留的，可以申领有效期为

---

① news. 10jqka. com. cn/20240708/c659570872. shtml.

三个月的临时机动车驾驶许可；停居留时间超过三个月的，有效期可以延长至一年。临时入境机动车驾驶人的临时机动车驾驶许可在一个记分周期内累积记分达到12分，未按规定参加道路交通安全法律、法规和相关知识学习、考试的，不得申请机动车驾驶证或者再次申请临时机动车驾驶许可"。

另外，对于剧毒化学品公路运输的，因可能危及不特定多人的公共安全，危害后果极为严重，为了加强危险化学品的安全管理，预防和减少危险化学品事故，保障人民群众生命财产安全，保护环境，公安机关需要对运输剧毒化学品的车辆通行予以许可。根据《危险化学品安全管理条例》（2002年1月26日中华人民共和国国务院令第344号公布，2011年2月16日国务院第144次常务会议修订通过，根据2013年12月7日《国务院关于修改部分行政法规的决定》修订）的有关规定，危险化学品是指具有毒害、腐蚀、爆炸、燃烧、助燃等性质，对人体、设施、环境具有危害的剧毒化学品和其他化学品。危险化学品目录，由国务院安全生产监督管理部门会同国务院工业和信息化、公安、环境保护、卫生、质量监督检验检疫、交通运输、铁路、民用航空、农业主管部门，根据化学品危险特性的鉴别和分类标准确定、公布，并适时调整。公安机关负责危险化学品的公共安全管理，核发剧毒化学品购买许可证、剧毒化学品道路运输通行证，并负责危险化学品运输车辆的道路交通安全管理。通过道路运输剧毒化学品的，托运人应当向运输始发地或者目的地县级人民政府公安机关申请剧毒化学品道路运输通行证。未经公安机关批准，运输危险化学品的车辆不得进入危险化学品运输车辆限制通行的区域。危险化学品运输车辆限制通行的区域由县级人民政府公安机关划定，并设置明显的标志。

2. 机动车登记许可

根据《道路交通安全法》《机动车登记规定》的有关规定，国家对机动车实行登记制度。机动车经公安机关交通管理部门登记后，方可上道路行驶。尚未登记的机动车，需要临时上道路行驶的，应当取得临时通行牌证。公安机关交通管理部门应当自受理申请之日起五个工作日内完成机动车登记审查工作，对符合前款规定条件的，应当发放机动车登记证书、号牌和行驶证；对不符合前款规定条件的，应当向申请人说明不予登记的理由。公安机关交通管理部门以外的任何单位或者个人不得发放机动车号牌或者要求机动车悬挂其他号牌，《道路交通安全法》另有规定的除外。车辆管理所办理机动车登记业务，应当依法受理申请人的申请，审查申请人提交的材料，按规定查验机动车。对符合条件的，按照规定的标准、程序和期限办理机动车登记。对申请材料不齐全或者不符合法定形式的，应当一次书面或者电子告知申请人需要补正的全部内容。对不符合规定的,应当书面或者电子告知不予受理、登记的理由。此外,还有关于特种车辆和危险货物运输车辆等的特殊许可,如《机动车登记规定》第十三条规定,"车辆管理所办理消防车、救护车、工程救险车注册登记时,应当对车辆的使用性质、标志图案、标志灯具和警报器进行审查。机动车所有人申请机动车使用性质登记为危险货物运输、公路客运、旅游客运的,应当具备相关道路运输许可;实现与有关部门联网核查道路运输许可信息、车辆使用性质信息的,车辆管理所应当核对相关电子信息。申请危险货物运输车登记的,机动车所有人应当为单位"。另外,还有关于校车使用的许可,如《机动车登记规定》第五十八条、第五十九条和第六十条分别规定,学校或者校车服务提供者申请校车使用许可,应当按照《校车安全管理条例》向县级或者设区的市级人民政府教育行政部门提出申请。公安机关交通管理部门收到教育行政部门送来的征求意见材料后,应当在一日内通知申请人交验机动车。县级或者设区的市级公安机关交通管理部门应当自申请人交验机动车之日起二日内确认机动车,查验校车标志灯、停车指示标志、卫星定位装置以及逃生锤、干粉灭火器、急救箱等安全设备,审核行驶线路、开行时间和停靠站点。属于专用校车的,还应当查验校车外观标识,并审查相关证明、凭证。公安机关交通管理部门应当自收到教育行政部门征求意见材料之日起三日内向教育行政部门回复意见,但申请人未按规定交验机动车的除外。学校或者校车服务提供者按照《校车安全管理条例》取得校车使用许可后,应当向县级或者设区的市级公安机关交通管理部门领取校车标牌。

此外,还有对于占用道路从事非交通活动的许可,如《道路交通安全法》第三十二条规定,"因工程建设需要占用、挖掘道路,或者跨越、穿越道路架设、增设管线设施,应当事先征得道路主管部门的同意;影响交通安全的,还应当征得公安机关交通管理部门的同意"。对机动车生产、检验和销售的许可,如机动车未经国务院机动车产品主管部门许可生产或者未经国家进口机动车主管部门许可进口的,公安机关交通管理部门不予办理注册登记;如违反道路交通安全法律、法规有关规定的,还应对有关部门或企业予以相应的处罚。《道路交通安全法》第一百零三条规定,"国家机动车产品主管部门未按照机动车国家安全技术标准严格审查,许可不合格机动车型投入生产的,对负有责任的主管人员和其他直接责任人员给予降级或者撤职的行政处分。机动车生产企业经国家机动车产品主管部门许可生产的机动车型,不执行机动车国家安全技术标准或者不严格进行机动车成品质量检验,致使质量不合格的机动车出厂销售的,由质量技术监督部门依照《中华人民共和国产品质量法》的有关规定给予处罚。擅自生产、销售未经国家机动车产品主管部门许可生产的机动车型的，没收非法生产、销售的机动车成品及配件，可以并处非法产品价值三倍以上五倍以下罚款；有营业执照的，由工商行政管理部门吊销营业执照，没有营业执照的，予以查封。"

（三）法律责任

道路交通安全行政许可产生的法律责任主要有两类：一类属于行政许可申请人、被许可人和非法从事许可事项的公民、法人和组织的法律责任。应依法给予行政处罚，构成犯罪的，依法追究刑事责任。《机动车登记规定》第八十一条规定，"以欺骗、贿赂等不正当手段取得机动车登记的，由公安机关交通管理部门收缴机动车登记证书、号牌、行驶证，撤销机动车登记，处二千元以下罚款；申请人在三年内不得再次申请机动车登记。以欺骗、贿赂等不正当手段办理补、换领机动车登记证书、号牌、行驶证和检验合格标志等业务的，由公安机关交通管理部门收缴机动车登记证书、号牌、行驶证和检验合格标志，未收缴的，公告作废，处二千元以下罚款。组织、参与实施第八十条、本条前两款行为之一牟取经济利益的，由公安机关交通管理部门处违法所得三倍以上五倍以下罚款，但最高不超过十万元"。另一类是道路交通安全行政许可机关的法律责任。其中包括无权设定行政许可而擅自设定的；在许可实施过程中，应受理申请而不予受理的、依法应当许可而不许可或者不应当许可而给予许可的；违反法定程序的，等等。根据《机动车登记规定》第八十三条、第八十四条的有关规定，对于交通警察违反规定为被盗抢骗、走私、非法拼（组）装、达到国家强制报废标准的机动车办理登记的；不按照规定查验机动车和审查证明、凭证的；故意刁难，拖延或者拒绝办理机动车登记的；违反规定增加机动车登记条件或者提交的证明、凭证的等情形的，按照有关规定对直接负责的主管人员和其他直接责任人员给予相应的处分；构成犯罪的，依法追究刑事责任；给当事人造成损失的，应当依法承担赔偿责任。

三、道路交通安全行政监督检查

（一）概念

行政监督检查作为一种间接的管理手段，在国家法治建设中发挥着十分重要的作用。行政法律、法规制定之后能否得到执行，行政相对人是否遵守法律、法规和执行行政机关的决定、命令，都需要通过必要的监督检查。因此，道路交通安全行政监督检查，一般是指公安机关交通管理部门依照法定职权，对行政相对人遵守法律、法规和执行行政命令、决定的情况进行监督、检查的具体行政行为。具有以下基本特征：一是道路交通安全行政监督检查的主体是享有道路交通安全行政监督检查权的公安机关交通管理部门；二是道路交通安全行政监督检查的对象一般是作为行政相对人的道路交通参与者，主要包括参与道路交通活动的公民、法人或其他组织；当然，从广义上讲，当公安机关交通管理部门自身以被管理者的身份从事某项活动时，也可以依法成为有关行政机关行政监督检查的对象；三是道路交通安全行政监督检查的内容是行政相对人遵守法律、法规和执行行政机关的决定、命令的情况；四是道路交通安全行政监督检查的目的是预防和及时发现、纠正相对人的交通违法行为，保障道路交通安全行政法律、法规的执行和行政管理目标的实现。

（二）主要形式

1. 对施工道路交通安全的监督检查

《道路交通安全法》第三十二条规定："因工程建设需要占用、挖掘道路，或者跨越、穿越道路架设、增设管线设施，应当事先征得道路主管部门的同意；影响交通安全的，还应当征得公安机关交通管理部门的同意。施工作业单位应当在经批准的路段和时间内施工作业，并在距离施工作业地点来车方向安全距离处设置明显的安全警示标志，采取防护措施；施工作业完毕，应当迅速清除道路上的障碍物，消除安全隐患，经道路主管部门和公安机关交通管理部门验收合格，符合通行要求后，方可恢复通行。对未中断交通的施工作业道路，公安机关交通管理部门应当加强交通安全监督检查，维护道路交通秩序。"《道路交通安全法实施条例》第三十五条进一步规定："道路养护施工单位在道路上进行养护、维修时，应当按照规定设置规范的安全警示标志和安全防护设施。道路养护施工作业车辆、机械应当安装示警灯，喷涂明显的标志图案，作业时应当开启示警灯和危险报警闪光灯。对未中断交通的施工作业道路，公安机关交通管理部门应当加强交通安全监督检查。发生交通阻塞时，及时做好分流、疏导，维护交通秩序。"

2. 对机动车行驶安全状态和消除交通违法状态的监督检查

《道路交通安全法实施条例》第十四条规定，"用于公路营运的载客汽车、重型载货汽车、半挂牵引车应当安装、使用符合国家标准的行驶记录仪。交通警察可以对机动车行驶速度、连续驾驶时间以及其他行驶状态信息进行检查"。《机动车交通事故责任强制保险条例》第四条规定，国务院保险监督管理机构依法对保险公司的机动车交通事故责任强制保险业务实施监督管理。公安机关交通管理部门、农业（农业机械）主管部门（以下统称机动车管理部门）应当依法对机动参加机动车交通事故责任强制保险的情况实施监督检查。对未参加机动车交通事故责任强制保险的机动车，机动车管理部门不得予以登记，机动车安全技术检验机构不得予以检验。公安机关交通管理部门及其交通警察在调查处理道路交通安全违法行为和道路交通事故时，应当依法检查机动车交通事故责任强制保险的保险标志。

此外，《道路交通安全法》第十四条规定，"国家实行机动车强制报废制度，根据机动车的安全技术状况和不同用途，规定不同的报废标准。应当报废的机动车必须及时办理注销登记。达到报废标准的机动车不得上道路行驶。报废的大型客、货车及其他营运车辆应当在公安机关交通管理部门的监督下解体"。《道路交通安全违法行为处理程序规定》第二十九条、第四十一条分别规定，交通违法行为人可以自行消除超载违法状态的，应当在公安机关交通管理部门的监督下，自行将超载的乘车人转运、将超载的货物卸载。强制排除妨碍，公安机关交通管理部门及其交通警察可以当场实施。无法当场实施的，应当按照下列程序实施：经县级以上公安机关交通管理部门负责人批准，可以委托或者组织没有利害关系的单位予以强制排除妨碍；执行强制排除妨碍时，公安机关交通管理部门应当派员到场监督。

3. 对机动车驾驶培训的监督

《道路交通安全法》第二十条规定，"机动车的驾驶培训实行社会化，由交通运输主管部门对驾驶培训学校、驾驶培训班实行备案管理，并对驾驶培训活动加强监督，其中专门的拖拉机驾驶培训学校、驾驶培训班由农业（农业机械）主管部门实行监督管理"。

4. 对农业（农业机械）主管部门行使职权的监督

《道路交通安全法》第一百二十一条规定，"对上道路行驶的拖拉机，由农业（农业机械）主管部门行使本法第八条、第九条、第十三条、第十九条、第二十三条规定的公安机关交通管理部门的管理职权。农业（农业机械）主管部门依照前款规定行使职权，应当遵守本法有关规定，并接受公安机关交通管理部门的监督；对违反规定的，依照本法有关规定追究法律责任"。

5. 对行政执法的监督检查

《道路交通安全法》第八十四条、第八十五条分别规定，"公安机关交通管理部门及其交通警察的行政执法活动，应当接受行政监察机关依法实施的监督。公安机关督察部门应当对公安机关交通管理部门及其交通警察执行法律、法规和遵守纪律的情况依法进行监督。上级公安机关交通管理部门应当对下级公安机关交通管理部门的执法活动进行监督"。"公安机关交通管理部门及其交通警察执行职务，应当自觉接受社会和公民的监督"。《道路交通安全法实施条例》第九十八条进一步规定："公安机关交通管理部门应当公开办事制度、办事程序，建立警风警纪监督员制度，自觉接受社会和群众的监督。"《道路交通安全违法行为处理程序规定》第六十五条规定："各级公安机关交通管理部门应当加强执法监督，建立本单位及其所属民警的执法档案，实施执法质量考评、执法责任制和执法过错追究。"《机动车登记规定》第二条、第八条分别规定，省级公安机关交通管理部门负责本省（自治区、直辖市）机动车登记工作的指导、检查和监督。公安机关交通管理部门应当建立机动车登记业务监督制度，加强对机动车登记、牌证生产制作和发放等监督管理；第六十七条至第七十七条则对监督管理的方式方法进行了详细具体的规定，如第六十七条规定："公安机关交通管理部门应当建立业务监督管理中心，通过远程监控、数据分析、日常检查、档案抽查、业务回访等方式，对机动车登记及相关业务办理情况进行监督管理。"《机动车驾驶证申领和使用规定》也有较多类似的监督检查条款，如第二条和第八条作了原则性的规定："省级公安机关交通管理部门负责本省（自治区、直辖市）机动车驾驶证业务工作的指导、检查和监督。""公安机关交通管理部门应当建立机动车驾驶证业务监督制度，加强对驾驶人考试、驾驶证核发和使用的监督管理。"具体的规定则在后面的章节中有比较多的条款，如第三章第三节考试监督管理条款、第六章法律责任条款。例如，第一百零二条规定："公安机关交通管理部门及其交通警察、警务辅助人员办理机动车驾驶证业务、开展机动车驾驶人考试工作，应当接受监察机关、公安机关督察审计部门等依法实施的监督。公安机关交通管理部门及其交通警察、警务辅助人员办理机动车驾驶证业务、开展机动车驾驶人考试工作，应当自觉接受社会和公民的监督。"

四、道路交通安全行政奖励

道路交通安全行政奖励是行政奖励的一种，是公安机关交通管理部门依法对为道路交通安全工作作出重大贡献的单位与个人，给予物质或精神鼓励的具体行政行为。具有以下几个基本特征：一是道路交通安全行政奖励的主体是公安机关交通管理部门；二是道路交通安全行政奖励的目的是表彰先进，调动和激发社会公众参与道路交通安全管理的积极性和创造性；三是道路交通安全行政奖励的主要内容是给予受奖者物质或精神奖励，如颁发奖金或授予荣誉称号等；四是道路交通安全行政奖励是一种法定奖励，对于符合法定条件者，公安机关交通管理部门应依照法定程序给予奖励。例如,《道路交通安全法》第七十一条规定:"车辆发生交通事故后逃逸的,事故现场目击人员和其他知情人员应当向公安机关交通管理部门或者交通警察举报。举报属实的,公安机关交通管理部门应当给予奖励。"再如,《道路交通事故处理程序规定》第一百零七条规定:"公安机关交通管理部门对查获交通肇事逃逸车辆及人员提供有效线索或者协助的人员、单位,应当给予表彰和奖励。"

全面依法治国是国家治理的一场深刻革命,关系党执政兴国,关系人民幸福安康,关系党和国家长治久安。我们要坚持走中国特色社会主义法治道路,围绕保障和促进社会公平正义,坚持依法治国、依法执政、依法行政共同推进。本章在介绍道路交通安全行政执法概念、特征、种类及原则的基础上,重点讲述了道路交通安全行政强制措施和道路交通安全违法行为处罚的概念、种类及适用等有关内容,也简要梳理了道路交通安全行政命令、许可、监督检查、行政合同及行政奖励等其他道路交通安全执法行为,正确理解和适用道路交通安全行政执法的法律、法规,是公安机关交通管理部门及其交通警察严格依法行政的关键环节。

【思考题】

1. 如何理解道路交通安全行政执法概念?

2. 简述道路交通安全行政处罚和交通行政强制措施的区别与联系。

3. 简述交通行政强制措施的种类及其正确适用。

4. 简述道路交通安全行政处罚的种类及其正确适用。

5. 如何理解道路交通安全行政许可?

第五章　道路交通安全刑事执法

第一节　道路交通安全刑事执法概述

一、道路交通安全刑事执法的概念

道路交通安全刑事执法，是指公安机关交通管理部门依法对违反道路交通安全管理法律、法规涉嫌构成犯罪的行为进行立案侦查的活动。为了更好地实施《刑法》《刑事诉讼法》《道路交通安全法》，明确公安机关各业务部门职责，准确、及时地打击犯罪，保护公民的合法权利，维护道路交通秩序和安全，公安部先后颁布了《公安部刑事案件管辖分工规定》《公安部刑事案件管辖分工补充规定》《公安部刑事案件管辖分工补充规定（二）》《公安部刑事案件管辖分工补充规定（三）》等，明确规定公安机关交通管理部门负责对涉嫌构成交通肇事罪和危险驾驶罪的犯罪行为的管辖。2020 年 9 月，公安部废止了以上规定，重新颁布《公安部刑事案件管辖分工规定》，交通肇事案和危险驾驶案继续列为交通管理局管辖的案件范围。

二、道路交通安全刑事执法的职责范围

（一）刑事立案

（1）公安机关交通管理部门发现犯罪事实或者犯罪嫌疑人，应当按照管辖范围，立案侦查。

（2）对公民扭送、报案、控告、举报或者犯罪嫌疑人自首的，都应当立即接受，问明情况，并制作笔录。经宣读无误后，由报案人、控告人、举报人签名或

者盖章。

（3）公安机关交通管理部门接受控告、举报的交通警察应当向控告人、举报人说明诬告应负的法律责任。但是，只要不是捏造事实，伪造证据，即使控告、举报的事实有出入，甚至是错告的，也要和诬告严格加以区别。

（4）公安机关交通管理部门应当保障扭送人、报案人、控告人、举报人及其亲属的安全。扭送人、报案人、控告人、举报人不愿意公开自己的姓名和扭送、报案、控告、举报行为的，应当为其保守秘密。

（5）对于接受的案件，公安机关交通管理部门应当迅速进行审查。认为有危害交通安全的犯罪事实，属于自己管辖的案件，予以立案，并立即开展侦查工作；不属于自己管辖的，依法移交有管辖权的机关处理；认为没有犯罪事实，或者犯罪情节显著轻微不需要追究刑事责任，或者具有其他依法不追究刑事责任情形的，不予立案，并且将不立案的原因通知控告人。控告人如果不服，可以申请复议。

（6）人民检察院认为公安机关对应当立案侦查的案件而不立案侦查的，或者被害人认为公安机关对应当立案侦查的案件而不立案侦查，向人民检察院提出的，人民检察院应当要求公安机关说明不立案的理由。人民检察院认为公安机关不立案理由不能成立的，应当通知公安机关立案，公安机关接到通知后应当立案。

（二）刑事案件侦查

1. 采取刑事强制措施

公安机关交通管理部门在侦查犯罪的过程中，根据案件情况，依法可以决定对犯罪嫌疑人进行拘传、取保候审、监视居住、拘留。经检察机关批准，可依法对犯罪嫌疑人执行逮捕。公安机关交通管理部门执行刑事强制措施时，应依法出示相应的证件和刑事法律文书。

公安机关交通管理部门除无法通知或者涉嫌危害国家安全犯罪、恐怖活动犯罪通知可能有碍侦查的情形以外，应当制作拘留通知书，通知被拘留人的家属。拘留通知书应当写明拘留原因和羁押处所。拘留后，应当立即将被扣留人送看守所羁押，至迟不得超过二十四小时。

对不需要拘留、逮捕的犯罪嫌疑人，可以传唤到犯罪嫌疑人所在市、县内的指定地点或者到其住处进行讯问，但是应当出示公安机关的证明文件。对在现场发现的犯罪嫌疑人，经出示工作证件，可以口头传唤，但应当在讯问笔录中注明。传唤、拘传持续的时间不得超过十二小时；案情特别重大、复杂，需要采取拘留、逮捕措施的，传唤、拘传持续的时间不得超过二十四小时。

2. 开展侦查活动

公安机关交通管理部门对已经立案的刑事案件，有权依法通过讯问犯罪嫌疑人，询问证人、被害人，勘验、检查，搜查，扣押物证、书证，鉴定，辨认，通缉等各种侦查手段和措施，全面、客观地收集、调取犯罪嫌疑人有罪或无罪、罪轻或者罪重的证据材料。根据《刑事诉讼法》规定，侦查活动必须遵守以下规定：

公安机关对已经立案的刑事案件，应当进行侦查，收集、调取犯罪嫌疑人有罪或者无罪、罪轻或者罪重的证据材料。对现行犯或者重大嫌疑分子可以依法先行拘留，对符合逮捕条件的犯罪嫌疑人，应当依法逮捕。公安机关经过侦查，对有证据证明有犯罪事实的案件，应当进行预审，对收集、调取的证据材料予以核实。讯问的时候，侦查人员不得少于二人。侦查人员在讯问犯罪嫌疑人的时候，应当首先讯问犯罪嫌疑人是否有犯罪行为，让其陈述有罪的情节或者无罪的辩解，然后向其提出问题。犯罪嫌疑人对侦查人员的提问，应当如实回答。但是对与本案无关的问题，有拒绝回答的权利。侦查人员在讯问犯罪嫌疑人的时候，应当告知犯罪嫌疑人享有的诉讼权利，如实供述自己罪行可以从宽处理和认罪认罚的法律规定。侦查人员询问证人应当个别进行，告知其应当如实地提供证据、证言，以及有意作伪证或者隐匿罪证要负的法律责任。侦查人员对与犯罪有关的场所、物品、人身、尸体应当进行勘验或者检查。为了收集犯罪证据、查获犯罪人，侦查人员可以对犯罪嫌疑人以及可能隐藏罪犯或者犯罪证据的人的身体、物品、住处和其他有关的地方进行搜查。在侦查活动中发现的可用以证明犯罪嫌疑人有罪或者无罪的各种财物、文件，应当查封、扣押；与案件无关的财物、文件，不得查封、扣押。为了查明案情，需要解决案件中某些专门性问题的时候，应当指派、聘请有专门知识的人进行鉴定。公安机关在立案后，对于危害国家安全犯罪、恐怖活动犯罪、黑社会性质的组织犯罪、重大毒品犯罪或者其他严重危害社会的犯罪案件，根据侦查犯罪的需要，经过严格的批准手续，可以采取技术侦查措施。应当逮捕的犯罪嫌疑人如果在逃，公安机关可以发布通缉令，采取有效措施，追捕归案。

（三）侦查终结

对已经立案的刑事案件侦查后，认为需要追究犯罪嫌疑人刑事责任的，依法移送检察机关审查起诉。对犯罪嫌疑人逮捕后的侦查羁押期限不得超过二个月。案情复杂、期限届满不能终结的案件，可以经上一级人民检察院批准延长一个月。

公安机关侦查终结的案件，应当做到犯罪事实清楚，证据确实、充分，并且写出起诉意见书，连同案卷材料、证据一并移送同级人民检察院审查决定；同时将案件移送情况告知犯罪嫌疑人及其辩护律师。犯罪嫌疑人自愿认罪的，应当记录在案，随案移送，并在起诉意见书中写明有关情况。

在侦查过程中，发现不应对犯罪嫌疑人追究刑事责任的，应当撤销案件；犯罪嫌疑人已被逮捕的，应当立即释放，发给释放证明，并且通知原批准逮捕的人民检察院。

三、道路交通安全刑事执法原则

根据《刑事诉讼法》和《公安机关办理刑事案件程序规定》，公安机关交通管理部门刑事执法的原则主要包括以下几点：

（一）以事实为根据，以法律为准绳

公安机关交通管理部门在办理刑事案件时必须以客观存在的案件事实作为处理案件的依据，无论是对案件的实体问题，还是程序问题，都必须以《刑法》《刑事诉讼法》《道路交通安全法》《道路交通安全法实施条例》《公安机关办理刑事案件程序规定》等法律、法规为依据。

（二）适用法律一律平等

公安机关交通管理部门在办理刑事案件中，对任何人的犯罪行为适用法律都应一律平等，不因其社会地位、经济状况、职业、民族、年龄、受教育程度等方面的不同而有所不同，对包括犯罪嫌疑人在内的诉讼参与人依法享有的诉讼权利和合法权益都应给予平等的重视和保护。

（三）重证据、重调查研究

公安机关交通管理部门在办理刑事案件过程中，必须重证据、重调查研究，依照法定程序和要求收集证据，保证证据的合法性，严禁刑讯逼供，禁止以非法方法获取犯罪嫌疑人的口供。

（四）保障诉讼参与人诉讼权利

公安机关交通管理部门在办理刑事案件中，要严格执行刑事办案程序的有关规定，充分保障各诉讼参与人的诉讼权利，并从侦查、讯问、采取强制措施、羁押等方面对未成年犯罪嫌疑人的诉讼权利特别加以保障。

（五）依靠群众

公安机关交通管理部门在办理刑事案件时，对群众的报案等要认真受理，并注重从群众中收集犯罪信息和证据，必须依靠群众。

（六）分工负责，互相协作

公安机关交通管理部门在刑事诉讼活动中，必须坚持同人民检察院、人民法院分工负责，在法定范围内行使职权，不能互相代替，而要互相协作和监督，共同完成打击犯罪、保护人民的任务。各地公安机关交通管理部门之间也应互相协作和配合，严格履行协查、协办职责，加强区域合作。

（七）接受广泛的监督

公安机关交通管理部门的侦查活动要依法接受人民检察院的法律监督，另外，公安机关交通管理部门也应建立办案责任制度、错案责任追究制度等内部监督制度以及社会公众监督制度，以便对其执法活动进行检查和纠正。

（八）保障各民族诉讼参与人用本民族语言文字进行诉讼的权利

公安机关在办理刑事案件时，要尊重用本民族语言文字进行诉讼的参与人，对不通晓当地通用的语言文字的诉讼参与人，要配备翻译人员，为他们翻译。在少数民族聚居或者多民族共同居住的地区，应当用当地通用的语言进行讯问，各种诉讼文书，应当根据实际需要使用当地的一种或者几种文字。

（九）开展刑事司法协助

随着跨国犯罪案件的日益增多，为了加大打击犯罪的力度，迫切需要各国警方密切协作与配合。我国公安机关根据我国缔结或者参加的国际条约和公安部签订的双边、多边合作协议，或者按照互惠原则与外国警察机构开展刑事司法协助和警务合作。

第二节　交通肇事罪

一、交通肇事罪的概念

交通肇事罪，是指违反交通运输管理法规，因而发生重大事故，致人重伤、死亡或者使公私财产遭受重大损失的行为。交通运输包括铁路、公路、水上和航空等运输方式，由于刑法将发生在铁路、航空运输中由特殊主体违反规定而发生的重大责任事故单独规定了犯罪，因此，《刑法》第一百三十三条规定的交通肇事罪主要是指违反陆路交通运输和水路交通运输管理法规，发生重大交通事故应负刑事责任的行为。① 同时，鉴于我们仅从道路交通安全管理活动的角度研究交通肇事罪，这里专指在道路上发生的交通肇事案件。

二、交通肇事罪的构成要件

学习刑法学要以马克思主义哲学为指导，运用辩证唯物主义和历史唯物主义的方法，以辩证发展的观点，把刑法的现行规定与历史情况及未来前景联系起来，把所考察的问题置于一定的历史环境之中，联系社会经济政治条件作出客观的分析和评价。② 我国现行刑法规定的交通肇事罪源于1979年《刑法》第一百一十三条之规定，但随着社会的发展，交通活动的主体、交通方式、车辆、道路、交通管理方式、手段及出行目的等元素都已经发生了很大的变化，因此，就交通肇事罪而言，我们既要研究国外的相关规定，又要考察交通肇事罪设立以来我国的司法实践和理论研究成果，更要立足于现阶段我国道路交通管理活动的实际情况和刑法设立交通肇事罪的目的。

（一）交通肇事罪的主体

犯罪主体分为一般主体和具有特定身份的特殊主体，所谓"犯罪主体的特殊身份"，是指《刑法》所规定的影响行为人刑事责任的行为人人身方面特定的资格、地位或状态。③ 1979年《刑法》出台之际，机动车多为全民或集体所有的公共交通运输工具，"机动车驾驶员"还是一个专门的职业，要想成为一名职业驾驶员，不仅需要经过专业技术培训，而且需要由车辆所属单位提出意见，经车辆管理机关核准后，才能成为职业驾驶员④，因此，1979年《刑法》将交通肇事罪的主体限定为"从事交通运输的人员"，即从事公路运输业务，以及与保障交通运输安全有直接关系的人员，包括车辆驾驶人员、车辆运输单位的安全管理人员等，此时，交通肇事罪的主体原则上来说是具有车辆运输单位的"驾驶员""安全管理人员"等特定身份的人。随着社会经济的发展，2022年，我国机动车驾驶人为5.02亿，其中，汽车驾驶人为4.64亿⑤，驾驶机动车已逐步成为人们日常生活需要具备的一项基本技能。犯罪主体，是指实施危害社会的行为，依法应负刑事责任的自然人和法人组织。一般来说，交通肇事罪的主体中自然人除了需要

①　高铭暄，马克昌主编．刑法学（第九版）［M］．北京：北京大学出版社，2019：353.
②　高铭暄，马克昌主编．刑法学（第九版）［M］．北京：北京大学出版社，2019：4.
③　高铭暄，马克昌主编．刑法学（第九版）［M］．北京：北京大学出版社，2019：91.
④　1960年1月10日国务院批准，2月1日交通部发布施行的《机动车管理办法》第二十条。
⑤　2022年我国机动车保有量达4.17亿辆，驾驶人超过5亿人，https：//nwes.jschina.com.cn/scroll/szyw/202301/t20230111_3143811.shtml，2023-01-11.

达到刑事责任年龄和具有刑事责任能力之外，在实务工作中，涉嫌交通肇事罪的人员主要有：

1. 参与道路交通活动的车辆驾驶人、行人

1997 年《刑法》取消了对交通肇事罪的主体身份限制，《关于审理交通肇事刑事案件具体应用法律若干问题的解释》明确规定，驾驶车辆发生交通事故，致 1 人以上死亡或重伤 3 人以上，只要驾驶人负主要以上责任的，就应追究驾驶人的刑事责任，而《道路交通安全法》又明确规定车辆包括机动车和非机动车，故机动车和非机动车驾驶人都可成为交通肇事罪的主体。与此同时，从交通肇事罪的立法目的来看，所有的交通出行安全都应该受到法律的保护，行人的出行安全固然需要保护，但是驾、乘车辆者的生命安全也不容忽视。行人闯红灯、在车辆临近时突然横穿，导致正常行驶的驾、乘车辆者死亡的，如果不追究行人的刑事责任，显然是不公平的，同时，还会影响刑法一般保护功能的发挥，可能会导致一些人产生"我是行人（弱者），我有理"的错误认识，不利于教育其他行人遵守交通法律、法规，也不利于预防和减少此类交通肇事案件的发生。因此，行人在道路交通活动中违反交通安全法律、法规通行发生交通事故，造成他人死亡的，应当依法追究其刑事责任，其可以成为交通肇事罪的主体。行人在道路上违反交通安全法的规定通行，导致他人死亡的事故也时有发生，江苏南京、常州和四川成都等地法院都曾有过行人构成交通肇事罪的生效判决。某行人未走人行横道突然横穿道路，当其行至路中间的快车道时，发现一辆摩托车从其左侧快速驶来，双方因避让不及发生剐蹭，造成摩托车驾驶人倒地后被旁边的货车碾压当场死亡。该行人构成交通肇事罪并予以刑罚处罚。最高人民法院《刑事审判参考》刊载的指导案例中指出，虽然车辆是交通事故中不可缺少的一个要素，但是不能据此认为交通肇事罪只能追究车辆驾驶人的刑事责任。行人在道路交通活动中违反交通安全法律、法规发生交通事故，造成他人伤亡，也危害了道路交通安全，应当依照交通肇事罪予以处罚①。

2. 与保障交通运输安全有直接关系的人员

虽然多数道路交通事故是由于驾驶人在驾驶车辆过程中违反交通安全法律、法规造成的，但是也有一些交通事故是由于单位的主管人员、车辆所有人、承包人片面追求经济利益，强令、指使、纵容车辆驾驶人驾驶严重超载、安全机件不全等具有安全隐患的车辆上道路行驶造成的。车辆所有人、单位直接负责交通安

---

① 中华人民共和国最高人民法院刑事审判一至五庭．刑事审判参考［M］．北京：法律出版社．2019.

全的管理人员等与保障交通运输安全有直接关系的人员可以成为交通肇事罪的主体。

3. 指使肇事者逃逸的人员

《刑法》第一百三十三条规定："违反交通运输管理法规，因而发生重大事故，致人重伤、死亡或者使公私财产遭受重大损失的，处三年以下有期徒刑或者拘役；交通运输肇事后逃逸或者有其他特别恶劣情节的，处三年以上七年以下有期徒刑；因逃逸致人死亡的，处七年以上有期徒刑。"同时，《关于审理交通肇事刑事案件具体应用法律若干问题的解释》规定，交通肇事后，单位主管人员、机动车辆所有人、承包人或者乘车人指使肇事人逃逸，致使被害人因得不到救助而死亡的，以交通肇事罪的共犯论处。因此，肇事车辆的单位主管人员、所有人、承包人，甚至是与驾驶人没有人身依附关系的乘车人等指使人员在一定情形下也可成为交通肇事罪的主体。

（二）交通肇事罪的客体

犯罪客体，是指刑法所保护而为犯罪所侵犯的社会关系。交通肇事罪属于危害公共安全罪这一类罪之下的罪名。1979 年《刑法》规定交通肇事罪时，我国国内不仅车辆的种类和数量不多，而且机动车大都是单位所有，因此，交通肇事罪的客体被界定为"交通运输安全"。随着社会的发展，我国已经进入了汽车时代，也就是说，我国经过几十年的快速发展，参与交通活动的车辆的种类、数量和出行目的均已发生了明显的变化，故从道路交通安全管理的角度来讲，交通肇事罪的客体具体包括道路交通秩序以及参与道路交通活动的车辆、人员的生命、健康和公私财产安全等。

（三）交通肇事罪的客观方面

犯罪的客观方面，是指犯罪活动的客观外在表现。交通肇事罪在客观方面的表现是行为人在道路上参与交通活动时因违反《道路交通安全法》等交通安全法律、法规，因而发生致人伤亡或公私财产重大损失的道路交通事故，具体表现为：

1. 行为人实施了违反交通安全法律、法规的交通违法行为

通常情况下，行为人在参与道路交通活动过程中实施了违反《道路交通安全法》《道路交通安全法实施条例》等法律、法规的交通违法行为，须具备三个条件：一是违反道路交通安全法律、法规规定的义务；二是违法行为人主观上具有过错；三是行为人必须具有责任能力。[①]

---

① 郑才诚，谭正江，毕华 . 道路交通安全法学 ［M］. 北京：中国人民公安大学出版社，2017：182-184.

2. 行为人实施的交通违法行为与交通事故损害后果之间存在因果关系

行为人实施的交通违法行为与交通事故损害后果之间需要存在因果关系，虽然多数情况下交通违法行为既是导致交通事故的原因又是导致交通事故损害后果的原因，但是因果关系具有多样性和复杂性，有时交通事故的损害后果（人员伤亡、财产损失）却不一定或者说不全部是交通违法行为所导致的，如交通事故诱发基础疾病共同导致受害人死亡。

3. 道路交通事故发生的地点为道路

《道路交通安全法》第一百一十九条规定，"道路"，是指公路、城市道路和虽在单位管辖范围但允许社会机动车通行的地方，包括广场、公共停车场等用于公众通行的场所。同此前施行的《道路交通管理条例》相比，《道路交通安全法》更关注道路的公共通行属性，将虽在单位管辖范围之内，但允许社会机动车通行的道路也纳入了"道路"的范围。一般来说，公路、城市道路等比较容易认定，容易产生疑义的是企事业单位管辖的内部道路和小区内部道路。最高人民法院《关于审理交通肇事刑事案件具体应用法律若干问题的解释》中规定，在公共交通管理的范围之外，驾驶机动车或者使用其他交通工具致人伤亡或者致使公共财产或者他人财产遭受重大损失，构成犯罪的，分别依照《刑法》第一百三十四条、第一百三十五条、第二百三十三条等规定处罚。由此可见，此解释也是主张以事发地点是否实行公共交通管理为标准来区分道路与非道路的，最高人民法院刑事审判庭也持这样的观点，认为对道路的认定关键在于对道路"公共性"的理解，公共性的本质特征在于通行对象的不特定性。[①]

4. 至少一方是驾驶车辆参与交通活动的

《道路交通安全法》第一百一十九条规定，"交通事故"，是指车辆在道路上因过错或者意外造成的人身伤亡或者财产损失的事件。因此，交通肇事案件至少有一方是车辆，同时，《道路交通安全法》第一百一十九条还规定，"车辆"是指"机动车"和"非机动车"，其中，"机动车"是指以动力装置驱动或者牵引，上道路行驶的供人员乘用或者用于运送物品以及进行工程专项作业的轮式车辆；"非机动车"，是指以人力或者畜力驱动，上道路行驶的交通工具，以及虽有动力装置驱动但设计最高时速、空车质量、外形尺寸符合有关国家标准的残疾人机动轮椅车、电动自行车等交通工具。虽然《道路交通安全法》将车辆分为"机动车"和"非机动车"两类，但是由于受多种因素的影响，现实生活中却出现了大

---

① 中华人民共和国最高人民法院刑事审判一至五庭．刑事审判参考［M］．北京：法律出版社，2014：9．

量的"名"为非机动车，但质量、速度等指标达到了机动车标准的"超标车"，公安机关交通管理部门会根据《道路交通安全法》第一百一十九条的规定，将这些"超标车"认定为"机动车"。对于驾驶"超标车"发生致人重伤的交通事故，驾驶人负事故的主要以上责任时可否追究驾驶人的刑事责任？一些地方法院认为应当追究"超标车"驾驶人的刑事责任，如广东省东莞市中级人民法院就曾将超标电动三轮车认定为机动车，并据此认定肇事者的行为构成交通肇事罪。① 也有一些地方法院对此是持反对态度的。马克思主义刑法思想认为，对犯罪人追究刑事责任的根据是行为人具有相对的意志自由，或者说自由选择能力，即行为人能选择非犯罪行为却选择了犯罪行为。恩格斯也指出，意志自由是借助于对事物的认识来作出决定的能力。② 因此，如果行为人明知"超标车"是机动车仍然上道路行驶并肇事，则应当追究其刑事责任，否则就会危害道路交通安全和他人的生命、财产安全。

（四）交通肇事罪的主观方面

犯罪的主观方面，是指犯罪主体对其行为及其危害社会的后果所持的主观态度，包括故意和过失。交通肇事罪是过失犯罪，主观方面表现为过失，包括疏忽大意的过失和过于自信的过失，这里的过失是针对行为人在实施交通违法行为时对可能出现的致人重伤、死亡或公私财产重人损失的交通事故后果而言的，就行为人实施交通违法行为本身而言，有可能是故意为之，如饮酒后驾驶机动车上道路行驶、未取得机动车驾驶证驾驶机动车上道路行驶；当然，其交通违法行为也可能是过失，如在限速地段因疏忽大意未发现限速标志而超速行驶等。认定行为人主观上是否存在过失时，需要根据行为人的认知能力、水平和个案的时空环境等因素从认识因素和意志因素两个方面进行分析、判断，具体来说，需要注意以下几点：

1. 避免任意归责。就每起交通事故而言，驾驶人主观上是否存在过错，应以《道路交通安全法》等法律、法规和技术标准为依据，根据事发时具体的时空环境，结合行为人的认知能力、工作或生活经验来判断行为人主观上是否存在过失。

2. 避免将故意犯罪认定为交通肇事罪。将该起交通事故的主客观情况相结合，准确认定行为人主观过错。就驾车发生碰撞，造成人员伤亡、财产损失的事件而言，虽然有的交通事故外在客观表现相同，但驾驶人主观上的想法却不尽相同，而且在不同事件的发展过程中驾驶人的心态还会发生不同的变化，如假借

---

① 广东省东莞市中级人民法院（2019）粤 19 刑终 723 号刑事判决书。
② 高铭暄，马克昌主编．刑法学（第九版）［M］．北京：北京大学出版社，2019：205.

"交通事故"故意实施其他犯罪活动的案件。例如，某人为了获取高额的保险赔偿金，骗妻子吃下神经抑制类药物，让其坐到轿车副驾驶位置上，随后，该人驾驶汽车故意发生交通事故，使得坐在副驾驶位置上的妻子当场死亡，法院以故意杀人罪、保险诈骗罪判处该人死刑。① 另外，还有初次碰撞为意料之外的"交通事故"，之后出于其他目的继续驾车，放任事故中受害人伤亡结果发生的。一些驾驶人在驾车发生事故后，其对交通事故所导致的人员伤亡后果会从原先的不希望转变为放任不管甚至是希望。此时，其主观过错已经转变为故意②。

三、交通肇事罪的刑事责任

根据《刑法》第一百三十三条规定，只有发生"重大"交通事故才能构成交通肇事罪。在不同时期、不同领域中"重大"的含义是不同的。20世纪90年代，公安部门统计道路交通事故时，将交通事故划分为轻微事故、一般事故、重大事故、特大事故等，其中，死亡1人或重伤3人以上的即为重大事故。③ 2007年4月9日，国务院公布的《生产安全事故报告和调查处理条例》第三条将生产安全事故分为一般、较大、重大和特别重大事故，其中，重大事故是指造成10人以上30人以下死亡等事故。2018年5月1日起施行的《道路交通事故处理程序规定》（公安部146号令）第三条在对道路交通事故进行分类时，仅划分为财产损失事故、伤人事故和死亡事故，不再划分事故等级。根据《刑法》第一百三十三条交通肇事罪的规定，违反交通运输管理法规，因而发生重大事故，致人重伤、死亡或者使公私财产遭受重大损失的，处三年以下有期徒刑或者拘役；交通运输肇事后逃逸或者有其他特别恶劣情节的，处三年以上七年以下有期徒刑；因逃逸致人死亡的，处七年以上有期徒刑。在此基础上，根据《关于审理交通肇事刑事案件具体应用法律若干问题的解释》的相关规定，是否构成交通肇事罪并根据具体案件情况量刑细化，具体规定如下：

（一）交通肇事具有下列情形之一的，处三年以下有期徒刑或者拘役

（1）死亡一人或者重伤三人以上，负事故全部或者主要责任的；

（2）死亡三人以上，负事故同等责任的；

（3）造成公共财产或者他人财产直接损失，负事故全部或者主要责任，无能

---

① 中央电视台综合频道《今日说法》栏目，2021年8月20-22日播出的《环岛离心力》（上中下）。

② 中华人民共和国最高人民法院刑事审判一至五庭. 刑事审判参考［M］法律出版社，2014：103-104.

③ 《道路交通事故处理办法》第六条和《公安部关于修订道路交通事故等级划分标准的通知》（公通字〔1991〕113号）。

力赔偿数额在三十万元以上的。

交通肇事致一人以上重伤，负事故全部或者主要责任，并具有下列情形之一的，以交通肇事罪定罪处罚：

（1）酒后、吸食毒品后驾驶机动车辆的；

（2）无驾驶资格驾驶机动车辆的；

（3）明知是安全装置不全或者安全机件失灵的机动车辆而驾驶的；

（4）明知是无牌证或者已报废的机动车辆而驾驶的；

（5）严重超载驾驶的；

（6）为逃避法律追究逃离事故现场的。

（二）交通运输肇事后逃逸或者有其他特别恶劣情节的，处三年以上七年以下有期徒刑

1. 交通运输肇事后逃逸

"交通运输肇事后逃逸"，是指行为人具有《关于审理交通肇事刑事案件具体应用法律若干问题的解释》第二条第一款规定和第二款第（一）至（五）项规定的情形之一，在发生交通事故后，为逃避法律追究而逃跑的行为。

《道路交通安全法》等法律、法规要求发生交通事故的车辆驾驶人应停车、保护现场、报警、抢救伤员，其目的：一是保护事故当事人的生命、健康和财产安全。研究表明，抢救受伤人员的黄金时间是受伤后 30 分钟之内，交通事故的受害人如果能够在事故发生后 30 分钟内得到有效救助，其伤情会得到有效控制，从而极大地减轻交通事故的伤亡后果，车辆驾驶人是最先发现受伤人员的人，也是最有条件采取措施抢救受伤人员的人，因此，驾驶人及时报警、抢救伤员，对减轻事故损害后果有着他人难以替代的作用。[①] 事实上，交通事故中的受害人因没有得到及时救治而加重伤情，甚至被后来的过往车辆碾压致死的事件时有发生。二是便于公安机关准确认定交通事故责任，为以后公安、司法机关及相关单位确定事故当事人的民事权益、保险公司的保险赔偿责任和用人单位的工伤赔偿责任提供依据。根据《道路交通安全法》第七十三条规定，道路交通事故认定书是处理交通事故的法定证据。人民法院、人民调解委员会等通常都是据此确定事故当事人民事权益，是要求保险公司承担保险赔偿责任或用人单位承担工伤赔偿责任的重要证据。三是便于公安、司法机关行使职权，追究肇事者及相关单位和人员的法律责任，以维护社会公平正义。四是维护事故现场范围后续的通行秩序和安

---

① 公安部交通管理局编写. 中华人民共和国道路交通安全法适用指南［M］. 北京：中国人民公安大学出版社，2003：263-266.

全。事故车辆及其产生的散落物等会改变原来的通行条件，容易引发次生事故，这在夜晚和高速公路上表现得尤为突出。

交通事故不仅会造成事故当事人的人身伤亡、财产损失，而且会对后续的通行安全造成威胁，会破坏多种法律关系，为避免交通事故损害后果的进一步扩大，修复被其破坏的社会关系，道路交通安全法律、法规对事故现场处置作出了相应的规范，《道路交通安全法》第七十条规定："在道路上发生交通事故，车辆驾驶人应当立即停车，保护现场；造成人身伤亡的，车辆驾驶人应当立即抢救受伤人员，并迅速报告执勤的交通警察或者公安机关交通管理部门。因抢救受伤人员变动现场的，应当标明位置……"也就是说，驾驶人驾车发生交通事故后不得逃逸是《道路交通安全法》等交通安全法律、法规设定的法定义务。其中，"为了逃避法律追究"仅是肇事逃逸者的主观过错之一并非全部，逃逸者拒不履行法定义务，对由此可能造成的危害后果放任不管，也是其主观过错的重要内容。交通肇事逃逸的客观表现形式是发生事故后，当事人害怕承担法律责任而驾车逃离现场，但是受事故车辆、交通环境、肇事者对生命的敬畏程度不同等因素的影响，具体表现形态往往各异，如驾驶人事发后弃车逃离现场；先驾车将伤者送到医院，后找机会逃离医院等。判断一行为是否构成交通肇事逃逸，应围绕驾驶人离开事故现场时能否履行"停车报警""抢救伤员""保护现场"等法定义务、为何不履行上述特定义务等进行综合考虑。①

综上，交通肇事逃逸，是指在道路上发生交通事故后，车辆驾驶人在能够履行《道路交通安全法》第七十条规定的"停车报警、保护现场、抢救伤员、等候处理"等义务的情况下，为了逃避应由其承担的民事、行政或刑事法律责任，通过驾车或弃车离开现场、在现场隐匿驾驶人身份、隐瞒驾车发生交通事故的事实等形式拒不依法履行该义务应受处罚的行为。

2. 交通肇事具有下列情形之一的，属于"有其他特别恶劣情节"，处三年以上七年以下有期徒刑

（1）死亡二人以上或者重伤五人以上，负事故全部或者主要责任的；

（2）死亡六人以上，负事故同等责任的；

（3）造成公共财产或者他人财产直接损失，负事故全部或者主要责任，无能力赔偿数额在六十万元以上的。

（三）因逃逸致人死亡的，处七年以上有期徒刑

"因逃逸致人死亡"，是指行为人在交通肇事后为逃避法律追究而逃跑，致使

---

① 谢威. 交通肇事罪中逃逸的理解与认定［J］. 人民司法，2017（29）.

被害人因得不到救助而死亡的情形。交通肇事后，单位主管人员、机动车辆所有人、承包人或者乘车人指使肇事者逃逸，致使被害人因得不到救助而死亡的，以交通肇事罪的共犯论处。值得注意的是，行为人在交通肇事后为逃避法律追究，将被害人带离事故现场后隐藏或者遗弃，致使被害人无法得到救助而死亡或者严重残疾的，应当分别依照《刑法》第二百三十二条、第二百三十四条第二款的规定，以故意杀人罪或者故意伤害罪定罪处罚。

四、交通肇事罪中的刑事和解问题研究

宽严相济是我国的基本刑事政策，2010 年 2 月 8 日，最高人民法院印发《关于贯彻宽严相济刑事政策的若干意见》的通知（法发〔2010〕9 号），要求各级人民法院，根据犯罪的具体情况，实行区别对待，做到该宽则宽，当严则严，宽严相济，打击和孤立极少数，教育、感化和挽救大多数，实现案件裁判法律效果和社会效果的有机统一，最大限度地减少社会对立面，促进社会和谐稳定。

2011 年 1 月 29 日，最高人民检察院印发了《关于办理当事人达成和解的轻微刑事案件的若干意见》（高检发研字〔2011〕号），办理当事人达成和解的轻微刑事案件，必须坚持以下原则：依法办案与化解矛盾并重；惩罚犯罪与保障人权并重；实现法律效果与社会效果的有机统一。对于依法可能判处三年以下有期徒刑、拘役、管制或者单处罚金的刑事公诉案件，可以适用该意见。上述范围内的刑事案件必须同时符合下列条件：属于侵害特定被害人的故意犯罪或者有直接被害人的过失犯罪；案件事实清楚，证据确实、充分；犯罪嫌疑人、被告人真诚认罪，并且已经切实履行和解协议。对于和解协议不能即时履行的，已经提供有效担保或者调解协议经人民法院确认；当事人双方就赔偿损失、恢复原状、赔礼道歉、精神抚慰等事项达成和解；被害人及其法定代理人或者近亲属明确表示对犯罪嫌疑人、被告人予以谅解，要求或者同意对犯罪嫌疑人、被告人依法从宽处理。人民检察院对于符合该意见适用范围和条件的下列案件，可以建议当事人进行和解，并告知相应的权利义务，必要时可以提供法律咨询：未成年人、在校学生犯罪的轻微刑事案件；七十周岁以上老年人犯罪的轻微刑事案件。随后，一些省、市开始尝试刑事和解工作。例如，江苏省高级人民法院、江苏省人民检察院、江苏省公安厅、江苏省司法厅联合印发了《〈关于轻微刑事案件和解工作若干问题的规定（试行）〉的通知》（苏高法〔2011〕412 号），其中明确规定，"对未成年人、75 周岁以上的老年人初次犯罪和犯交通肇事罪依法可能判处三年以下有期徒刑、拘役的轻微刑事案件，在嫌疑人、被告人与受害人达成和解协议

的情况下，可以对其从宽或减免处罚"。由于相关法律未对刑事和解工作作出明确的规定，基层在办理交通肇事案件过程中实际进行和解的并不多。现行《刑事诉讼法》规定，除渎职犯罪以外可能判处七年以下有期徒刑的过失犯罪，犯罪嫌疑人真诚悔罪，通过赔偿损失、赔礼道歉等方式得到被害人谅解，双方当事人可以和解。对于达成和解协议的公诉案件，公安机关可以向人民检察院提出从宽处理的建议。人民检察院可以向人民法院提出从宽处罚的建议；对于犯罪情节轻微，不需要判处刑罚的，可以作出不起诉的决定。人民法院可以依法对被告人从宽处罚。这些规定为对部分交通肇事案件实行刑事和解提供了直接的法律依据。

交通肇事罪是过失犯罪，有些肇事者的主观恶性是比较轻的，通过刑事和解有利于减少社会对立面，促进社会和谐稳定。通常情况下，应当考虑刑事和解的交通肇事案件主要有以下几种情形：未成年人交通肇事的；老年人交通肇事的；仅导致肇事者自己的子女、父母等近亲属死亡的等。

其中，涉及未成年人交通肇事的案件，根据《未成年人保护法》《刑事诉讼法》等相关法律的规定，办案过程中需要注意以下几点：

（1）调查过程中，应对犯罪嫌疑人的成长经历、犯罪原因、监护教育等情况进行调查，为以后采取强制措施及进行社区矫正提供依据；

（2）询（讯）问未成年犯罪嫌疑人时，应通知其法定代理人到场，法定代理人因故不能到场的，应通知其他成年亲属等人到场，如果是女性未成年人，还必须有女性工作人员在场，同时，询（讯）问时应安排了解未成年人身心特点的民警根据具体情况采取相应的询（讯）问策略和措施，在此期间，其法定代理人可以代为行使相关的诉讼权利；

（3）对未成年犯罪嫌疑人采取刑事强制措施时，原则上不得对未成年人采取拘留、逮捕等强制措施。

此外，对于涉及老年人的交通肇事案件，2011年5月1日起施行的《刑法修正案（八）》规定，已满七十五周岁的人过失犯罪的，应当从轻或者减轻处罚。因此，不管是从尊老爱幼的民族传统出发，还是从依法办案的要求出发，办理老年人交通肇事案时，我们都需要根据老年人的身心特点采取相应的侦查方法和措施，依法从宽，体现人文关怀。对七十五周岁以上的老年人在日常出行过程中因疏忽大意而致他人伤亡的交通事故而言，要发挥认罪认罚制度的作用，主动、细致地向双方释明认罪认罚制度的内容、作用和要求，对双方达成和解协议，犯罪嫌疑人明确表示认罪认罚的，公安机关移送审查起诉时应当建议从轻处罚，人民检察院可以酌情作出不起诉决定，以便取得法律效果与社会效果的统一。

第三节　危险驾驶罪

一、危险驾驶罪的概念

危险驾驶罪，是指在道路上驾驶机动车追逐竞驶，情节恶劣的；或者在道路上醉酒驾驶机动车；或者从事校车业务或者旅客运输，严重超过额定乘员载客，或者严重超过规定时速行驶的；或者违反危险化学品安全管理规定运输危险化学品，危及公共安全的行为。

二、危险驾驶罪的构成要件

（一）危险驾驶罪的主体

危险驾驶罪的主体是一般主体，即年满 16 周岁、具有刑事责任能力的自然人。单位不能成为危险驾驶罪的主体。驾驶机动车的人不是刑法上的特殊身份，只要是实施了危险驾驶罪中危险驾驶行为的人，无论是否有机动车驾驶资格都应接受刑法的处罚，都可以成为危险驾驶罪的主体。

（二）危险驾驶罪的客体

危险驾驶罪的客体为公共安全，即不特定或多数人的生命、健康或重大的财产安全。危险驾驶罪作为《刑法》第一百三十三条之一，属于"危害公共安全罪"类罪之一。这是因为实施危险驾驶罪的行为使社会公共安全处于危险状态，并可能造成重大的现实危害。

危险驾驶罪的客体具体来说是道路交通安全法所保护的交通安全、有序和畅通的运行状态。危险驾驶罪所包含的危险驾驶行为在公共交通道路上实施，破坏了道路交通秩序与安全，使得其他交通参与人的人身、健康和财产在道路上处于危险的状态。

由于危险驾驶罪侵害的客体是道路交通秩序和安全，因此，应将危险驾驶行为实施的场所限定在公共交通范围内，即限定在公用道路上。根据《道路交通安全法》第一百一十九条第一项的规定，"道路"，是指公路、城市道路和虽在单位管辖范围但允许社会机动车通行的地方，包括广场、公共停车场等用于公众通行的场所。在非公用道路上危险驾驶机动车不可能危及公共安全，因而不构成危险驾驶罪。

（三）危险驾驶罪的主观方面

危险驾驶罪的主观方面是故意，即行为人明知在道路上违反交通法律、法规从事危险驾驶行为，会危害交通安全和交通秩序。行为人的行为目的、动机不影响危险驾驶罪的成立。如果行为人没有主观上的故意，而是由于其他合理的原因，不构成危险驾驶罪。例如，行为人在遭遇雪崩、泥石流等自然灾害时为逃离危险区域而有追逐竞驶行为。

（四）危险驾驶罪的客观方面

危险驾驶罪在客观方面表现为行为人实施了在道路上驾驶机动车追逐竞驶，情节恶劣的；或者在道路上醉酒驾驶机动车的；或者从事校车业务或者旅客运输，严重超过额定乘员载客的，或者严重超过规定时速行驶的；或者违反危险化学品安全管理规定运输危险化学品，危及公共安全的行为。

前一种属于情节犯，后三种属于行为犯，四种都属于危险犯。危险犯，是指以客观存在的或者法律拟制的能引起某种危害结果发生的法定的危险状态作为既遂的犯罪，是相对于结果犯而言的。本罪成立不要求对公共安全造成现实的损害。

三、危险驾驶罪的认定

（一）危险驾驶罪与非罪的界限

1. 对追逐竞驶，情节恶劣的认定

追逐竞驶，是指行为人在道路上高速、超速行驶，随意追逐、超越其他车辆，频繁、突然并线，近距离驶入其他车辆之前的危险行为。根据《最高人民法院关于发布第八批指导性案例的通知》所载的指导案例第 32 号张某某、金某危险驾驶案，机动车驾驶人员出于竞技、追求刺激、斗气或者其他动机，在道路上曲折穿行、快速追赶行驶的，属于《刑法》第一百三十三条之一规定的"追逐竞驶"。追逐竞驶虽未造成人员伤亡或财产损失，但综合考虑超过限速、闯红灯、强行超车、抗拒交通执法等严重违反道路交通安全法的行为，足以威胁他人生命、财产安全的，属于危险驾驶罪中"情节恶劣"的情形。

由于欠缺司法解释的进一步细化，对于"情节恶劣"的认定在实践中还存在一定的争议；在相关司法解释出台之前，可以根据行为危险性或主观恶劣性大小来认定，一般认为下列情节属于情节恶劣：

（1）无证驾驶。行为人没有相应的驾驶机动车的合法资格，安全驾驶机动车能力达不到安全行车的基本要求，上道路追逐竞驶，危险性大。

（2）多辆车追逐竞驶。在有限的道路范围内，参与追逐竞驶的机动车越多，危险性越大。

（3）在人员、车辆多的道路上追逐竞驶。道路上的人员、车辆越多，追逐竞驶的危险性越大。

（4）存在共同犯罪。二人以上事先商量好时间、地点等事项，将道路作为竞赛场，在道路上追逐竞驶，属于共同犯罪。

（5）屡教不改。多次因追逐竞驶受到处罚而不思悔改。

（6）造成人员受伤或财产损失（不构成交通肇事罪）的，或者造成严重交通阻塞的。

2. 对醉酒驾驶机动车的认定

《车辆驾驶人员血液、呼气酒精含量阈值与检验》规定，醉酒驾车是指车辆驾驶人员的血液酒精含量大于或者等于 80mg/100ml 时的驾驶行为。只要经过检验，驾驶人血液酒精含量大于或者等于 80mg/100ml，即可认定为醉酒，而无须检验酒精作用对驾驶人安全驾驶能力的影响程度。

2023 年 12 月，《最高人民法院、最高人民检察院、公安部、司法部关于办理醉酒危险驾驶刑事案件的意见》第十条规定："醉驾具有下列情形之一，尚不构成其他犯罪的，从重处理：（一）造成交通事故且负事故全部或者主要责任的；（二）造成交通事故后逃逸的；（三）未取得机动车驾驶证驾驶汽车的；（四）严重超员、超载、超速驾驶的；（五）服用国家规定管制的精神药品或者麻醉药品后驾驶的；（六）驾驶机动车从事客运活动且载有乘客的；（七）驾驶机动车从事校车业务且载有师生的；（八）在高速公路上驾驶的；（九）驾驶重型载货汽车的；（十）运输危险化学品、危险货物的；（十一）逃避、阻碍公安机关依法检查的；（十二）实施威胁、打击报复、引诱、贿买证人、鉴定人等人员或者毁灭、伪造证据等妨害司法行为的；（十三）二年内曾因饮酒后驾驶机动车被查获或者受过行政处罚的；（十四）五年内曾因危险驾驶行为被判决有罪或者作相对不起诉的；（十五）其他需要从重处理的情形。"

但是，应该注意"高度危险的醉酒驾车"与"情节显著轻微的醉酒驾车"两种特殊情形。高度危险的醉酒驾车属于以"其他危险方法"危害公共安全的行为；高度危险的醉酒驾车是醉酒驾车与其他严重危害道路交通安全行为的竞合；行为人醉酒后，在严重影响安全驾驶能力的情况下，在人员、车辆较多的道路上，追逐竞驶、长时间高速行驶、逆向行驶、闯红灯行驶、在大雾或暴雨等视线不良时高速行驶、连续撞人撞车等。这些行为实质上已经与放火、决水、爆炸、投放危险物质的行为同样具有相当的危险性，应当以以危险方法危害公共安全罪定罪处罚。

危险驾驶罪中的醉驾行为没有情节上的要求，很容易认为只要是醉驾就一律入罪。但是，根据《最高人民法院、最高人民检察院、公安部、司法部关于办理醉酒危险驾驶刑事案件的意见》第十二条规定："醉驾具有下列情形之一，且不具有本意见第十条规定情形的，可以认定为情节显著轻微、危害不大，依照刑法第十三条、刑事诉讼法第十六条的规定处理：（一）血液酒精含量不满150毫克/100毫升的；（二）出于急救伤病人员等紧急情况驾驶机动车，且不构成紧急避险的；（三）在居民小区、停车场等场所因挪车、停车入位等短距离驾驶机动车的；（四）由他人驾驶至居民小区、停车场等场所短距离接替驾驶停放机动车的，或者为了交由他人驾驶，自居民小区、停车场等场所短距离驶出的；（五）其他情节显著轻微的情形。醉酒后出于急救伤病人员等紧急情况，不得已驾驶机动车，构成紧急避险的，依照刑法第二十一条的规定处理。"

3. 对从事校车业务或者旅客运输，严重超过额定乘员载客，或者严重超过规定时速行驶的认定

《校车安全管理条例》第二条规定："本条例所称校车，是指依照本条例取得使用许可，用于接送接受义务教育的学生上下学的7座以上的载客汽车。"但本罪中的"校车"没有必要作如此限制，除此之外还包括没有取得使用许可的违法从事接送学生业务的校车。从事旅客运输的车辆，是指从事公路客运、公交客运、出租客运、旅游客运等从事旅客运输的车辆，既包括具有营运资格的车辆，也包括非法从事旅客运输的车辆。

关于从事校车业务或者旅客运输，严重超过额定乘员载客的情形，可参见公安部《严重超员、严重超速危险驾驶刑事案件立案标准（试行）》第一条的规定："在道路上驾驶机动车从事校车业务或者公路客运、旅游客运、包车客运，有下列严重超过额定乘员载客情形之一的，可以立案侦查：（一）驾驶大型载客汽车，载客超过额定乘员50%以上或者超过额定成员15人以上的；（二）驾驶中型载客汽车，载客超过额定乘员80%以上或者超过额定成员10人以上的；（三）驾驶小型、微型载客汽车，载客超过额定乘员100%以上或者超过额定成员7人以上的。"

关于从事校车业务或者旅客运输，严重超过规定时速行驶的情形，可参见公安部《严重超员、严重超速危险驾驶刑事案件立案标准（试行）》第二条的规定："在道路上驾驶机动车从事校车业务或者公路客运、旅游客运、包车客运，有下列严重超过规定时速行驶情形之一的，可以立案侦查：（一）在高速公路、

城市快速路上行驶，超过规定时速 50% 以上，且行驶时速达到 90 公里以上；
（二）在高速公路、城市快速路以外的道路上行驶，超过规定时速 100% 以上，且行驶时速达到 60 公里以上的；（三）通过铁路道口、急弯路、窄路、窄桥或者在冰雪、泥泞的道路上行驶，或者掉头、转弯、下陡坡，以及遇雾、雨、雪、沙尘、冰雹等低能见度气象条件时，超过规定时速 50% 以上，且行驶时速达到 30 公里以上的；（四）通过傍山险路、连续下坡、连续急弯等事故易发路段，超过规定时速 50% 以上，且行驶时速达到 30 公里以上的。"

本罪的成立不以发生人员伤亡为要件。该立案标准第三条还规定："机动车所有人、管理人强迫、指使机动车驾驶人实施本标准第一条、第二条所列行为或者有其他负有直接责任情形的，可以立案侦查。"这里的"负有直接责任"是指其对超员、超速的状态具有作为或者不作为的情形。

4. 对违反危险化学品安全管理规定运输危险化学品，危及公共安全的认定

违规运输危险化学品，是指违反危险化学品安全管理规定运输危险化学品，危及公共安全的行为。根据《危险化学品安全管理条例》的规定，从事危险化学品道路运输的，应当取得危险货物道路运输许可，并向工商行政管理部门办理登记手续。违反条例规定危及公共安全的，成立本罪。行为是否危及公共安全，要根据行为人所运输的危险化学品的种类、数量、运输的时间、路线、车辆的安全状况、发生实害事故的可能性程度等进行综合判断。机动车所有人、管理人对上述违规行为负有直接责任的，以本罪论处。

（二）危险驾驶罪与相近犯罪的界限

1. 危险驾驶罪与交通肇事罪的界限

交通肇事罪，是指行为人违反交通运输管理法规，因而发生重大事故，致人重伤、死亡或者使公私财产遭受重大损失的行为。交通肇事罪与危险驾驶罪都存在违反交通运输管理法规的行为，二者之间存在罪名衔接关系。《刑法》第一百三十三条之一第三款规定："有前两款行为，同时构成其他犯罪的，依照处罚较重的规定定罪处罚。"危险驾驶行为如果造成了"重大事故，致人重伤、死亡或者使公私财产遭受重大损失"的严重后果，应当以处罚较重的犯罪论处，即交通肇事罪。同时两个罪名的法定刑也是相衔接的，危险驾驶罪的最高刑是拘役，而交通肇事罪的最低刑也是拘役。

二者之间的区别可以从犯罪构成方面进行分析：

（1）犯罪主体的区别。二者的犯罪主体都是一般主体，但是危险驾驶罪的犯罪主体范围比交通肇事罪窄。危险驾驶罪的犯罪主体仅包括机动车驾驶人，而交

通肇事罪的犯罪主体除了机动车驾驶人外，还包括交通运输管理人员、非机动车驾驶人、行人等与交通活动有关的人员。

（2）犯罪客体的区别。二者侵害的客体都是正常的公共道路交通安全和交通安全管理秩序，但是交通肇事罪是结果犯，犯罪行为是通过给不特定的多数人造成死伤、使公私财产遭受重大损失等具体的、有形的危害结果表现出来的；危险驾驶罪主要是危险犯，强调犯罪行为本身的危险性，不需要有物质的、有形的损害结果，而足以破坏正常的道路交通安全管理秩序，是通过给在道路上通行的不特定的多数人的生命、健康权和公共财产或他人财产造成威胁表现出来的。

（3）犯罪主观方面的区别。交通肇事罪的主观方面从行为人实施违法行为时对造成严重后果的心理状态分析，是过失的，即行为人对自己的交通安全违法行为可能导致人员重伤、死亡或者公私财产重大损失的后果应当预见，但由于疏忽大意而未预见，或者虽然已经预见，但轻信能够避免。危险驾驶罪的主观方面从行为人对自己的危险驾驶行为危害交通安全的心理态度方面分析，是故意的，即行为人明知自己的行为违反了道路交通安全法律、法规，对道路交通安全构成严重威胁，仍然实施这种违法行为，从而使道路交通安全处于危险状态。行为人对于危险驾驶行为是故意实施的。

（4）犯罪客观方面的区别。第一，客观表现不同。危险驾驶罪是危险犯，不要求必须具有物质的、有形的危害结果，客观表现是行为人实施了"在道路上驾驶机动车追逐竞驶，情节恶劣的，或者在道路上醉酒驾驶机动车"。交通肇事罪是结果犯，必须有物质的、有形的、现实的危害结果发生。客观方面表现为道路交通事故责任者违反交通运输管理法规，因而发生重大道路交通事故，致人重伤、死亡或使公私财产遭受重大损失的行为。第二，交通安全违法行为范围不同。交通肇事罪中的违法行为是指所有的违反交通运输管理法规的行为，危险驾驶罪中的违法行为是指情节恶劣的追逐竞驶和醉酒驾车，从事校车业务或者旅客运输，严重超过额定乘员载客，或者严重超过规定时速行驶，以及违反危险化学品安全管理规定运输危险化学品，危及公共安全。

2. 危险驾驶罪与以危险方法危害公共安全罪的界限

以危险方法危害公共安全罪，是指行为人故意使用放火、爆炸、决水、投放危险物质以外的危险方法危害公共安全的行为。在道路上，故意驾车撞人撞车属于与放火、决水、爆炸、投放危险物质等危险方法相当的其他危险方法，其行为构成以危险方法危害公共安全罪。

危险驾驶罪与以危险方法危害公共安全罪的犯罪主体和犯罪客体是相同的。

要区别在以下两个方面：

（1）犯罪主观方面的区别。危险驾驶罪的主观方面是间接故意，不存在直接故意。对于故意驾车撞人，构成以危险方法危害公共安全罪的，犯罪的主观方面既存在直接故意，也存在间接故意。

（2）犯罪客观方面的区别。危险驾驶罪是危险犯，并不要求必须具有物质的、有形的危害结果。而以驾车撞人撞车的危险方法，构成以危险方法危害公共安全罪的，既包括《刑法》第一百一十四条规定的危险犯，也包括《刑法》第一百一十五条规定的结果犯，同时，根据最高人民法院《关于醉酒驾车犯罪法律适用问题的意见》规定，醉酒驾车，放任危害结果发生，造成重大伤亡的，应依法以以危险方法危害公共安全罪定罪。

（三）危险驾驶罪罪数形态

本罪的客观方面表现为追逐竞驶并且情节恶劣的行为和醉酒驾驶行为两类，行为人如果同时实施上述两类行为也只能认定为一罪，而不能数罪并罚。

当行为人实施本罪时，又同时构成其他更严重的犯罪，根据《刑法》第一百三十三条之一第三款的规定，"有前两款行为，同时构成其他犯罪的，依照处罚较重的规定定罪处罚"。只能依照其他更严重的犯罪论处，而不能数罪并罚。同时，根据《最高人民法院、最高人民检察院、公安部、司法部关于办理醉酒危险驾驶刑事案件的意见》第十六条的规定，醉驾同时构成交通肇事罪、过失以危险方法危害公共安全罪、以危险方法危害公共安全罪等其他犯罪的，依照处罚较重的规定定罪，依法从严追究刑事责任。醉酒驾驶机动车，以暴力、威胁方法阻碍公安机关依法检查，又构成妨害公务罪、袭警罪等其他犯罪的，依照数罪并罚的规定处罚。

四、危险驾驶罪的刑事责任

根据《刑法》第一百三十三条之一规定，犯本罪的，处拘役，并处罚金，本罪是《刑法》中唯一没有有期徒刑而只适用拘役一种主刑的罪名，因此危险驾驶罪的最高主刑是6个月的拘役。这是《刑法》中处刑相对较轻的罪名，这与本罪的犯罪后果相对较轻有关。

第四节　妨害安全驾驶罪

一、妨害安全驾驶罪的概念

妨害安全驾驶罪，是指对行驶中的公共交通工具的驾驶人员使用暴力或者抢控驾驶操纵装置，干扰公共交通工具正常行驶，危及公共安全的行为；以及行驶中的公共交通工具的驾驶人员在行驶的公共交通工具上擅离职守，与他人互殴或者殴打他人，危及公共安全的行为。

二、妨害安全驾驶罪的刑事责任

妨害安全驾驶罪属于具体危险犯，但对危险程度的要求低于本章其他具体危险犯的要求。根据《刑法》第一百三十三条之二的规定，犯本罪的，处一年以下有期徒刑、拘役或者管制，并处或者单处罚金。

《刑法》第一百三十三条之二第三款规定："有前两款行为，同时构成其他犯罪的，依照处罚较重的规定定罪处罚。"对此，2019 年《最高人民法院、最高人民检察院、公安部关于依法惩治妨害公共交通工具安全驾驶违法犯罪行为的指导意见》规定："乘客在公共交通工具行驶过程中，抢夺方向盘、变速杆等操纵装置，殴打、拉拽驾驶人员，或者有其他妨害安全驾驶行为，危害公共安全，尚未造成严重后果的，依照刑法第一百一十四条的规定，以以危险方法危害公共安全罪定罪处罚；致人重伤、死亡或者使公私财产遭受重大损失的，依照刑法第一百一十五条第一款的规定，以以危险方法危害公共安全罪定罪处罚。"这一规定显然与《刑法》第一百三十三条之二的规定相抵触，应当自然失效。[①] 该指导意见还规定："乘客在公共交通工具行驶过程中，随意殴打其他乘客，追逐、辱骂他人，或者起哄闹事，妨害公共交通工具运营秩序，符合刑法第二百九十三条规定的，以寻衅滋事罪定罪处罚。"据此，实施本罪行为同时构成寻衅滋事罪的，宜认定为想象竞合，按寻衅滋事罪处罚。同理，如果行为同时构成《刑法》第一百二十二条的劫持汽车罪的，也属于想象竞合，从一重处罚。

---

① 张明楷. 刑法学［M］. 北京：法律出版社，2021：934-935.

【思考题】

1. 如何理解交通肇事罪的构成?

2. 如何认定交通肇事逃逸?

3. 办理交通肇事案件过程中,如何贯彻宽严相济的刑事政策?

4. 如何理解危险驾驶罪的构成?

第六章　道路交通安全执法程序

第一节　道路交通安全执法程序概述

行政机关实施行政管理的过程是实体和程序统一的过程。行政程序，是指行政机关实施行政行为时所应当遵循的方式、步骤、时限和顺序的总和。行为的方式、步骤构成了行政行为的空间表现形式，行为的时限、顺序构成了行政行为的时间表现形式，行政程序是行政行为空间和时间表现形式的有机结合。[①] 行政程序是现代行政法的核心内容之一，是国家法治行政的重要体现。行政程序的规定有利于规范行政主体的行为和行政权力的有效实施，同时有助于保护行政相对人的合法权利，保证执法公正和执法效率。公安机关交通管理部门必须严格依据法律、法规实施影响行政相对人权利、义务关系的行政行为，与此同时，公安机关交通管理部门在行使职权时应该严格遵循法定的程序。

一、道路交通安全执法程序的概念

道路交通安全执法程序，是指公安机关交通管理部门行使行政权力和实施行政行为所必须遵循的方式、步骤、顺序、时限等。其中，道路交通安全执法程序的方式是指行政行为的外部表现，道路交通安全执法程序的步骤是指行政行为的实施环节或流程，道路交通安全执法程序的顺序是指行政行为的先后次序，道路交通安全执法程序的时限是指行政行为的时间限制。行政行为的实施必须符合法定的程序，否则构成行政违法。

---

① 姜明安主编. 行政法与行政诉讼法（第七版）［M］. 北京：北京大学出版社，高等教育出版社，2019：03.

二、道路交通安全执法程序应遵循的基本原则

道路交通安全执法程序的基本原则，是指公安机关交通管理部门在执法程序中所必须遵循的基本准则。依据《道路交通安全法》《道路交通安全违法行为处理程序规定》《道路交通事故处理程序规定》以及《行政处罚法》《公安机关办理行政案件程序规定》等法律、法规，公安机关交通管理部门及其交通警察在法定职权范围内依法实施道路交通安全执法行为的程序，需要遵循以下基本原则。

（一）合法、公正、文明、公开、及时原则

道路交通安全执法程序必须遵循合法、公正、文明、公开、及时的原则，充分地尊重和保障人权，保护公民的合法权益不受损害，切实维护社会的公平正义。《道路交通安全违法行为处理程序规定》第三条第一款规定："对违法行为的处理应当遵循合法、公正、文明、公开、及时的原则，尊重和保障人权，保护公民的人格尊严。"《道路交通安全违法行为处理程序规定》第十六条还规定："交通技术监控设备的设置应当遵循科学、规范、合理的原则，设置的地点应当有明确规范相应交通行为的交通信号。固定式交通技术监控设备设置地点应当向社会公布。"《道路交通事故处理程序规定》第二条也规定："处理道路交通事故，应当遵循合法、公正、公开、便民、效率的原则，尊重和保障人权，保护公民的人格尊严。"第八十七条还规定："公安机关交通管理部门应当按照合法、公正、自愿、及时的原则进行道路交通事故损害赔偿调解。道路交通事故损害赔偿调解应当公开进行，但当事人申请不予公开的除外。"

1. 合法原则

合法原则是道路交通安全执法最基本的原则，主要包括以下几层含义：一是道路交通安全执法主体合法，道路交通安全执法行为实施的主体只能是公安机关交通管理部门；二是道路交通安全执法行为必须有明确的法定依据，道路交通安全执法行为所依据的是道路交通安全法律、法规以及其他相关法律、法规；三是道路交通安全执法行为的程序合法，执法主体必须严格遵守法定程序，依法办事，执法主体不得违法行政，如有违反程序的行为，必须承担相应的法律责任。

2. 公开、公正原则

公开原则是现代民主政治发展的基本要求，是将行政权运作的基本过程向社会公众公开，接受全社会的监督，防止行政权滥用；公正原则是指行政机关行使行政权应当公正、公平，不仅要求执法行为的合法性，还要求执法行为的适当性，尤其是自由裁量权正当、合理地行使。公开、公正原则是道路交通安全执法

行为必须遵守的基本原则，公开对于行政权合法地行使有着重要的意义，公开也是为了保障公正能够得以充分地实现。

3. 文明原则

文明原则要求公安机关交通管理部门及其交通警察在执法过程中要使用文明用语，始终保持人民警察的良好执法形象。《交通警察道路执勤执法工作规范》第六条规定："交通警察在执勤执法、接受群众求助时应当尊重当事人，使用文明、礼貌、规范的语言，语气庄重、平和。对当事人不理解的，应当耐心解释，不得呵斥、讽刺当事人。"

4. 及时原则

及时原则一般是指行政机关应当在法定时限内尽快完成行政行为，如果超过法定时限，则应承担相应的法律责任。行政程序应当在不损害行政相对人合法权益的基础上适当提高行政效率。对于公安机关交通管理部门来说，不论是道路交通安全违法行为处理还是道路交通事故处理工作中的执法行为，都需要在法定时限内完成，在保障行政相对人合法权益的同时，也提高了工作效率。

（二）教育与处罚相结合的原则

道路交通安全执法程序应当坚持教育与处罚相结合的原则。《公安机关办理行政案件程序规定》第五条规定："办理行政案件应当坚持教育与处罚相结合的原则，教育公民、法人和其他组织自觉守法。"《道路交通安全违法行为处理程序规定》第三条第二款也作了类似的规定："对违法行为的处理应当坚持教育与处罚相结合的原则，教育公民、法人和其他组织自觉遵守道路交通安全法律法规。"一方面，在公安机关交通管理部门及交通警察实施具体处罚和作出执法决定时，对违法者要明之以法、晓之以理、动之以情，确保实现政治效果、法律效果、社会效果的统一。处罚不是目的，目的是纠正交通违法行为，在处罚的同时，教育公民、法人和其他组织自觉遵守道路交通安全法律、法规，维护交通秩序，保障交通安全与畅通。坚持惩罚与教育相结合，做到惩前毖后，惩处一个、教育一片。另一方面，推进全民守法是全面依法治国的基础性工作。当前推进全民守法，必须着力增强全民法治观念，让法治信仰根植于人民心中，使法治成为社会共识和基本准则，不断提升全体公民法治意识和法治素养。形成全民守法的氛围，才能共建法治国家。

（三）过罚相当的原则

过罚相当的原则是行政执法活动的基本原则。道路交通安全执法程序应当遵循过罚相当的原则，即公安机关交通管理部门在道路交通安全执法时，应当以事实为依据，以法律为准绳，对违法行为人的处罚做到定性准确、处罚适当，并应与违法行为的事实、性质、情节以及社会危害程度相当。《道路交通安全违法行为处理程序规定》第三条第三款规定："对违法行为的处理，应当以事实为依据，与违法行为的事实、性质、情节以及社会危害程度相当。"

（四）保障安全的原则

道路交通安全执法活动最根本的任务是保障公民在参与道路交通活动中的生命和财产安全。《道路交通安全法》第三条规定："道路交通安全工作，应当遵循依法管理、方便群众的原则，保障道路交通有序、安全、畅通。"《道路交通事故处理程序规定》第十三条规定："发生死亡事故、伤人事故的，或者发生财产损失事故且有下列情形之一的，当事人应当保护现场并立即报警……驾驶人必须在确保安全的原则下，立即组织车上人员疏散到路外安全地点，避免发生次生事故。驾驶人已因道路交通事故死亡或者受伤无法行动的，车上其他人员应当自行组织疏散。"第十四条还规定："发生财产损失事故且有下列情形之一，车辆可以移动的，当事人应当组织车上人员疏散到路外安全地点，在确保安全的原则下，采取现场拍照或者标划事故车辆现场位置等方式固定证据，将车辆移至不妨碍交通的地点后报警：（一）机动车无检验合格标志或者无保险标志的；（二）碰撞建筑物、公共设施或者其他设施的。"第十九条则规定："机动车与机动车、机动车与非机动车发生财产损失事故，当事人应当在确保安全的原则下，采取现场拍照或者标划事故车辆现场位置等方式固定证据后，立即撤离现场，将车辆移至不妨碍交通的地点，再协商处理损害赔偿事宜，但有本规定第十三条第一款情形的除外。"

三、道路交通安全执法程序的意义

（一）规范执法行为，保障公安机关交通管理部门正确履行职责

公安机关交通管理部门无论是进行道路交通安全违法行为处理，还是进行道路交通事故处理等各项执法活动，都必须严格依法办案，应当给予行政相对人陈述和申辩的机会，并告知所依据的法律、法规以及可能产生的法律后果。例如，《道路交通安全违法行为处理程序规定》对道路交通安全违法行为处理的管辖、调查取证、行政强制措施适用、行政处罚以及执法监督等予以了全面的规定；《道路交通事故处理程序规定》也对道路交通事故的管辖、报警和受案、自行协商、简易程序、调查、认定与复核、处罚执行、损害赔偿调解、涉外道路交通事故处理以及执法监督等一一作出规定；《交通警察道路执勤执法工作规范》则对

执勤执法用语、执勤执法行为举止、着装和装备配备、通行秩序管理、违法行为处理、实施交通管制、执行交通警卫任务、接受群众求助、执勤执法安全防护以及执法监督与考核评价等都进行了更加具体的规定。制定和实施道路交通安全执法程序，就是要规范公安机关交通管理部门及其交通警察的执法活动，从执法程序上保障公安机关交通管理部门严格依法办案，监督公安机关交通管理部门依照法定程序正确履行法定职责，使公安机关交通管理部门及其交通警察在执法工作中有章可循，防止因执法程序的不完善出现执法的随意性和偏差，为保障公安机关交通管理部门在道路交通安全违法行为处理和交通事故处理等工作中正确履行职责提供了有效的法律武器，同时也可以有效地提高行政效率，保障行政行为能够得到及时有效的执行。

（二）维护公平正义，保护公民、法人和其他组织的合法权益

习近平总书记强调，坚持以人民为中心，努力让人民群众在每一个司法案件中都能感受到公平正义。全面依法治国最广泛、最深厚的基础是人民，必须坚持为了人民、依靠人民。《公安机关办理行政案件程序规定》第四条规定："办理行政案件应当遵循合法、公正、公开、及时的原则，尊重和保障人权，保护公民的人格尊严。"第一百八十条还规定："调解处理案件，应当查明事实，收集证据，并遵循合法、公正、自愿、及时的原则，注重教育和疏导，化解矛盾。"道路交通安全执法活动必须提高办案质量、效率，提高执法能力和公信力，保证执法行为的合法性、公正性，保障行政相对人的权利，树立公安机关良好的执法形象，全心全意为人民服务，努力让人民群众在每一个案件中都能感受到公平正义，切实维护公民、法人和其他组织的合法权益。

第二节　道路交通安全违法行为处理程序

一、道路交通安全违法行为处理程序的概念

道路交通安全违法行为处理程序，是指公安机关交通管理部门处理道路交通安全违法行为所涉及的执法主体、环节、步骤、方式、顺序、期限、信息等程序性规定。《道路交通安全违法行为处理程序规定》第一章总则第一条规定，为了规范道路交通安全违法行为处理程序，保障公安机关交通管理部门正确履行职责，保护公民、法人和其他组织的合法权益，根据《道路交通安全法》及其实施

条例等法律、行政法规制定本规定。值得注意的是，现行《道路交通安全违法行为处理程序规定》主要在交通技术监控、交通强制措施的适用程序等方面予以更进一步的规范。

二、道路交通安全违法行为处理管辖权的确定

道路交通安全违法行为处理工作首先要确定由谁管辖。道路交通安全违法行为处理管辖权，是指公安机关交通管理部门处理道路交通安全违法行为时的管辖权限范围划分。

（一）交通警察执勤执法中发现违法行为的管辖

《道路交通安全违法行为处理程序规定》第四条规定，"交通警察执勤执法中发现的违法行为由违法行为发生地的公安机关交通管理部门管辖。对管辖权发生争议的，报请共同的上一级公安机关交通管理部门指定管辖。上一级公安机关交通管理部门应当及时确定管辖主体，并通知争议各方"。从中可以看出，对于道路交通安全违法行为的处理，一般以由违法行为发生地的公安机关交通管理部门管辖为原则，从而有利于对道路交通安全违法行为的及时有效处理。当发生管辖权争议时，由争议方共同的上一级公安机关交通管理部门指定管辖，以避免产生执法工作中的推诿扯皮问题。

（二）交通技术监控设备记录违法行为的管辖

从方便群众和为民服务的角度出发，对于交通技术监控设备记录的违法行为的管辖，《道路交通安全违法行为处理程序规定》第五条作了比较细致的规定：

（1）违法行为人可以在违法行为发生地、机动车登记地或者其他任意地公安机关交通管理部门处理交通技术监控设备记录的违法行为。

（2）违法行为人在违法行为发生地以外的地方（以下简称处理地）处理交通技术监控设备记录的违法行为的，处理地公安机关交通管理部门可以协助违法行为发生地公安机关交通管理部门调查违法事实、代为送达法律文书、代为履行处罚告知程序，由违法行为发生地公安机关交通管理部门按照发生地标准作出处罚决定。

（3）违法行为人或者机动车所有人、管理人对交通技术监控设备记录的违法行为事实有异议的，可以通过公安机关交通管理部门互联网站、移动互联网应用程序或者违法行为处理窗口向公安机关交通管理部门提出。处理地公安机关交通管理部门应当在收到当事人申请后当日，通过道路交通违法信息管理系统通知违法行为发生地公安机关交通管理部门。违法行为发生地公安机关交通管理部门应

当在五日内予以审查，异议成立的，予以消除；异议不成立的，告知当事人。

三、道路交通安全违法行为的调查取证

公安机关交通管理部门对道路交通安全违法行为的处理，必须以事实为依据。调查取证是公安机关作出处理决定的必然环节，其调查取证的结果决定了后续处理结果。因此，调查取证的程序规定也较为具体，以确保行政相对人的正当权利不被侵犯，行政机关的行政权不被滥用。调查取证分为一般规定和交通技术监控的特殊规定。

（一）调查取证的一般规定

1. 调查取证的主体资格

交通警察调查违法行为时，应当表明执法身份。交通警察执勤执法应当严格执行安全防护规定，注意自身安全，在公路上执勤执法不得少于两人。

2. 调查取证的目的

交通警察应当全面、及时、合法收集能够证实违法行为是否存在、违法情节轻重的证据。

3. 调查取证的内容

交通警察调查违法行为时，应当查验机动车驾驶证、行驶证、机动车号牌、检验合格标志、保险标志等牌证以及机动车和驾驶人违法信息。对运载爆炸物品、易燃易爆化学物品以及剧毒、放射性等危险物品车辆驾驶人违法行为调查时，还应当查验其他相关证件及信息。交通警察查验机动车驾驶证时，应当询问驾驶人姓名、住址、出生年月并与驾驶证上记录的内容进行核对；对持证人的相貌与驾驶证上的照片进行核对。必要时，可以要求驾驶人出示居民身份证进行核对。

（二）使用交通技术监控的调查取证程序

1. 交通技术监控设备的合法性

针对目前交通技术监控设备使用较为普遍的现象，进一步规范了使用交通技术监控设备执法的要求。《行政处罚法》第四十一条规定："行政机关依照法律、行政法规规定利用电子技术监控设备收集、固定违法事实的，应当经过法制和技术审核，确保电子技术监控设备符合标准、设置合理、标志明显，设置地点应当向社会公布。电子技术监控设备记录违法事实应当真实、清晰、完整、准确。行政机关应当审核记录内容是否符合要求；未经审核或者经审核不符合要求的，不得作为行政处罚的证据。"《道路交通安全违法行为处理程序规定》中有关交通技

术监控的使用充分体现了以上《行政处罚法》的规定，并对于交通技术监控的执法规定予以了全面的细化。交通技术监控设备、执法记录设备应当经过法制和技术审核，符合国家标准或者行业标准，需要认定、检定的交通技术监控设备应当经认定、检定合格后，方可用于收集、固定违法行为证据。而且交通技术监控设备应当定期维护、保养、检测，保持功能完好。

2. 设置交通技术监控设备的原则

对于交通技术监控设备的设置，应当遵循科学、规范、合理的原则，设置的地点应当有明确规范相应交通行为的交通信号。固定式交通技术监控设备设置地点应当向社会公布。

3. 使用交通技术监控设备执法的要求

使用固定式交通技术监控设备测速的路段，应当设置测速警告标志。使用移动测速设备测速的，应当由交通警察操作。使用车载移动测速设备的，还应当使用制式警车。作为处理依据的交通技术监控设备收集的违法行为记录资料，应当清晰、准确地反映机动车类型、号牌、外观等特征以及违法时间、地点、事实。对交通技术监控设备记录的违法行为信息，经核查能够确定实际驾驶人的，公安机关交通管理部门可以在道路交通违法信息管理系统中将其记录为实际驾驶人的违法行为信息。交通技术监控设备收集违法行为记录资料后五日内，违法行为发生地公安机关交通管理部门应当对记录内容进行审核，经审核无误后录入道路交通违法信息管理系统，作为处罚违法行为的证据。

交通技术监控设备记录的违法行为信息录入道路交通违法信息管理系统后当日，违法行为发生地和机动车登记地公安机关交通管理部门应当向社会提供查询。违法行为发生地公安机关交通管理部门应当在违法行为信息录入道路交通违法信息管理系统后五日内，按照机动车备案信息中的联系方式，通过移动互联网应用程序、手机短信或者邮寄等方式将违法时间、地点、事实通知违法行为人或者机动车所有人、管理人，并告知其在三十日内接受处理。

公安机关交通管理部门应当在违法行为人或者机动车所有人、管理人处理违法行为和交通事故、办理机动车或者驾驶证业务时，书面确认违法行为人或者机动车所有人、管理人的联系方式和法律文书送达方式，并告知其可以通过公安机关交通管理部门互联网站、移动互联网应用程序等方式备案或者变更联系方式、法律文书送达方式。

四、交通行政强制措施程序

公安机关交通管理部门及其交通警察在执法过程中，依法可以采取的行政强制措施主要包括：扣留车辆；扣留机动车驾驶证；拖移机动车；检验体内酒精、国家管制的精神药品、麻醉药品含量；收缴物品以及法律、法规规定的其他行政强制措施。

（一）交通行政强制措施程序的一般规定

根据《道路交通安全违法行为处理程序规定》第二十五条的规定，采取扣留车辆、扣留机动车驾驶证以及检验体内酒精、国家管制的精神药品、麻醉药品含量和收缴物品等行政强制措施，应当按照下列程序实施：

（1）口头告知违法行为人或者机动车所有人、管理人违法行为的基本事实、拟作出行政强制措施的种类、依据及其依法享有的权利；

（2）听取当事人的陈述和申辩，当事人提出的事实、理由或者证据成立的，应当采纳；

（3）制作行政强制措施凭证，并告知当事人在十五日内到指定地点接受处理；

（4）行政强制措施凭证应当由当事人签名、交通警察签名或者盖章，并加盖公安机关交通管理部门印章；当事人拒绝签名的，交通警察应当在行政强制措施凭证上注明；

（5）行政强制措施凭证应当当场交付当事人；当事人拒收的，由交通警察在行政强制措施凭证上注明，即为送达。

（二）交通行政强制措施程序的特殊规定

1. 扣留车辆的程序规定

《道路交通安全违法行为处理程序规定》第三十条对扣留车辆的时限及权限作了规定："对扣留的车辆，当事人接受处理或者提供、补办的相关证明或者手续经核实后，公安机关交通管理部门应当依法及时退还。公安机关交通管理部门核实的时间不得超过十日；需要延长的，经县级以上公安机关交通管理部门负责人批准，可以延长至十五日。核实时间自车辆驾驶人或者所有人、管理人提供被扣留车辆合法来历证明，补办相应手续，或者接受处理之日起计算。发生道路交通事故因收集证据需要扣留车辆的，扣留车辆时间依照《道路交通事故处理程序规定》有关规定执行。"

2. 扣留机动车驾驶证的程序规定

《道路交通安全违法行为处理程序规定》第三十二条对扣留机动车驾驶证的时限及权限作了规定，交通警察应当在扣留机动车驾驶证后二十四小时内，将被扣留机动车驾驶证交所属公安机关交通管理部门。具有下列情形之一的，如饮酒后驾驶机动车的，将机动车交由未取得机动车驾驶证或者机动车驾驶证被吊销、暂扣的人驾驶的，机动车行驶超过规定时速百分之五十的，驾驶有拼装或者达到报废标准嫌疑的机动车上道路行驶的，扣留机动车驾驶证至作出处罚决定之日；处罚决定生效前先予扣留机动车驾驶证的，扣留一日折抵暂扣期限一日。只对违法行为人作出罚款处罚的，缴纳罚款完毕后，应当立即发还机动车驾驶证。而在一个记分周期内累积记分达到十二分情形的，扣留机动车驾驶证至考试合格之日。

3. 拖移机动车的程序规定

违反机动车停放、临时停车规定，驾驶人不在现场或者虽在现场但拒绝立即驶离，妨碍其他车辆、行人通行的，公安机关交通管理部门及其交通警察可以将机动车拖移至不妨碍交通的地点或者公安机关交通管理部门指定的地点。拖移机动车的，现场交通警察应当通过拍照、录像等方式固定违法事实和证据。公安机关交通管理部门应当公开拖移机动车查询电话，并通过设置拖移机动车专用标志牌明示或者以其他方式告知当事人。当事人可以通过电话查询接受处理的地点、期限和被拖移机动车的停放地点。

4. 对车辆驾驶人进行体内酒精含量检验的程序规定

对车辆驾驶人进行体内酒精含量检验的，根据《道路交通安全违法行为处理程序规定》第三十六条的规定，应当按照下列程序实施：（1）由两名交通警察或者由一名交通警察带领警务辅助人员将车辆驾驶人带到医疗机构提取血样，或者现场由法医等具有相应资质的人员提取血样；（2）公安机关交通管理部门应当在提取血样后五日内将血样送交有检验资格的单位或者机构进行检验，并在收到检验结果后五日内书面告知车辆驾驶人。检验车辆驾驶人体内酒精含量的，应当通知其家属，但无法通知的除外。车辆驾驶人对检验结果有异议的，可以在收到检验结果之日起三日内申请重新检验。具有下列情形之一的，应当进行重新检验：①检验程序违法或者违反相关专业技术要求，可能影响检验结果正确性的；②检验单位或者机构、检验人不具备相应资质和条件的；③检验结果明显依据不足的；④检验人故意作虚假检验的；⑤检验人应当回避而没有回避的；⑥检材虚假或者被污染的；⑦其他应当重新检验的情形。不符合前款规定情形的，经县级以上公安机关交通管理部门负责人批准，作出不准予重新检验的决定，并在作出决定之日起的三日内书面通知申请人。重新检验，公安机关应当另行指派或者聘请检验人。

5. 强制排除妨碍

对在道路两侧及隔离带上种植树木、其他植物或者设置广告牌、管线等，遮挡路灯、交通信号灯、交通标志，妨碍安全视距的，公安机关交通管理部门应当向违法行为人送达排除妨碍通知书，告知履行期限和不履行的后果。违法行为人在规定期限内拒不履行的，依法予以处罚并强制排除妨碍。强制排除妨碍，公安机关交通管理部门及其交通警察可以当场实施。无法当场实施的，应当按照下列程序实施：（1）经县级以上公安机关交通管理部门负责人批准，可以委托或者组织没有利害关系的单位予以强制排除妨碍；（2）执行强制排除妨碍时，公安机关交通管理部门应当派员到场监督。

此外，现场采取行政强制措施的，交通警察应当在二十四小时内向所属公安机关交通管理部门负责人报告，并补办批准手续。公安机关交通管理部门负责人认为不应当采取行政强制措施的，应当立即解除。

五、道路交通安全违法行为处罚程序

道路交通安全违法行为处罚程序包括决定程序和执行程序。根据《道路交通安全法》《道路交通安全法实施条例》《道路交通安全违法行为处理程序规定》以及《交通警察道路执勤执法工作规范》的有关规定，道路交通安全违法行为处罚的决定程序分为简易程序、一般程序和听证程序，道路交通安全违法行为处罚的执行程序分为自觉履行和强制执行。道路交通安全违法行为处罚程序的实施必须严格依法进行，保证公开公平公正，同时兼顾行政效率。

（一）道路交通安全违法行为处罚的决定程序

道路交通安全违法行为处罚的决定程序，是指公安机关交通管理部门依法对道路交通安全违法行为作出处罚决定的程序，是道路交通安全违法行为处罚程序的核心环节，是正确实施道路交通安全违法行为处罚的重要保障。道路交通安全违法行为处罚的决定程序分为简易程序、一般程序和听证程序，对于不同的处罚适用不同的程序规定。

1. 简易程序

简易程序，是指公安机关交通管理部门对于案情简单，事实清楚，证据确凿，法定依据明确，社会危害性小，被处罚人没有异议的道路交通安全违法行为当场作出处罚决定的程序。

（1）适用的情形。对违法行为人处以警告或者二百元以下罚款的，可以适用简易程序。对交通技术监控设备记录的违法行为，当事人应当及时到公安机关交通管理部门接受处理，处以警告或者二百元以下罚款的，可以适用简易程序。

（2）程序规定。适用简易程序处罚的，可以由一名交通警察作出，并应当按照下列程序实施：

①口头告知违法行为人违法行为的基本事实、拟作出的行政处罚、依据及其依法享有的权利；

②听取违法行为人的陈述和申辩，违法行为人提出的事实、理由或者证据成立的，应当采纳；

③制作简易程序处罚决定书；

④处罚决定书应当由被处罚人签名、交通警察签名或者盖章，并加盖公安机关交通管理部门印章；被处罚人拒绝签名的，交通警察应当在处罚决定书上注明；

⑤处罚决定书应当当场交付被处罚人；被处罚人拒收的，由交通警察在处罚决定书上注明，即为送达。

交通警察应当在二日内将简易程序处罚决定书报所属公安机关交通管理部门备案。简易程序处罚决定书应当载明被处罚人的基本情况、车辆牌号、车辆类型、违法事实、处罚的依据、处罚的内容、履行方式、期限、处罚机关名称及被处罚人依法享有的行政复议、行政诉讼权利等内容。

2. 一般程序

道路交通安全违法行为处罚的一般程序，是指公安机关交通管理部门依法对适用简易程序以外的道路交通安全违法行为处罚所适用的程序。

（1）适用的情形。对违法行为人处以二百元（不含）以上罚款、暂扣或者吊销机动车驾驶证的，应当适用一般程序。不需要采取行政强制措施的，现场交通警察应当收集、固定相关证据，并制作违法行为处理通知书。其中，对违法行为人单处二百元（不含）以上罚款的，可以通过简化取证方式和审核审批手续等措施快速办理。对违法行为人处以行政拘留处罚的，按照《公安机关办理行政案件程序规定》实施。此外，对交通技术监控设备记录的违法行为，处以二百元（不含）以上罚款、吊销机动车驾驶证的，应当适用一般程序。

（2）程序规定。适用一般程序作出处罚决定，应当由两名以上交通警察按照下列程序实施：

①对违法事实进行调查，询问当事人违法行为的基本情况，并制作笔录；当事人拒绝接受询问、签名或者盖章的，交通警察应当在询问笔录上注明；

②采用书面形式或者笔录形式告知当事人拟作出的行政处罚的事实、理由及

依据，并告知其依法享有的权利；

③对当事人的陈述、申辩进行复核，复核结果应当在笔录中注明；

④制作行政处罚决定书；

⑤行政处罚决定书应当由被处罚人签名，并加盖公安机关交通管理部门印章；被处罚人拒绝签名的，交通警察应当在处罚决定书上注明；

⑥行政处罚决定书应当当场交付被处罚人；被处罚人拒收的，由交通警察在处罚决定书上注明，即为送达；被处罚人不在场的，应当依照《公安机关办理行政案件程序规定》的有关规定送达。

行政处罚决定书应当载明被处罚人的基本情况、车辆牌号、车辆类型、违法事实和证据、处罚的依据、处罚的内容、履行方式、期限、处罚机关名称及被处罚人依法享有的行政复议、行政诉讼权利等内容。

而对于制发违法行为处理通知书，则应当按照下列程序实施：

①口头告知违法行为人违法行为的基本事实；

②听取违法行为人的陈述和申辩，违法行为人提出的事实、理由或者证据成立的，应当采纳；

③制作违法行为处理通知书，并通知当事人在十五日内接受处理；

④违法行为处理通知书应当由违法行为人签名、交通警察签名或者盖章，并加盖公安机关交通管理部门印章；当事人拒绝签名的，交通警察应当在违法行为处理通知书上注明；

⑤违法行为处理通知书应当当场交付当事人；当事人拒收的，由交通警察在违法行为处理通知书上注明，即为送达。

交通警察应当在二十四小时内将违法行为处理通知书报所属公安机关交通管理部门备案。违法行为处理通知书应当载明当事人的基本情况、车辆牌号、车辆类型、违法事实、接受处理的具体地点和时限、通知机关名称等内容。

对违法行为事实清楚，需要按照一般程序处以罚款的，应当自违法行为人接受处理之时起二十四小时内作出处罚决定；处以暂扣机动车驾驶证的，应当自违法行为人接受处理之日起三日内作出处罚决定；处以吊销机动车驾驶证的，应当自违法行为人接受处理或者听证程序结束之日起七日内作出处罚决定，交通肇事构成犯罪的，应当在人民法院判决后及时作出处罚决定。

3. 听证程序

听证程序，是指行政机关在作出有关行政决定之前，由行政机关告知决定理由和听证权利，行政相对人陈述意见、提供证据以及行政机关听取意见、接纳证据并作出相应决定的程序。① 听证程序并不是每个执法行为的必经程序，但却是民主法治的重要体现，可以促使行政机关能够谨慎地依法依规作出后果比较严重的行政处罚，以最大限度地保障行政相对人的合法权益。道路交通安全违法行为处罚的听证程序，是指公安机关交通管理部门依法对吊销驾驶证和较大数额罚款等道路交通安全违法行为处罚所适用的程序。需要注意的是，并不是每个道路交通安全违法行为都必须经过听证程序；对于适用听证程序的道路交通安全违法行为，公安机关交通管理部门在作出行政处罚前，应当告知违法嫌疑人有要求举行听证的权利。

（1）适用的情形。根据《公安机关办理行政案件程序规定》的规定，在作出责令停产停业、吊销许可证或者执照、较大数额罚款以及法律、法规和规章规定违法嫌疑人可以要求举行听证的其他情形的行政处罚决定之前，应当告知违法嫌疑人有要求举行听证的权利。其中"较大数额罚款"，是指对个人处以二千元以上罚款，对单位处以一万元以上罚款，对依据地方性法规或者地方政府规章作出的罚款处罚，适用听证的罚款数额按照地方规定执行。因此，对道路交通安全违法行为处罚而言，听证程序一般适用于吊销驾驶证以及较大数额罚款。此外，依法应当适用听证程序的行政案件，不适用快速办理，公安机关不得因违法嫌疑人提出听证要求而加重处罚。

（2）程序规定。听证由公安机关法制部门组织实施。依法具有独立执法主体资格的公安机关业务部门依法作出行政处罚决定的，由其非本案调查人员组织听证。听证人员应当就行政案件的事实、证据、程序、适用法律等方面全面听取当事人陈述和申辩。

①听证人员和听证参加人。听证设听证主持人一名，负责组织听证；记录员一名，负责制作听证笔录。必要时，可以设听证员一至二名，协助听证主持人进行听证。本案调查人员不得担任听证主持人、听证员或者记录员。听证参加人包括：当事人及其代理人；本案办案人民警察；证人、鉴定人、翻译人员；其他有关人员。

②听证的告知、申请和受理。对适用听证程序的行政案件，办案部门在提出处罚意见后，应当告知违法嫌疑人拟作出的行政处罚和有要求举行听证的权利。违法嫌疑人要求听证的，应当在公安机关告知后三日内提出申请。公安机关收到听证申请后，应当在二日内决定是否受理。认为听证申请人的要求不符合听证条

---

① 姜明安主编．行政法与行政诉讼法（第七版）［M］．北京：北京大学出版社，高等教育出版社，2019：03.

件，决定不予受理的，应当制作不予受理听证通知书，告知听证申请人。逾期不通知听证申请人的，视为受理。公安机关受理听证后，应当在举行听证的七日前将举行听证通知书送达听证申请人，并将举行听证的时间、地点通知其他听证参加人。

③听证的举行。听证应当在公安机关收到听证申请之日起十日内举行。除涉及国家秘密、商业秘密、个人隐私的行政案件外，听证应当公开举行。听证开始时，听证主持人核对听证参加人；宣布案由；宣布听证员、记录员和翻译人员名单；告知当事人在听证中的权利和义务；询问当事人是否提出回避申请；对不公开听证的行政案件，宣布不公开听证的理由。听证开始后，首先由办案人民警察提出听证申请人违法的事实、证据和法律依据及行政处罚意见。办案人民警察提出证据时，应当向听证会出示。对证人证言、鉴定意见、勘验笔录和其他作为证据的文书，应当当场宣读。听证申请人可以就办案人民警察提出的违法事实、证据和法律依据以及行政处罚意见进行陈述、申辩和质证，并可以提出新的证据。第三人可以陈述事实，提出新的证据。听证申请人、第三人和办案人民警察可以围绕案件的事实、证据、程序、适用法律、处罚种类和幅度等问题进行辩论。辩论结束后，听证主持人应当听取听证申请人、第三人、办案人民警察各方最后陈述意见。记录员应当将举行听证的情况记入听证笔录，听证笔录应当交听证申请人阅读或者向其宣读。听证结束后，听证主持人应当写出听证报告书，连同听证笔录一并报送公安机关负责人。

此外，关于道路交通安全违法行为处罚的告知与送达，根据《道路交通安全违法行为处理程序规定》第五十四条至第五十七条的有关规定，机动车有五起以上未处理的违法行为记录，违法行为人或者机动车所有人、管理人未在三十日内接受处理且未申请延期处理的，违法行为发生地公安机关交通管理部门应当按照备案信息中的联系方式，通过移动互联网应用程序、手机短信或者邮寄等方式将拟作出的行政处罚决定的事实、理由、依据以及依法享有的权利，告知违法行为人或者机动车所有人、管理人。违法行为人或者机动车所有人、管理人未在告知后三十日内接受处理的，可以采取公告方式告知拟作出的行政处罚决定的事实、理由、依据、依法享有的权利以及公告期届满后将依法作出行政处罚决定。公告期为七日。违法行为人或者机动车所有人、管理人提出申辩或者接受处理的，应当按照本规定第四十四条或者第四十八条办理；违法行为人或者机动车所有人、管理人未提出申辩的，公安机关交通管理部门可以依法作出行政处罚决定，并制作行政处罚决定书。

行政处罚决定书可以邮寄或者电子送达。邮寄或者电子送达不成功的，公安机关交通管理部门可以公告送达，公告期为六十日。电子送达可以采用移动互联网应用程序、电子邮件、移动通信等能够确认受送达人收悉的特定系统作为送达媒介。送达日期为公安机关交通管理部门对应系统显示发送成功的日期。受送达人证明到达其特定系统的日期与公安机关交通管理部门对应系统显示发送成功的日期不一致的，以受送达人证明到达其特定系统的日期为准。公告应当通过互联网交通安全综合服务管理平台、移动互联网应用程序等方式进行。公告期满，即为送达。公告内容应当避免泄露个人隐私。交通警察在道路执勤执法时，发现违法行为人或者机动车所有人、管理人有交通技术监控设备记录的违法行为逾期未处理的，应当以口头或者书面方式告知违法行为人或者机动车所有人、管理人。

（二）道路交通安全违法行为处罚的执行程序

根据《公安机关办理行政案件程序规定》，公安机关依法作出行政处理决定后，被处理人应当在行政处理决定的期限内予以履行。逾期不履行的，作出行政处理决定的公安机关可以依法强制执行或者申请人民法院强制执行。被处理人对行政处理决定不服申请行政复议或者提起行政诉讼的，行政处理决定不停止执行，但法律另有规定的除外。道路交通安全违法行为处罚的执行程序可以分为自觉履行和强制执行两种方式。自觉履行，是指道路交通安全违法行为人在法定的期限内，自觉履行道路交通安全违法行为处罚；强制执行，是指公安机关交通管理部门对于拒绝履行行政处罚的道路交通安全违法行为人依法强制其履行的行政行为。《道路交通安全违法行为处理程序规定》第五章第二节对道路交通安全违法行为处罚的执行作了相关的规定，第八十条则规定："本规定未规定的违法行为处理程序，依照《公安机关办理行政案件程序规定》执行。"

1. 罚款的执行

（1）自觉履行。道路交通安全违法行为人应当在自收到罚款处罚决定书之日起的法定期限内缴纳罚款，可以通过公安机关交通管理部门自助处理平台自助处理违法行为。例如，对行人、乘车人、非机动车驾驶人处以罚款，交通警察当场收缴的，交通警察应当在简易程序处罚决定书上注明，由被处罚人签名确认。被处罚人拒绝签名的，交通警察应当在处罚决定书上注明。交通警察依法当场收缴罚款的，应当开具省、自治区、直辖市财政部门统一制发的罚款收据；不开具省、自治区、直辖市财政部门统一制发的罚款收据的，当事人有权拒绝缴纳罚款。

（2）强制执行。当事人逾期不履行行政处罚决定的，作出行政处罚决定的公安机关交通管理部门可以采取下列措施：

①到期不缴纳罚款的，每日按罚款数额的百分之三加处罚款，加处罚款总额不得超出罚款数额；当然，在加罚的同时，罚款仍应执行。

②申请人民法院强制执行。申请人民法院强制执行，这是强制执行制度的一条途径，对于没有强制执行权的行政机关，需要申请人民法院强制执行。公安机关向人民法院申请强制执行，应当提供下列材料：强制执行申请书；行政处理决定书及作出决定的事实、理由和依据；当事人的意见及公安机关催告情况；申请强制执行标的情况；法律、法规规定的其他材料。强制执行申请书应当由作出处理决定的公安机关负责人签名，加盖公安机关印章，并注明日期。公安机关对人民法院不予受理强制执行申请、不予强制执行的裁定有异议的，可以在十五日内向上一级人民法院申请复议。

2. 暂扣、吊销机动车驾驶证的执行

公安机关交通管理部门对非本辖区机动车驾驶人给予暂扣、吊销机动车驾驶证处罚的，应当在作出处罚决定之日起十五日内，将机动车驾驶证转至核发地公安机关交通管理部门。违法行为人申请不将暂扣的机动车驾驶证转至核发地公安机关交通管理部门的，应当准许，并在行政处罚决定书上注明。

3. 拘留的执行

根据《公安机关办理行政案件程序规定》，对被决定行政拘留的人，由作出决定的公安机关送达拘留所执行。对抗拒执行的，可以使用约束性警械。被处罚人不服行政拘留处罚决定，申请行政复议或者提起行政诉讼的，可以向作出行政拘留决定的公安机关提出暂缓执行行政拘留的申请；口头提出申请的，公安机关人民警察应当予以记录，并由申请人签名或者捺指印。被处罚人在行政拘留执行期间，提出暂缓执行行政拘留申请的，拘留所应当立即将申请转交作出行政拘留决定的公安机关。公安机关认为暂缓执行行政拘留不致发生社会危险，且被处罚人或者其近亲属提出符合条件的担保人，或者按每日行政拘留二百元的标准交纳保证金的，应当作出暂缓执行行政拘留的决定。公安机关应当在收到被处罚人提出暂缓执行行政拘留申请之时起二十四小时内作出决定。同时，根据《道路交通安全违法行为处理程序规定》的有关规定，对违法行为人决定行政拘留并处罚款的，罚款不因暂缓执行行政拘留而暂缓执行。对违法行为人决定行政拘留并处罚款的，公安机关交通管理部门应当告知违法行为人可以委托他人代缴罚款。

六、道路交通安全违法行为处理程序的其他规定

除《道路交通安全违法行为处理程序规定》对道路交通安全违法行为处理的管辖、调查取证、行政强制措施适用、行政处罚以及执法监督等予以规定之外，《交通警察道路执勤执法工作规范》还对执勤执法用语、执勤执法行为举止、着装和装备配备、通行秩序管理、违法行为处理、实施交通管制、执行交通警卫任务、接受群众求助、执勤执法安全防护以及执法监督与考核评价等作出了进一步的具体规定。下面仅就交通警察的执勤执法用语、执勤执法行为举止、着装和装备配备及违法行为处理规范作简要介绍。

（一）执勤执法用语

交通警察在执勤执法、接受群众求助时应当尊重当事人，使用文明、礼貌、规范的语言，语气庄重、平和。对当事人不理解的，应当耐心解释，不得呵斥、讽刺当事人。

（1）检查涉嫌有违法行为的机动车驾驶人的机动车驾驶证、行驶证时，交通警察应当使用的规范用语是：你好！请出示驾驶证、行驶证。

（2）纠正违法行为人（含机动车驾驶人、非机动车驾驶人、行人、乘车人，下同）的违法行为，对其进行警告、教育时，交通警察应当使用的规范用语是：你的（列举具体违法行为）违反了道路交通安全法律、法规，请遵守交通法规。谢谢合作。

（3）对行人、非机动车驾驶人的违法行为给予当场罚款时，交通警察应当使用的规范用语是：你的（列举具体违法行为）违反了道路交通安全法律、法规，依据《道路交通安全法》第××条和《道路交通安全法实施条例》第××条（或××地方法规）的规定，对你当场处以××元的罚款。非机动车驾驶人拒绝缴纳罚款时，交通警察应当使用的规范用语是：根据《道路交通安全法》第八十九条的规定，你拒绝接受罚款处罚，可以扣留你的非机动车。

（4）对机动车驾驶人给予当场罚款或者采取行政强制措施时，交通警察应当使用的规范用语是：你的（列举具体违法行为）违反了道路交通安全法律、法规，依据《道路交通安全法》第××条和《道路交通安全法实施条例》第××条（或××地方法规）的规定，对你处以××元的罚款，记××分（或者扣留你的驾驶证/机动车）。

（5）实施行政处罚或者行政强制措施前，告知违法行为人应享有的权利时，交通警察应当使用的规范用语是：你有权陈述和申辩。

（6）要求违法行为人在行政处罚决定书（或行政强制措施凭证）上签字时，

交通警察应当使用的规范用语是：请你认真阅读法律文书的这些内容，并在签名处签名。

（7）对违法行为人依法处理后，交通警察应当使用的规范用语是：请收好法律文书（和证件）。对经检查未发现违法行为时，交通警察应当使用的规范用语是：谢谢合作。

（8）对于机动车驾驶人拒绝签收处罚决定书或者行政强制措施凭证时，交通警察应当使用的规范用语是：依据法律规定，你拒绝签字或者拒收，法律文书同样生效并即为送达。

（二）执勤执法行为举止

交通警察在道路上执勤执法应当规范行为举止，做到举止端庄、精神饱满。

（1）站立时做到抬头、挺胸、收腹，双手下垂置于大腿外侧，双腿并拢、脚跟相靠，或者两腿分开与肩同宽，身体不得倚靠其他物体，不得摇摆晃动。

（2）行走时双肩及背部要保持平稳，双臂自然摆动，不得背手、袖手、搭肩、插兜。

（3）敬礼时右手取捷径迅速抬起，五指并拢自然伸直，中指微接帽檐右角前，手心向下，微向外张，手腕不得弯屈。礼毕后手臂迅速放回原位。

（4）交还被核查当事人的相关证件时应当方便当事人接取。

（5）使用手势信号指挥疏导时应当动作标准，正确有力，节奏分明。手持指挥棒、示意牌等器具指挥疏导时，应当右手持器具，保持器具与右小臂始终处于同一条直线。

（6）驾驶机动车巡逻间隙不得倚靠车身或者趴在摩托车把上休息。

（三）着装和装备配备

（1）交通警察在道路上执勤执法应当按照规定穿着制式服装，佩戴人民警察标志。

（2）交通警察在道路上执勤执法应当配备多功能反光腰带、反光背心、发光指挥棒、警用文书包、对讲机或者移动通信工具等装备，可以选配警务通、录音录像执法装备等，必要时可以配备枪支、警棍、手铐、警绳等武器和警械。

（3）执勤警用汽车应当配备反光锥筒、警示灯、停车示意牌、警戒带、照相机（或者摄像机）、灭火器、急救箱、牵引绳等装备；根据需要可以配备防弹衣、防弹头盔、简易破拆工具、防化服、拦车破胎器、酒精检测仪、测速仪等装备。执勤警用摩托车应当配备制式头盔、停车示意牌、警戒带等装备。执勤警车应当保持车容整洁、车况良好、装备齐全。

（四）交通违法行为处理

1. 一般规定

交通警察在道路上执勤，发现违法行为时，应当及时纠正。无法当场纠正的，可以通过交通技术监控设备记录，依据有关法律、法规、规章的规定予以处理。交通警察纠正违法行为时，应当选择不妨碍道路通行和安全的地点进行。交通警察发现行人、非机动车驾驶人的违法行为，应当指挥当事人立即停靠路边或者在不影响道路通行和安全的地方接受处理，指出其违法行为，听取当事人的陈述和申辩，作出处理决定。其中交通警察查处机动车驾驶人的违法行为，应当按下列程序执行：

（1）向机动车驾驶人敬礼；

（2）指挥机动车驾驶人立即靠边停车，可以视情要求机动车驾驶人熄灭发动机或者要求其下车；

（3）告知机动车驾驶人出示相关证件；

（4）检查机动车驾驶证，询问机动车驾驶人姓名、出生年月、住址，对持证人的相貌与驾驶证上的照片进行核对；检查机动车行驶证，对类型、颜色、号牌进行核对；检查检验合格标志、保险标志；查询机动车及机动车驾驶人的违法行为信息、机动车驾驶人记分情况；

（5）指出机动车驾驶人的违法行为；

（6）听取机动车驾驶人的陈述和申辩；

（7）给予口头警告、制作简易程序处罚决定书、违法处理通知书或者采取行政强制措施。

2. 查处酒后驾驶操作规程

查处机动车驾驶人酒后驾驶违法行为应当配备并按规定使用酒精检测仪、约束带、警绳等装备。用于收集违法行为证据的酒精检测仪应当符合国家标准并依法检定合格，且保持功能有效。查处机动车驾驶人酒后驾驶违法行为应当按照以下规定进行：

（1）发现有酒后驾驶嫌疑的，应当及时指挥机动车驾驶人立即靠路边停车，熄灭发动机，接受检查，并要求机动车驾驶人出示驾驶证、行驶证；

（2）对有酒后驾驶嫌疑的机动车驾驶人，要求其下车接受酒精检验。对确认没有酒后驾驶行为的机动车驾驶人，应当立即放行；

（3）使用酒精检测仪对有酒后驾驶嫌疑的机动车驾驶人进行检验，检验结束后，应当告知检验结果；当事人违反检验要求的，应当当场重新检验；

（4）检验结果确认为酒后驾驶的，应当依照《道路交通安全违法行为处理程序规定》对违法行为人进行处理；检验结果确认为非酒后驾驶的，应当立即放行；

（5）当事人对检验结果有异议或者饮酒后驾驶车辆发生交通事故的，应当立即固定不少于两份的血液样本，或者由不少于两名交通警察或者一名交通警察带领两名协管员将当事人带至县级以上医院固定不少于两份的血液样本；

（6）固定当事人血液样本的，应当通知其家属或者当事人要求通知的人员。无法通知或者当事人拒绝的，可以不予通知，但应当在行政强制措施凭证上注明。

对醉酒的机动车驾驶人应当由不少于两名交通警察或者一名交通警察带领不少于两名协管员带至指定地点，强制约束至酒醒后依法处理。必要时可以使用约束性警械。处理结束后，必须禁止饮酒后、醉酒的机动车驾驶人继续驾驶车辆，如现场无其他机动车驾驶人替代驾驶的，可以将其驾驶的机动车移至不妨碍交通的地点或者有关部门指定的地点，并将停车地点告知机动车驾驶人。

3. 查处违反装载规定违法行为操作规程

（1）对有违反装载规定嫌疑的车辆，应当指挥机动车驾驶人立即停车，熄灭发动机，接受检查，并要求驾驶人出示机动车驾驶证、行驶证。

（2）经检查，确认为载物超长、超宽、超高的，当场制作简易处罚程序决定书。运输超限的不可解体的物品影响交通安全，且未按照公安机关交通管理部门指定的时间、路线、速度行驶的，应当责令其按照公安机关交通管理部门指定的时间、路线、速度行驶。未悬挂明显标志的，责令驾驶人悬挂明显标志后立即放行。

（3）对于有载物超载嫌疑，需要使用称重设备核定的，应当引导车辆到指定地点进行。核定结果为超载，应当责令当事人消除违法行为。当事人表示可立即消除违法状态，依法处罚，待违法状态消除后放行车辆；当事人拒绝或者不能立即消除违法状态的，制作行政强制措施凭证，扣留车辆。对于跨地区长途运输车辆超载的，依照公安部、交通运输部等部门的有关规定处理。

（4）对于运送瓜果、蔬菜和鲜活产品的超载车辆，应当当场告知当事人违法行为的基本事实，依照有关规定处理，对未严重影响道路交通安全的，不采取扣留机动车等行政强制措施。对严重影响道路交通安全的，应当责令驾驶人按照规定转运，驾驶人拒绝转运的，依法扣留机动车。

（5）对于货运机动车车厢载人、客运机动车超载或者违反规定载物的，当事人拒绝或者不能立即消除违法状态的，制作行政强制措施凭证，扣留车辆至违法状态消除。对于其他违反装载规定的，在依法处罚之后，应当责令机动车驾驶人当场消除违法行为。

4. 查处超速行驶操作规程

查处机动车超速违法行为应当使用测速仪、摄录设备等装备。用于收集违法行为证据的测速仪应当符合国家标准并依法检定合格，且保持功能有效。现场查处超速违法行为，按照设点执勤的规范要求设置警示标志，测速点与查处点之间的距离不少于两公里，且不得影响其他车辆正常通行。能够保存交通技术监控记录资料的，可以实施非现场处罚。查处机动车超速违法行为应当按照以下规定进行：

（1）交通警察在测速点通过测速仪发现超速违法行为，应当及时通知查处点交通警察做好拦车准备；

（2）查处点交通警察接到超速车辆信息后，应当提前做好拦车准备，并在确保安全的前提下进行拦车；

（3）对超速低于百分之五十的，依照简易程序处罚；超过百分之五十的，采取扣留驾驶证强制措施，制作行政强制措施凭证。

当事人要求查看照片或者录像的，应当提供。在高速公路查处超速违法行为，应当通过固定电子监控设备或者装有测速设备的制式警车进行流动测速。

5. 查处违法停车操作规程

（1）查处机动车违法停车行为应当使用照相、摄录设备、清障车等装备。

（2）发现机动车违法停车行为，机动车驾驶人在现场的，应当责令其驶离。机动车驾驶人不在现场的，应当在机动车侧门玻璃或摩托车座位上张贴违法停车告知单，并采取拍照或者录像方式固定相关证据。严重妨碍其他车辆、行人通行的，应当指派清障车将机动车拖移至指定地点。机动车驾驶人虽在现场但拒绝立即驶离的，应当使用照相、摄录设备取证，依法对机动车驾驶人的违法行为进行处理。公安机关交通管理部门应当公开拖移机动车查询电话，并通过设置拖移机动车专用标志牌明示或者以其他方式告知当事人。当事人可以通过电话查询接受处理的地点、期限和被拖移机动车的停放地点。

（3）交通警察在高速公路上发现机动车违法停车的，应当责令机动车驾驶人立即驶离；机动车发生故障或者机动车驾驶人不在现场的，应当联系清障车将机动车拖移至指定地点并告知机动车驾驶人；无法拖移的，应当责令机动车驾驶人按照规定设置警告标志。故障机动车可以在短时间内修复，且不占用行车道或者骑压车道分隔线停车的，可以不拖移机动车，但应当责令机动车驾驶人按照规定设置警告标志。

（4）拖移违法停车机动车，应当保障交通安全，保证车辆不受损坏，并通过拍照、录像等方式固定证据。

6. 查处涉牌涉证违法行为操作规程

（1）发现无号牌机动车，交通警察应当指挥机动车驾驶人立即停车，熄灭发动机，并查验车辆合法证明和驾驶证。

（2）对于未悬挂机动车号牌，机动车驾驶人有驾驶证，且能够提供车辆合法证明的，依法处罚，并告知其到有关部门办理移动证或临时号牌后放行；不能提供车辆合法证明的，应当制作行政强制措施凭证，依法扣留车辆。

（3）对于有拼装或者报废嫌疑的，检查时应当按照行驶证上标注的厂牌型号、发动机号、车架号等内容与车辆进行核对，确认无违法行为的，立即放行；初步确认为拼装或者报废机动车的，应当制作行政强制措施凭证，依法扣留车辆。

（4）对于有使用伪造、变造机动车号牌或者使用其他机动车号牌嫌疑的，检查时应当根据车辆情况进行核对、询问，确认无违法行为的，立即放行；初步确认有使用伪造、变造机动车牌证或者使用其他机动车牌证违法行为的，应当制作行政强制措施凭证，依法扣留车辆。

（5）对于有被盗抢嫌疑的，检查时，应当运用查缉战术、分工协作进行检查，并与全国被盗抢机动车信息系统进行核对。当场能够确认无违法行为的，立即放行；当场不能确认有无违法行为的，应当将人、车分离，将车辆移至指定地点，进一步核实。

（6）发现不按规定安装号牌、遮挡污损号牌的，检查时应当按照行驶证上标注的厂牌型号、发动机号、车架号等内容与车辆进行核对。确认违法行为后依法予以处罚，同时责令机动车驾驶人纠正。

（7）交通警察发现机动车驾驶人未携带机动车驾驶证、有使用伪造或者变造驾驶证嫌疑或者机动车驾驶人拒绝出示驾驶证接受检查的，依法扣留车辆。

（8）交通警察发现机动车驾驶人所持驾驶证记满 12 分或者公告停止使用的，依法扣留机动车驾驶证。

（9）交通警察发现机动车驾驶人驾驶车辆与准驾车型不符、所持驾驶证有伪造或者变造嫌疑、驾驶证超过有效期或者驾驶证处于注销状态的，根据《公安机关办理行政案件程序规定》将驾驶证作为证据扣押。

（10）机动车驾驶人所持驾驶证无效，同时又无其他机动车驾驶人替代驾驶的，可以将其驾驶的机动车移至不妨碍交通的地点或者有关部门指定的地点。

7. 查处运载危险化学品车辆操作规程

（1）发现运载爆炸物品、易燃易爆化学物品以及剧毒、放射性等危险物品车辆有违法行为的，应当指挥机动车驾驶人停车接受检查，除查验机动车驾驶人出示驾驶证、车辆行驶证外，还应当查验其他相关证件及信息，并依法处理。

（2）对于擅自进入危险化学品运输车辆禁止通行区域，或者不按指定的行车时间和路线行驶的，应当当场予以纠正，并依据《危险化学品安全管理条例》实施处罚。

（3）对于未随车携带《剧毒化学品公路运输通行证》的，应当引导至安全地点停放，并禁止其继续行驶，及时调查取证，并责令提供已依法领取通行证的证明，依据《剧毒化学品购买和公路运输许可证件管理办法》实施处罚。

（4）对于未申领《剧毒化学品公路运输通行证》，擅自通过公路运输剧毒化学品的，应当扣留运输车辆，调查取证，依据《危险化学品安全管理条例》实施处罚。

（5）对于未按照《剧毒化学品公路运输通行证》注明的运输车辆、驾驶人、押运人员、装载数量和运输路线、时间等事项运输的，应当引导至安全地点停放，调查取证，责令其消除违法行为，依据《危险化学品安全管理条例》和《剧毒化学品购买和公路运输许可证件管理办法》实施处罚。

第三节　道路交通事故处理程序

一、道路交通事故处理程序的概念

道路交通事故处理程序，是指公安机关交通管理部门依照道路交通安全法律、法规，对道路交通事故处理工作应当遵循的方式、步骤、时限和顺序所构成的一个连续过程。除了《道路交通安全法》《道路交通安全法实施条例》，道路交通事故处理工作的主要法定依据是《道路交通事故处理程序规定》（中华人民共和国公安部令第146号，自2018年5月1日起施行）。《道路交通事故处理程序规定》共计十二章一百一十四条，包括总则、管辖、报警和受案、自行协商、简易程序、调查、认定与复核、处罚执行、损害赔偿调解、涉外道路交通事故处理、执法监督以及附则等内容。其制定目的是规范道路交通事故处理程序，保障公安机关交通管理部门依法履行职责，保护道路交通事故当事人的合法权益。道路交通事故处理程序主要分为自行协商、简易程序和一般程序，公安机关交通管理部门处理道路交通事故，应当遵循合法、公正、公开、便民、效率的原则，严格按照法定的程序，尊重和保障人权，保护公民的人格尊严，以切实保障公民的合法权益。

（一）道路交通事故的分类

道路交通事故从后果来划分，分为财产损失事故、伤人事故和死亡事故。财产损失事故是指造成财产损失，尚未造成人员伤亡的道路交通事故。伤人事故是指造成人员受伤，尚未造成人员死亡的道路交通事故。死亡事故是指造成人员死亡的道路交通事故。三种事故造成的后果严重程度有所差别，程序要求也有所区别。道路交通事故的调查处理应当由公安机关交通管理部门负责。财产损失事故可以由当事人自行协商处理，但法律、法规及《道路交通事故处理程序规定》另有规定的除外。

（二）处理道路交通事故的交通警察的法定资格

处理道路交通事故的交通警察应具有法定的资格，如交通警察经过培训并考试合格，可以处理适用简易程序的道路交通事故；处理伤人事故，应当由具有道路交通事故处理初级以上资格的交通警察主办；处理死亡事故，应当由具有道路交通事故处理中级以上资格的交通警察主办。

（三）道路交通事故处理的科技和信息化应用

在科技和信息化应用方面，新修订的《道路交通事故处理程序规定》增加了一些规定，如公安机关交通管理部门处理道路交通事故应当使用全国统一的交通管理信息系统，鼓励应用先进的科技装备和先进技术处理道路交通事故，如无人机等；交通警察处理道路交通事故，应当按照规定使用执法记录设备；公安机关交通管理部门应当建立与司法机关、保险机构等有关部门间的数据信息共享机制，提高道路交通事故处理工作信息化水平。

二、道路交通事故处理管辖权的确定

（一）关于管辖权的一般规定

道路交通事故由事故发生地的县级公安机关交通管理部门管辖。未设立县级公安机关交通管理部门的，由设区的市公安机关交通管理部门管辖。道路交通事故发生在两个以上管辖区域的，由事故起始点所在地公安机关交通管理部门管辖。对管辖权有争议的，由共同的上一级公安机关交通管理部门指定管辖。指定管辖前，最先发现或者最先接到报警的公安机关交通管理部门应当先行处理。上级公安机关交通管理部门在必要的时候，可以处理下级公安机关交通管理部门管辖的道路交通事故，或者指定下级公安机关交通管理部门限时将案件移送其他下级公安机关交通管理部门处理。案件管辖权发生转移的，处理时限从案件接收之日起计算。

（二）关于管辖权的特殊规定

1. 中国人民解放军、中国人民武装警察部队人员、车辆发生道路交通事故的管辖权

中国人民解放军、中国人民武装警察部队人员、车辆发生道路交通事故的，按照《道路交通事故处理程序规定》处理。依法应当吊销、注销中国人民解放军、中国人民武装警察部队核发的机动车驾驶证以及对现役军人实施行政拘留或者追究刑事责任的，移送中国人民解放军、中国人民武装警察部队有关部门处理。

2. 上道路行驶的拖拉机发生道路交通事故的管辖权

上道路行驶的拖拉机发生道路交通事故的，按照《道路交通事故处理程序规定》处理。因为拖拉机的牌证是由农业（农业机械）主管部门登记发放的，公安机关交通管理部门对拖拉机驾驶人依法暂扣、吊销、注销驾驶证或者记分处理的，应当将决定书和记分情况通报有关的农业（农业机械）主管部门。吊销、注销驾驶证的，还应当将驾驶证送交有关的农业（农业机械）主管部门。

三、道路交通事故的报警和受案

（一）道路交通事故的报警

1. 发生死亡事故、伤人事故的，或者发生财产损失事故，当事人应当保护现场并立即报警的情形

（1）驾驶人无有效机动车驾驶证或者驾驶的机动车与驾驶证载明的准驾车型不符的；

（2）驾驶人有饮酒、服用国家管制的精神药品或者麻醉药品嫌疑的；

（3）驾驶人有从事校车业务或者旅客运输，严重超过额定乘员载客，或者严重超过规定时速行驶嫌疑的；

（4）机动车无号牌或者使用伪造、变造的号牌的；

（5）当事人不能自行移动车辆的；

（6）一方当事人离开现场的；

（7）有证据证明事故是由一方故意造成的。

驾驶人必须在确保安全的原则下，立即组织车上人员疏散到路外安全地点，避免发生次生事故。驾驶人已因道路交通事故死亡或者受伤无法行动的，车上其他人员应当自行组织疏散。

2. 发生财产损失事故，当事人将车辆移至不妨碍交通的地点后报警的情形

发生财产损失事故且有下列情形之一，车辆可以移动的，当事人应当组织车上人员疏散到路外安全地点，在确保安全的原则下，采取现场拍照或者标划事故车辆现场位置等方式固定证据，将车辆移至不妨碍交通的地点后报警：

（1）机动车无检验合格标志或者无保险标志的；

（2）碰撞建筑物、公共设施或者其他设施的。

3. 载运危险物品车辆发生事故的，当事人应当立即报警的情形

载运爆炸性、易燃性、毒害性、放射性、腐蚀性、传染病病原体等危险物品车辆发生事故的，当事人应当立即报警，危险物品车辆驾驶人、押运人应当按照危险物品安全管理法律、法规、规章以及有关操作规程的规定，采取相应的应急处置措施。

（二）道路交通事故的受案

公安机关及其交通管理部门接到报警的，应当受理，制作受案登记表并记录下列内容：

（1）报警方式、时间，报警人姓名、联系方式，电话报警的，还应当记录报警电话；

（2）发生或者发现道路交通事故的时间、地点；

（3）人员伤亡情况；

（4）车辆类型、车辆号牌号码，是否载有危险物品以及危险物品的种类、是否发生泄漏等；

（5）涉嫌交通肇事逃逸的，还应当询问并记录肇事车辆的车型、颜色、特征及其逃逸方向、逃逸驾驶人的体貌特征等有关情况。

报警人不报姓名的，应当记录在案。报警人不愿意公开姓名的，应当为其保密。接到道路交通事故报警后，需要派员到现场处置，或者接到出警指令的，公安机关交通管理部门应当立即派交通警察赶赴现场。

发生道路交通事故后当事人未报警，在事故现场撤除后，当事人又报警请求公安机关交通管理部门处理的，公安机关交通管理部门应当按照规定的记录内容

予以记录，并在三日内作出是否接受案件的决定。经核查道路交通事故事实存在的，公安机关交通管理部门应当受理，制作受案登记表；经核查无法证明道路交通事故事实存在，或者不属于公安机关交通管理部门管辖的，应当书面告知当事人，并说明理由。

四、道路交通事故的自行协商

道路交通事故的自行协商，是指发生交通事故后，由事故各方当事人自行协商损害赔偿事宜。基于方便群众的原则，在符合法定的情形下，发生交通事故之后可以由当事人自行协商损害赔偿事宜。《道路交通安全法》第七十条第二款和第三款规定，"在道路上发生交通事故，未造成人身伤亡，当事人对事实及成因无争议的，可以即行撤离现场，恢复交通，自行协商处理损害赔偿事宜；不即行撤离现场的，应当迅速报告执勤的交通警察或者公安机关交通管理部门。在道路上发生交通事故，仅造成轻微财产损失，并且基本事实清楚的，当事人应当先撤离现场再进行协商处理"。《道路交通安全法实施条例》第八十六条和第八十七条作了进一步的规定："机动车与机动车、机动车与非机动车在道路上发生未造成人身伤亡的交通事故，当事人对事实及成因无争议的，在记录交通事故的时间、地点、对方当事人的姓名和联系方式、机动车牌号、驾驶证号、保险凭证号、碰撞部位，并共同签名后，撤离现场，自行协商损害赔偿事宜。当事人对交通事故事实及成因有争议的，应当迅速报警。非机动车与非机动车或者行人在道路上发生交通事故，未造成人身伤亡，且基本事实及成因清楚的，当事人应当先撤离现场，再自行协商处理损害赔偿事宜。当事人对交通事故事实及成因有争议的，应当迅速报警。"同时，根据《道路交通事故处理程序规定》，关于自行协商的具体适用情形等规定如下。

（一）自行协商的适用情形

机动车与机动车、机动车与非机动车发生财产损失事故，当事人应当在确保安全的原则下，采取现场拍照或者标划事故车辆现场位置等方式固定证据后，立即撤离现场，将车辆移至不妨碍交通的地点，再协商处理损害赔偿事宜，但有《道路交通事故处理程序规定》第十三条第一款情形的除外。非机动车与非机动车或者行人发生财产损失事故，当事人应当先撤离现场，再协商处理损害赔偿事宜。对应当自行撤离现场而未撤离的，交通警察应当责令当事人撤离现场；造成交通堵塞的，对驾驶人处以 200 元罚款。

（二）发生可以自行协商处理财产损失事故的处理

为了方便群众更便捷地处理道路交通事故，减少道路交通事故所带来的拥挤堵塞，提高道路交通事故处理工作效率，发生可以自行协商处理的财产损失事故，当事人可以通过互联网在线自行协商处理；当事人对事实及成因有争议的，可以通过互联网共同申请公安机关交通管理部门在线确定当事人的责任。当事人报警的，交通警察、警务辅助人员可以指导当事人自行协商处理。当事人要求交通警察到场处理的，应当指派交通警察到现场调查处理。

（三）自行协商协议及其履行

当事人自行协商达成协议的，制作道路交通事故自行协商协议书，并共同签名。道路交通事故自行协商协议书应当载明事故发生的时间、地点、天气、当事人姓名、驾驶证号或者身份证号、联系方式、机动车种类和号牌号码、保险公司、保险凭证号、事故形态、碰撞部位、当事人的责任等内容。当事人自行协商达成协议的，可以按照下列方式履行道路交通事故损害赔偿：

（1）当事人自行赔偿；

（2）到投保的保险公司或者道路交通事故保险理赔服务场所办理损害赔偿事宜。

当事人自行协商达成协议后未履行的，可以申请人民调解委员会调解或者向人民法院提起民事诉讼。

五、道路交通事故处理的简易程序

道路交通事故处理的简易程序，是指公安机关交通管理部门对于财产损失事故或者受伤当事人伤势轻微、各方当事人一致同意适用简易程序处理的伤人事故适用的处理程序。《道路交通安全法实施条例》第八十九条规定："公安机关交通管理部门或者交通警察接到交通事故报警，应当及时赶赴现场，对未造成人身伤亡，事实清楚，并且机动车可以移动的，应当在记录事故情况后责令当事人撤离现场，恢复交通。对拒不撤离现场的，予以强制撤离。对属于前款规定情况的道路交通事故，交通警察可以适用简易程序处理，并当场出具事故认定书。当事人共同请求调解的，交通警察可以当场对损害赔偿争议进行调解……"同时，根据《道路交通事故处理程序规定》，道路交通事故适用简易程序处理的相关规定如下。

（一）简易程序适用的情形

公安机关交通管理部门可以适用简易程序处理以下道路交通事故，但有交通肇事、危险驾驶犯罪嫌疑的除外：

（1）财产损失事故；

（2）受伤当事人伤势轻微，各方当事人一致同意适用简易程序处理的伤人事故。

（二）简易程序的具体规定

适用简易程序的，可以由一名交通警察处理。

1. 固定证据、撤离现场

交通警察适用简易程序处理道路交通事故时，应当在固定现场证据后，责令当事人撤离现场，恢复交通。拒不撤离现场的，予以强制撤离。当事人无法及时移动车辆影响通行和交通安全的，交通警察应当将车辆移至不妨碍交通的地点。具有《道路交通事故处理程序规定》第十三条第一款第一项、第二项情形之一的，按照《道路交通安全法实施条例》第一百零四条规定处理。

2. 制作道路交通事故认定书

撤离现场后，交通警察应当根据现场固定的证据和当事人、证人陈述等，认定并记录道路交通事故发生的时间、地点、天气、当事人姓名、驾驶证号或者身份证号、联系方式、机动车种类和号牌号码、保险公司、保险凭证号、道路交通事故形态、碰撞部位等，并根据《道路交通事故处理程序规定》第六十条确定当事人的责任，当场制作道路交通事故认定书。不具备当场制作条件的，交通警察应当在三日内制作道路交通事故认定书。道路交通事故认定书应当由当事人签名，并现场送达当事人。当事人拒绝签名或者接收的，交通警察应当在道路交通事故认定书上注明情况。

3. 调解

当事人共同请求调解的，交通警察应当当场进行调解，并在道路交通事故认定书上记录调解结果，由当事人签名，送达当事人。有下列情形之一的，不适用调解，交通警察可以在道路交通事故认定书上载明有关情况后，将道路交通事故认定书送达当事人：

（1）当事人对道路交通事故认定有异议的；

（2）当事人拒绝在道路交通事故认定书上签名的；

（3）当事人不同意调解的。

六、道路交通事故处理的一般程序

道路交通事故处理的一般程序，是指公安机关交通管理部门对于不适用简易程序的道路交通事故依法开展调查、取证，确定道路交通事故责任大小和损害赔偿事宜的程序。交通警察调查道路交通事故时应当向被调查人员出示《人民警察证》，告知被调查人依法享有的权利和义务。交通警察调查道路交通事故时，应当合法、及时、客观、全面地收集证据。除简易程序外，公安机关交通管理部门对道路交通事故进行调查时，交通警察不得少于二人。对发生一次死亡三人以上道路交通事故的，公安机关交通管理部门应当开展深度调查；对造成其他严重后果或者存在严重安全问题的道路交通事故，可以开展深度调查。

（一）现场处置和调查

1. 现场处置

交通警察到达事故现场后，应当立即进行下列工作：

（1）按照事故现场安全防护有关标准和规范的要求划定警戒区域，在安全距离位置放置发光或者反光锥筒和警告标志，确定专人负责现场交通指挥和疏导。因道路交通事故导致交通中断或者现场处置、勘查需要采取封闭道路等交通管制措施的，还应当视情在事故现场来车方向提前组织分流，放置绕行提示标志。

（2）组织抢救受伤人员。

（3）指挥救护、勘查等车辆停放在安全和便于抢救、勘查的位置，开启警灯，夜间还应当开启危险报警闪光灯和示廓灯。

（4）查找道路交通事故当事人和证人，控制肇事嫌疑人。

（5）其他需要立即开展的工作。

2. 现场调查

交通警察应当对事故现场开展下列调查工作：

（1）勘查事故现场，查明事故车辆、当事人、道路及其空间关系和事故发生时的天气情况；

（2）固定、提取或者保全现场证据材料；

（3）询问当事人、证人并制作询问笔录；现场不具备制作询问笔录条件的，可以通过录音、录像记录询问过程；

（4）其他调查工作。

交通警察应当核查当事人的身份证件、机动车驾驶证、机动车行驶证、检验合格标志、保险标志等。交通警察勘查道路交通事故现场，应当按照有关法规和标准的规定，拍摄现场照片，绘制现场图，及时提取、采集与案件有关的痕迹、物证等，制作现场勘查笔录。现场勘查过程中发现当事人涉嫌利用交通工具实施其他犯罪的，应当妥善保护犯罪现场和证据，控制犯罪嫌疑人，并立即报告公安机关主管部门。发生一次死亡三人以上事故的，应当进行现场摄像，必要时可以聘请具有专门知识的人参加现场勘验、检查。现场图、现场勘查笔录应当由参加勘查的交通警察、当事人和见证人签名。当事人、见证人拒绝签名或者无法签名以及无见证人的，应当记录在案。勘查事故现场完毕后，交通警察应当清点并登记现场遗留物品，迅速组织清理现场，尽快恢复交通。

此外，因调查需要，公安机关交通管理部门可以向有关单位、个人调取汽车行驶记录仪、卫星定位装置、技术监控设备的记录资料以及其他与事故有关的证据材料；因调查需要，公安机关交通管理部门可以组织道路交通事故当事人、证人对肇事嫌疑人、嫌疑车辆等进行辨认。辨认应当在交通警察的主持下进行。主持辨认的交通警察不得少于二人。多名辨认人对同一辨认对象进行辨认时，应当由辨认人个别进行。

（二）检验、鉴定

需要进行检验、鉴定的，公安机关交通管理部门应当按照有关规定，自事故现场调查结束之日起三日内委托具备资质的鉴定机构进行检验、鉴定。尸体检验应当在死亡之日起三日内委托。对交通肇事逃逸车辆的检验、鉴定自查获肇事嫌疑车辆之日起三日内委托。对现场调查结束之日起三日后需要检验、鉴定的，应当报经上一级公安机关交通管理部门批准。对精神疾病的鉴定，由具有精神病鉴定资质的鉴定机构进行。公安机关交通管理部门应当与鉴定机构确定检验、鉴定完成的期限，确定的期限不得超过三十日。超过三十日的，应当报经上一级公安机关交通管理部门批准，但最长不得超过六十日。鉴定机构应当在规定的期限内完成检验、鉴定，并出具书面检验报告、鉴定意见，由鉴定人签名，鉴定意见还应当加盖机构印章。公安机关交通管理部门应当对检验报告、鉴定意见进行审核，并在收到检验报告、鉴定意见之日起五日内，将检验报告、鉴定意见复印件送达当事人，但有下列情形之一的除外：（1）检验、鉴定程序违法或者违反相关专业技术要求，可能影响检验报告、鉴定意见公正、客观的；（2）鉴定机构、鉴定人不具备鉴定资质和条件的；（3）检验报告、鉴定意见明显依据不足的；（4）故意作虚假鉴定的；（5）鉴定人应当回避而没有回避的；（6）检材虚假或者检材被损坏、不具备鉴定条件的；（7）其他可能影响检验报告、鉴定意见公正、客观的情形。检验报告、鉴定意见有上述情形之一的，经县级以上公安机关交通管理部门负责人批准，应当在收到检验报告、鉴定意见之日起三日内重新委托检验、鉴定。当事人对检验报告、鉴定意见有异议，申请重新检验、鉴定的，应当自公安机关交通管理部门送达之日起三日内提出书面申请，经县级以上公安机关交通管理部门负责人批准，原办案单位应当重新委托检验、鉴定。检验报告、鉴定意见不具有法定情形的，经县级以上公安机关交通管理部门负责人批准，由原办案单位作出不准予重新检验、鉴定的决定，并在作出决定之日起三日内书面通知申请人。同一交通事故的同一检验、鉴定事项，重新检验、鉴定以一次为限。

七、道路交通事故的认定与复核

道路交通事故认定应当做到事实清楚、证据确实充分、适用法律正确、责任划分公正、程序合法。当事人对道路交通事故认定或者出具的道路交通事故证明有异议的，可以提出书面复核申请，上一级公安机关交通管理部门应进行审查，并在法定期限内作出复核结论。

（一）道路交通事故的认定

1. 当事人的责任认定

公安机关交通管理部门应当根据当事人的行为对发生道路交通事故所起的作用以及过错的严重程度，确定当事人的责任：

（1）因一方当事人的过错导致道路交通事故的，承担全部责任；

（2）因两方或者两方以上当事人的过错发生道路交通事故的，根据其行为对事故发生的作用以及过错的严重程度，分别承担主要责任、同等责任和次要责任；

（3）各方均无导致道路交通事故的过错，属于交通意外事故的，各方均无责任。

一方当事人故意造成道路交通事故的，他方无责任，比如我们平常所讲的"碰瓷"。另外，当事人发生道路交通事故后逃逸的，或者故意破坏、伪造现场、毁灭证据的，则承担全部责任。当事人弃车逃逸以及潜逃藏匿的，如有证据证明其他当事人也有过错，可以适当减轻责任。但同时有证据证明逃逸当事人故意破坏、伪造现场、毁灭证据的，不予减轻，承担全部责任。

2. 制作道路交通事故认定书

公安机关交通管理部门应当自现场调查之日起十日内制作道路交通事故认定书。交通肇事逃逸案件在查获交通肇事车辆和驾驶人后十日内制作道路交通事故认定书。对需要进行检验、鉴定的，应当在检验报告、鉴定意见确定之日起五日内制作道路交通事故认定书。有条件的地方公安机关交通管理部门可以试行在互联网公布道路交通事故认定书，但对涉及的国家秘密、商业秘密或者个人隐私，应当保密。其中，伤人事故中当事人不涉嫌交通肇事、危险驾驶犯罪的，并且道路交通事故基本事实及成因清楚，当事人无异议，各方当事人一致书面申请快速处理的，经县级以上公安机关交通管理部门负责人批准，可以根据已经取得的证据，自当事人申请之日起五日内制作道路交通事故认定书。

道路交通事故认定书应当载明以下内容：

（1）道路交通事故当事人、车辆、道路和交通环境等基本情况；

（2）道路交通事故发生经过；

（3）道路交通事故证据及事故形成原因分析；

（4）当事人导致道路交通事故的过错及责任或者意外原因；

（5）作出道路交通事故认定的公安机关交通管理部门名称和日期。

道路交通事故认定书应当由交通警察签名或者盖章，加盖公安机关交通管理部门道路交通事故处理专用章。道路交通事故认定书应当在制作后三日内分别送达当事人，并告知申请复核、调解和提起民事诉讼的权利、期限。

当事人收到道路交通事故认定书后，可以查阅、复制、摘录公安机关交通管理部门处理道路交通事故的证据材料，但证人要求保密或者涉及国家秘密、商业秘密以及个人隐私的，按照有关法律、法规的规定执行。公安机关交通管理部门对当事人复制的证据材料应当加盖公安机关交通管理部门事故处理专用章。

（二）道路交通事故的复核

1. 复核申请

当事人对道路交通事故认定或者出具道路交通事故证明有异议的，可以自道路交通事故认定书或者道路交通事故证明送达之日起三日内提出书面复核申请。当事人逾期提交复核申请的，不予受理，并书面通知申请人。复核申请应当载明复核请求及其理由和主要证据。同一事故的复核以一次为限。

复核申请人通过作出道路交通事故认定的公安机关交通管理部门提出复核申请的，作出道路交通事故认定的公安机关交通管理部门应当自收到复核申请之日起二日内将复核申请连同道路交通事故有关材料移送上一级公安机关交通管理部门。复核申请人直接向上一级公安机关交通管理部门提出复核申请的，上一级公安机关交通管理部门应当通知作出道路交通事故认定的公安机关交通管理部门自收到通知之日起五日内提交案卷材料。除当事人逾期提交复核申请的情形外，上一级公安机关交通管理部门收到复核申请之日即为受理之日。

2. 复核结论

上一级公安机关交通管理部门自受理复核申请之日起三十日内，对下列内容进行审查，并作出复核结论：

（1）道路交通事故认定的事实是否清楚、证据是否确实充分、适用法律是否正确、责任划分是否公正；

（2）道路交通事故调查及认定程序是否合法；

（3）出具道路交通事故证明是否符合规定。

复核原则上采取书面审查的形式，但当事人提出要求或者公安机关交通管理部门认为有必要时，可以召集各方当事人到场，听取各方意见。办理复核案件的交通警察不得少于二人。上一级公安机关交通管理部门根据具体情况作出维持或责令原办案单位重新调查、认定的复核结论。

上一级公安机关交通管理部门认为原道路交通事故认定事实清楚、证据确实充分、适用法律正确、责任划分公正、程序合法的，应当作出维持原道路交通事故认定的复核结论；上一级公安机关交通管理部门认为调查及认定程序存在瑕疵，但不影响道路交通事故认定的，在责令原办案单位补正或者作出合理解释后，可以作出维持原道路交通事故认定的复核结论；上一级公安机关交通管理部门认为原道路交通事故认定存在事实不清、主要证据不足、适用法律错误、责任划分不公正或调查及认定违反法定程序可能影响道路交通事故认定等情形之一的，应当作出责令原办案单位重新调查、认定的复核结论。

上一级公安机关交通管理部门应当在作出复核结论后三日内将复核结论送达各方当事人。公安机关交通管理部门认为必要的，应当召集各方当事人，当场宣布复核结论。上一级公安机关交通管理部门作出责令重新调查、认定的复核结论后，原办案单位应当在十日内依照《道路交通事故处理程序规定》重新调查，重新作出道路交通事故认定，撤销原道路交通事故认定书或者原道路交通事故证明。重新调查需要检验、鉴定的，原办案单位应当在检验报告、鉴定意见确定之日起五日内，重新作出道路交通事故认定。重新作出道路交通事故认定的，原办案单位应当送达各方当事人，并报上一级公安机关交通管理部门备案。上一级公安机关交通管理部门可以设立道路交通事故复核委员会，由办理复核案件的交通警察会同相关行业代表、社会专家学者等人员共同组成，负责案件复核，并以上一级公安机关交通管理部门的名义作出复核结论。

八、处罚执行

（一）行政处罚

公安机关交通管理部门应当按照《道路交通安全违法行为处理程序规定》，对当事人的道路交通安全违法行为依法作出处罚。

（二）刑事处罚

对发生道路交通事故构成犯罪，依法应当吊销驾驶人机动车驾驶证的，应当在人民法院作出有罪判决后，由设区的市公安机关交通管理部门依法吊销机动车驾驶证。同时具有逃逸情形的，公安机关交通管理部门应当同时依法作出终生不得重新取得机动车驾驶证的决定。

此外，专业运输单位六个月内两次发生一次死亡三人以上事故，且单位或者车辆驾驶人对事故承担全部责任或者主要责任的，专业运输单位所在地的公安机关交通管理部门应当报经设区的市公安机关交通管理部门批准后，作出责令限期消除安全隐患的决定，禁止未消除安全隐患的机动车上道路行驶，并通报道路交通事故发生地及运输单位所在地的人民政府有关行政管理部门。

九、损害赔偿调解

当事人可以解决道路交通事故损害赔偿争议的方式有三种，包括申请人民调解委员会调解、申请公安机关交通管理部门调解和向人民法院提起民事诉讼。

（一）申请人民调解委员会调解

当事人申请人民调解委员会调解，达成调解协议后，双方当事人认为有必要的，可以根据《中华人民共和国人民调解法》共同向人民法院申请司法确认。如果当事人申请人民调解委员会调解，调解未达成协议的，当事人可以直接向人民法院提起民事诉讼，或者自人民调解委员会作出终止调解之日起三日内，一致书面申请公安机关交通管理部门进行调解。

（二）申请公安机关交通管理部门调解

公安机关交通管理部门应当按照合法、公正、自愿、及时的原则进行道路交通事故损害赔偿调解。道路交通事故损害赔偿调解应当公开进行，但当事人申请不予公开的除外。

1. 调解申请

当事人申请公安机关交通管理部门调解的，应当在收到道路交通事故认定书、道路交通事故证明或者上一级公安机关交通管理部门维持原道路交通事故认定的复核结论之日起十日内一致书面申请。公安机关交通管理部门应当与当事人约定调解的时间、地点，并于调解时间三日前通知当事人。口头通知的，应当记入调解记录。

2. 参加损害赔偿调解的人员

参加损害赔偿调解的人员包括道路交通事故当事人及其代理人、道路交通事故车辆所有人或者管理人、承保机动车保险的保险公司人员以及公安机关交通管理部门认为有必要参加的其他人员。参加损害赔偿调解的人员每方不得超过三人。

3. 调解的程序

交通警察调解道路交通事故损害赔偿，按照下列程序实施：

（1）告知各方当事人权利、义务；

（2）听取各方当事人的请求及理由；

（3）根据道路交通事故认定书认定的事实以及《道路交通安全法》第七十六条的规定，确定当事人承担的损害赔偿责任；

（4）计算损害赔偿的数额，确定各方当事人承担的比例，人身损害赔偿的标准按照《中华人民共和国侵权责任法》《最高人民法院关于审理人身损害赔偿案件适用法律若干问题的解释》《最高人民法院关于审理道路交通事故损害赔偿案件适用法律若干问题的解释》等有关规定执行，财产损失的修复费用、折价赔偿费用按照实际价值或者评估机构的评估结论计算；

（5）确定赔偿履行方式及期限。

4. 调解终结

经调解达成协议的，公安机关交通管理部门应当当场制作道路交通事故损害赔偿调解书，由各方当事人签字，分别送达各方当事人。调解书应当载明以下内容：

（1）调解依据；

（2）道路交通事故认定书认定的基本事实和损失情况；

（3）损害赔偿的项目和数额；

（4）各方的损害赔偿责任及比例；

（5）赔偿履行方式和期限；

（6）调解日期。

经调解各方当事人未达成协议的，公安机关交通管理部门应当终止调解，制作道路交通事故损害赔偿调解终结书，送达各方当事人。

（三）向人民法院提起民事诉讼

当事人可以直接向人民法院提起民事诉讼；当事人申请人民调解委员会或公安机关交通管理部门调解，调解未达成协议的，可以依法向人民法院提起民事诉讼。

十、其他规定

（一）道路交通事故社会救助基金

道路交通事故社会救助基金（以下简称救助基金），是指依法筹集用于垫付机动车道路交通事故中受害人人身伤亡的丧葬费用、部分或者全部抢救费用的社会专项基金。其中的受害人，是指机动车发生道路交通事故造成人身伤亡的人员；抢救费用，是指机动车发生道路交通事故导致人员受伤时，医疗机构按照道路交通事故受伤人员临床诊疗相关指南和规范，对生命体征不平稳和虽然生命体征平稳但如果不采取必要的救治措施会产生生命危险，或者导致残疾、器官功能障碍，或者导致病程明显延长的受伤人员，采取必要的救治措施所发生的医疗费用。救助基金适用于对道路交通事故中受害人依法进行救助。

省、自治区、直辖市、计划单列市人民政府（以下统称省级人民政府）应当设立救助基金。省级救助基金主管部门会同有关部门报省级人民政府确定省级以下救助基金的设立以及管理级次，并推进省级以下救助基金整合，逐步实现省级统筹。救助基金的来源包括：（1）按照机动车交通事故责任强制保险（以下简称交强险）的保险费的一定比例提取的资金；（2）对未按照规定投保交强险的机动车的所有人、管理人的罚款；（3）依法向机动车道路交通事故责任人追偿的资金；（4）救助基金孳息；（5）地方政府按照规定安排的财政临时补助；（6）社会捐款；（7）其他资金。

有下列情形之一时，救助基金垫付道路交通事故中受害人人身伤亡的丧葬费用、部分或者全部抢救费用：（1）抢救费用超过交强险责任限额的；（2）肇事机动车未参加交强险的；（3）机动车肇事后逃逸的。救助基金一般垫付受害人自接受抢救之时起7日内的抢救费用，特殊情况下超过7日的抢救费用，由医疗机构书面说明理由。具体费用应当按照规定的收费标准核算。依法应当由救助基金垫付受害人丧葬费用、部分或者全部抢救费用的，由道路交通事故发生地的救助基金管理机构及时垫付。发生以上所列情形之一需要救助基金垫付部分或者全部抢救费用的，公安机关交通管理部门应当在处理道路交通事故之日起3个工作日内书面通知救助基金管理机构；救助基金管理机构收到公安机关交通管理部门的抢救费用垫付通知或者申请人的抢救费用垫付申请以及相关材料后，应当在3个工作日内按照《道路交通事故社会救助基金管理办法》有关规定、道路交通事故受伤人员临床诊疗相关指南和规范，以及规定的收费标准，对有关内容进行审核，并将审核结果书面告知处理该道路交通事故的公安机关交通管理部门或者申请人；救助基金管理机构根据本办法垫付抢救费用和丧葬费用后，应当依法向机动车道路交通事故责任人进行追偿。

（二）法律援助

法律援助，是国家建立的为经济困难公民和符合法定条件的其他当事人无偿提供法律咨询、代理、刑事辩护等法律服务的制度，是公共法律服务体系的组成部分。法律援助工作必须坚持中国共产党领导，坚持以人民为中心，尊重和保障人权，遵循公开、公平、公正的原则，实行国家保障与社会参与相结合。例如，在道路交通事故损害赔偿等工作中，法律援助人员为经济困难公民和符合法定条件的其他当事人无偿提供法律咨询、代理、刑事辩护等法律服务。法律援助人员应当恪守职业道德和执业纪律，不得向受援人收取任何财物。法律援助工作对于保障公民和有关当事人的合法权益、保障法律正确实施以及维护社会公平正义具有重要意义。

习近平总书记指出，"全面推进依法治国的重点应该是保证法律严格实施"。严格规范公正文明执法，事关人民群众切身利益，事关党和政府法治形象。推进严格执法，重点是解决执法不规范、不严格、不透明、不文明以及不作为、乱作为等突出问题。因此，公安机关交通管理部门要牢固树立执法为民的理念，遵循执法的基本原则，不断完善执法制度体系，规范执法程序，创新执法方式，加强执法监督，坚持执法目的、执法形式和执法效果相统一。

【思考题】

1. 什么是道路交通安全执法程序？
2. 如何理解道路交通安全执法程序应遵循的基本原则？
3. 交通行政强制措施实施的程序规定有哪些？
4. 简述道路交通安全违法行为处罚的简易程序适用的情形及相关规定。
5. 简述道路交通安全违法行为处罚的一般程序适用的情形及相关规定。
6. 简述道路交通安全违法行为处罚的听证程序适用的情形及相关规定。
7. 简述道路交通安全违法行为处罚强制执行的相关规定。
8. 简述道路交通事故处理中自行协商的法定情形。
9. 简述道路交通事故处理的一般程序规定。
10. 当事人解决道路交通事故损害赔偿争议的方式有哪些？

第七章　道路交通安全执法监督

第一节　道路交通安全执法监督概述

行政执法监督作为政府法治建设的一项重要工作，在行政执法实践中日益显示出它的重要地位。做好行政执法监督工作，对推进政府法治建设，促进依法行政，具有重要意义。2020 年召开的中央全面依法治国工作会议将习近平法治思想明确为全面依法治国的指导思想。习近平总书记在会议上指出，要健全社会公平正义法治保障制度，努力让人民群众在每一个司法案件中感受到公平正义，用"十一个坚持"系统阐述了新时代推进全面依法治国的重要思想和战略部署，即坚持党对全面依法治国的领导；坚持以人民为中心；坚持中国特色社会主义法治道路；坚持依宪治国、依宪执政；坚持在法治轨道上推进国家治理体系和治理能力现代化；坚持建设中国特色社会主义法治体系；坚持依法治国、依法执政、依法行政共同推进，法治国家、法治政府、法治社会一体建设；坚持全面推进科学立法、严格执法、公正司法、全民守法；坚持统筹推进国内法治和涉外法治；坚持建设德才兼备的高素质法治工作队伍；坚持抓住领导干部这个"关键少数"。坚持建设中国特色社会主义法治体系，对执法监督提出了总要求，即中国特色社会主义法治体系是推进全面依法治国的总抓手，要加快形成完备的法律规范体系、高效的法治实施体系、严密的法治监督体系、有力的法治保障体系，形成完善的党内法规体系。

在道路交通执法过程中，交通警察依法行使法律赋予的权力，履行管理道路交通的职责，对交通参与者的行为产生重大的影响。因此，需要加大对交通安全执法行为的监督力度，确保公安机关交通管理部门在行使权力时，不会侵犯交通参与者的合法权益。而确保执法监督落到实处，关乎我国法治政府形象的构建，关乎依法治国、建设法治国家的有序推进。只有对道路交通管理部门及其交通警察的执法工作进行有效监督，才能保证执法监督信度和效度的高位运行。

一、道路交通安全执法监督的概念

道路交通安全执法监督，是指国家权力机关、国家司法机关、国家监察机关及国家机关系统外部的社会组织和人民群众，依法对公安机关交通管理部门及其交通警察的执法行为进行的监督。道路交通安全执法监督是我国行政法治监督制度的组成部分，对公安机关交通管理部门及其交通警察执法工作的监督，一方面要立足于一般行政机关及其工作人员的职责权力的共性进行监督，另一方面还要依据公安机关交通管理部门及其交通警察的行业特定性来进行相应的执法监督。

二、道路交通安全执法监督的依据

（一）宪法依据

《宪法》第一百零八条规定："县级以上的地方各级人民政府领导所属各工作部门和下级人民政府的工作，有权改变或者撤销所属各工作部门和下级人民政府的不适当的决定。"

（二）法律依据

在《道路交通安全法》《行政处罚法》《行政许可法》《行政复议法》《地方各级人民代表大会和地方各级人民政府组织法》《人民警察法》等相关法律中都有相应的规定。

1.《道路交通安全法》的有关规定

《道路交通安全法》专门设置了第六章执法监督，共计九条。包括对交通警察素质及其培训考核的要求，执法公正、严格、文明、高效的原则，着装规范，处罚罚缴分离，办理案件回避，执法监督的内容和方式等。例如，第八十四条规定："公安机关交通管理部门及其交通警察的行政执法活动，应当接受行政监察机关依法实施的监督。公安机关督察部门应当对公安机关交通管理部门及其交通警察执行法律、法规和遵守纪律的情况依法进行监督。上级公安机关交通管理部门应当对下级公安机关交通管理部门的执法活动进行监督。"第八十五条规定："公安机关交通管理部门及其交通警察执行职务，应当自觉接受社会和公民的监督。任何单位和个人都有权对公安机关交通管理部门及其交通警察不严格执法以及违法违纪行为进行检举、控告。收到检举、控告的机关，应当依据职责及时查处。"

2.《行政处罚法》的有关规定

《行政处罚法》第十五条规定:"国务院部门和省、自治区、直辖市人民政府及其有关部门应当定期组织评估行政处罚的实施情况和必要性,对不适当的行政处罚事项及种类、罚款数额等,应当提出修改或者废止的建议。"第二十四条规定:"省、自治区、直辖市根据当地实际情况,可以决定将基层管理迫切需要的县级人民政府部门的行政处罚权交由能够有效承接的乡镇人民政府、街道办事处行使,并定期组织评估。决定应当公布。承接行政处罚权的乡镇人民政府、街道办事处应当加强执法能力建设,按照规定范围、依照法定程序实施行政处罚。有关地方人民政府及其部门应当加强组织协调、业务指导、执法监督,建立健全行政处罚协调配合机制,完善评议、考核制度。"

3.《行政许可法》的有关规定

《行政许可法》第十条规定:"县级以上人民政府应当建立健全对行政机关实施行政许可的监督制度,加强对行政机关实施行政许可的监督检查。"

4.《行政复议法》的有关规定

根据《行政复议法》第一条的有关规定,行政复议是为了防止和纠正违法的或者不当的行政行为,保护公民、法人和其他组织的合法权益,监督和保障行政机关依法行使职权。从监督角度看,是具体行政行为发生后的事后监督。

5.《地方各级人民代表大会和地方各级人民政府组织法》的有关规定

《地方各级人民代表大会和地方各级人民政府组织法》第五十条规定:"县级以上的地方各级人民代表大会常务委员会行使下列职权:……(六)监督本行政区域内的国民经济和社会发展规划纲要、计划和预算的执行,审查和批准本级决算,监督审计查出问题整改情况,审查监督政府债务;(七)监督本级人民政府、监察委员会、人民法院和人民检察院的工作,听取和审议有关专项工作报告,组织执法检查,开展专题询问等;联系本级人民代表大会代表,受理人民群众对上述机关和国家工作人员的申诉和意见……(十一)撤销下一级人民代表大会及其常务委员会的不适当的决议;(十二)撤销本级人民政府的不适当的决定和命令";第七十三条规定:"县级以上的地方各级人民政府行使下列职权:……(三)改变或者撤销所属各工作部门的不适当的命令、指示和下级人民政府的不适当的决定、命令。"

(三)行政法规、部门规章以及地方性法规、地方性规章依据

行政法规、部门规章以及地方性法规、地方性规章中关于行政执法、行政许

可等涉及执法监督的相关规定。例如，《道路交通安全法实施条例》第六章设立了执法监督的内容，共计四条规定，对《道路交通安全法》执法监督的内容进行了有益的补充，对执法的内外部监督予以细化规定，其中第九十八条规定："公安机关交通管理部门应当公开办事制度、办事程序，建立警风警纪监督员制度，自觉接受社会和群众的监督。"第九十九条规定："公安机关交通管理部门及其交通警察办理机动车登记，发放号牌，对驾驶人考试、发证，处理道路交通安全违法行为，处理道路交通事故，应当严格遵守有关规定，不得越权执法，不得延迟履行职责，不得擅自改变处罚的种类和幅度。"第一百条规定："公安机关交通管理部门应当公布举报电话，受理群众举报投诉，并及时调查核实，反馈查处结果。"第一百零一条规定："公安机关交通管理部门应当建立执法质量考核评议、执法责任制和执法过错追究制度，防止和纠正道路交通安全执法中的错误或者不当行为。"

（四）其他依据

1. 《全面推进依法行政实施纲要》（以下简称《纲要》）

《纲要》第三条明确提出："行政权力与责任紧密挂钩、与行政权力主体利益彻底脱钩。行政监督制度和机制基本完善，政府的层级监督和专门监督明显加强，行政监督效能明显提高。"

《纲要》第三十二条指出："创新层级监督新机制，强化上级行政机关对下级行政机关的监督。上级行政机关要建立健全经常性的监督制度，探索层级监督的新方式，加强对下级行政机关具体行政行为的监督。"

《纲要》第三十三条指出，加强专门监督。各级行政机关要积极配合监察、审计等专门监督机关的工作，自觉接受监察、审计等专门监督机关的监督决定。拒不履行监督决定的，要依法追究有关机关和责任人员的法律责任。监察、审计等专门监督机关要切实履行职责，依法独立开展专门监督。监察、审计等专门监督机关要与检察机关密切配合，及时通报情况，形成监督合力。

《纲要》第三十四条指出，强化社会监督。各级人民政府及其工作部门要依法保护公民、法人和其他组织对行政行为实施监督的权利，拓宽监督渠道，完善监督机制，为公民、法人和其他组织实施监督创造条件。要完善群众举报违法行为的制度。要高度重视新闻舆论监督，对新闻媒体反映的问题要认真调查、核实，并依法及时作出处理。

2. 《法治政府建设实施纲要（2021—2025年）》

《法治政府建设实施纲要（2021—2025年）》指出："坚持有权必有责、有责要担当、失责必追究，着力实现行政决策、执行、组织、监督既相互制约又相互协调，确保对行政权力制约和监督全覆盖、无缝隙，使党和人民赋予的权力始终用来为人民谋幸福。"

三、道路交通安全执法监督的构成要件

道路交通安全执法监督的构成要件为：执法监督主体、执法监督对象和执法监督客体。

（一）执法监督主体

道路交通安全执法监督主体包括国家权力机关、国家司法机关、行政监察机关和公安机关内部的督察机构以及国家机关系统外部的个人或组织。

（二）执法监督对象

道路交通安全执法监督权力所指向的公安机关交通管理部门及其交通警察，以及法律、法规授权的组织，都是行政执法监督对象。

（三）执法监督客体

执法监督客体，是指公安机关交通管理部门及其交通警察的执法行为。包括：

（1）执法主体的合法性；

（2）对道路交通安全违法行为查处以及采取行政处罚、行政强制措施的合法性和适当性；

（3）行政复议和行政赔偿的审核和履行；

（4）公安机关交通管理部门法定职责的履行；

（5）公安机关交通管理部门的队伍建设和交通警察执法证件的管理使用；

（6）法律、法规、规章规定需要监督的其他事项。

四、道路交通安全执法监督的形式

（一）党的各级组织对公安机关交通管理部门的监督

党的监督在党和国家各种监督形式中是最根本的、第一位的，居于主导地位。发挥党的监督作用，使党的领导贯穿制约监督、协调各方的全过程。通过监督公安机关交通管理部门及交通警察在遵守党纪、政纪、国法方面和依法行政方面的执法工作，做到有权有责、有责担当、监督用权、失责追究，以党的监督引领其他各种监督形式发挥作用。

（二）国家权力机关的监督

权力机关的监督，是指各级人民代表大会及其常务委员会，为维护国家宪法、法律的尊严和统一，维护人民的根本利益，代表人民的意志，运用国家权力，依照法定形式和程序对国家行政、审判、检察机关的工作和对宪法、法律的实施，所采取的监督、督促、纠正、处置的强制行为。主要通过了解、处置和制裁等方法实现对道路交通管理部门执法行为的监督。

（三）国家司法机关的监督

司法机关的监督，是指国家司法机关依据宪法和有关法律对国家行政机关所实施的监督。具体而言是指人民法院和人民检察院对道路交通管理部门及其交通警察的行政行为是否合法所做的监督。主要通过道路交通管理行政行为相对人提起诉讼和人民检察院提起公诉的途径来实现对道路交通部门执法行为的监督。

（四）国家监察机关的监督

监察委员会是国家的监察机关，是行使国家监察职能的专责机关。依照《中华人民共和国监察法》对所有行使公权力的公职人员进行监察，调查职务违法和职务犯罪，开展廉政建设和反腐败工作，维护宪法和法律的尊严。《宪法》第一百二十七条规定，监察委员会依照法律规定独立行使监察权，不受行政机关、社会团体和个人的干涉。监察机关办理职务违法和职务犯罪案件，应当与审判机关、检察机关、执法部门互相配合，互相制约。主要通过以下途径来实现对道路交通管理部门执法活动的监督：开展廉政教育，对依法履职、秉公用权、廉洁从政从业以及道德操守情况进行监督检查；对职务违法和职务犯罪进行调查；对违法的公职人员依法作出政务处分决定；对履行职责不力、失职失责的领导人员进行问责；对涉嫌职务犯罪的，将调查结果移送人民检察院依法审查、提起公诉；向监察对象所在单位提出监察建议。

（五）公安机关交通管理部门内部执法监督

部门内部监督，是指国家在公安机关交通管理部门内部设立的专门机构，对道路交通管理部门及其交通警察的行政执法行为的合法性进行监督或对有关公共事务的处理予以检查、调查、处理或提出建议。一般通过上级对下级的监督、同级监督、监察部门监督和审计监督来实现执法监督。

（六）社会组织和人民群众的监督

社会组织和人民群众的监督，是指社会团体和组织以及人民群众个体对道路交通管理部门及交通警察的执法行为进行的监督。包括各级政协、民主党派、工会、共青团、妇联等组织和个人的监督，依据我国宪法规定的社会主义民主和法治原则，采用批评、建议、申诉、控告或检举的形式进行执法监督。

第二节　道路交通安全执法监督规范

习近平总书记在 2015 年 2 月 2 日省部级主要领导干部学习贯彻十八届四中全会精神全面推进依法治国专题研讨班开班式上的讲话中强调："不能把党的领导作为个人以言代法、以权压法、徇私枉法的挡箭牌。把权力关进制度的笼子里，就是要依法设定权力、规范权力、制约权力、监督权力。"依法治国要把依法治权、依法治官作为重中之重，切实把权力关进法律和制度的笼子里。依靠法治是规范权力行使、制约权力滥用、遏制权力腐败的重要路径。只有从根本上完善法律体系和法治机制，才能更好地用制度和法律去管干部、管权力。

一、加强公安交通警察队伍建设

交通警察队伍是人民公安的一支重要力量，肩负着维护道路交通秩序、保障道路交通安全的重要职责，交通管理工作与人民群众的生活息息相关，直接关系到人民的安全感，幸福感和获得感。随着我国国民经济的飞速发展，道路交通发生着日新月异的变化，机动车保有量和机动车驾驶人数量与日俱增，道路交通管理部门及其交通警察的工作任务也面临巨大的挑战，执法规范化、执法科技化，对公安交通警察队伍建设工作提出了更高的要求。

2020 年 8 月 26 日，中共中央总书记、国家主席、中央军委主席习近平向中国人民警察队伍授旗并致训词，为人民警察事业发展和队伍建设指明了前进方向、提供了根本遵循原则。公安交通警察队伍的建设始终忠实践行对党忠诚、服务人民、执法公正、纪律严明的总要求，把锻造一支有铁一般的理想信念、铁一般的责任担当、铁一般的过硬本领、铁一般的纪律作风的公安铁军作为队伍建设的总目标。

（一）法律保障

1.《道路交通安全法》

《道路交通安全法》第七十八条规定，公安机关交通管理部门应当加强对交通警察的管理，提高交通警察的素质和管理道路交通的水平。

2.《人民警察法》

《人民警察法》在总则中明确规定了本法在加强人民警察队伍建设中的法律

规范作用并设置第六章执法监督。

3.《公安机关督察条例》

《公安机关督察条例》是国务院根据《人民警察法》的规定制定的行政法规，对于加强公安队伍正规化、法治化建设，建设一支秉公执法、清正廉明的公安队伍，发挥了重要作用。

4.《交通警察道路执勤执法工作规范》

《交通警察道路执勤执法工作规范》对交通警察执勤执法工作中的言行举止、着装装备、执法工作内容和流程及安全防护等均做了详细的规范化要求，为道路交通管理部门及其交通警察的执法工作规范化提供了法律依据。

5.《公安机关人民警察训练条令》

《公安机关人民警察训练条令》指出了人民警察训练在队伍建设中的先导性、基础性和战略性的地位，从职责分工、训练任务、管理考核等方面做了详尽的规范。

（二）素质培养

交通警察的素质，是指交通警察所具备的政治思想、业务能力、文化水平、心理特征、身体状况诸方面条件的总和。

1. 政治素质

政治素质是交通警察应该具有的政治觉悟、政治水平、理想信念、道德品质的体现，是交通警察综合素质的核心。交通警察必须具有高度的政治觉悟，有崇高的共产主义理想和坚定的社会主义信念，毫不动摇地坚持和贯彻执行党的基本路线、方针和政策，政治素质的高低是公安交通警察队伍建设的重要指标，准确把握政治素质的内涵和特征是提高交通警察政治素质的前提。

2. 业务素质

业务素质，是指交通警察能够依法履行职务，完成职责使命的能力，展现自身具有的道路交通管理专业知识和专业技能，同时具备综合分析能力、应变处置能力、群众工作能力等方面的素质。

3. 法律素质

法律素质，是指交通警察依法履行职责、行使职权所应当具备的法律意识、法律知识，在实际工作中能够熟练运用法律知识处理道路交通执法中的案（事）件。公安机关交通管理部门及其交通警察是行政执法机关，交通警察是代表公安机关交通管理部门履行职责、行使职权的执法人员。交通警察必须具备较高的法律素质，才能保证执法活动在法律、法规规定的范围内进行，符合依法治国基本方略的要求，符合建设社会主义法治国家的目标。

4. 文化素质

文化素质，是指交通警察必须具有相应的文化程度（学历）和良好的文化修养。具备一定程度的正规学历教育，为学习和运用现代科学技术提供了知识基础，文化修养可以使交通警察在与他人交往的过程中，言行举止合乎情理，语言表达清晰，逻辑思维有序。提高交通警察的文化层次和修养程度，有利于提高交通警察的业务素质和队伍的整体作战能力，有利于提高公安机关交通管理部门在群众心目中的公信力，有利于提高公安交通警察队伍文明执法的水平。

5. 心理素质

心理素质，是指交通警察在执勤执法过程中保持理性、沉着、冷静、果敢等稳定的心理状态。公安机关交通管理部门日常工作多与交通参与者的交通行为发生密切联系。交通警察在完成工作任务时，往往要与交通参与者、道路交通安全违法行为人产生管理与被管理的关系，尤其是当交通参与者对交通管理工作不理解不配合的时候，作为交通警察，如何顺利完成执法工作，需要承受很大的心理压力。因此，交通警察应当培养自己良好的观察、记忆、注意、思维能力，稳定的情绪和坚强的意志，对事情的发展变化有较强心理承受能力。

6. 身体素质

身体素质，是指交通警察的体质，包括体力、运动速度、耐力、灵活性、敏捷性等，是交通警察能够胜任警察职责、保存有生力量、克敌制胜的基础条件。因此，交通警察应当将体能训练常态化，召之即来、来之能战、战之能胜，同时应当定期进行身体各项机能的检查，避免长期带病工作，避免疾病带来不可逆转的身体伤害。

（三）纪律严明

交通警察纪律是根据交通警察职业特点制定的，要求交通警察在行使权力时必须遵守的义务性行为规范的总称，具有严格的规范性和制约性等特征。《公安机关人民警察纪律条令》涉及政治纪律、组织纪律、执法执勤、内务纪律等。对违法违纪行为及其适用处分的设定，充分体现公安机关及其人民警察的职业特点，体现公安机关从严治警的刚性要求。

1. 政治纪律

政治纪律，是指交通警察政治觉悟、政治行为和政治言论方面的规范。政治纪律是党的纪律中最重要的纪律，是维护党的政治路线、政治方向和政治原则的纪律，是保证实现党的路线、方针、政策，保持党的高度团结统一的纪律。[1] 维护党中央权威，在任何时候任何情况下都必须在思想上、政治上、行动上同党中央保持高度一致，这是基本的政治纪律和政治规矩。政治纪律和政治规矩是党最根本、最重要的纪律，遵守政治纪律和政治规矩是遵守党的全部纪律的基础。[2]

2. 组织纪律

组织纪律是对交通警察行动上的要求和应当遵循的行为规则。包括：

（1）下级服从上级。要求交通警察必须绝对服从，当对指令有不同看法时，先保留意见，坚决执行上级命令。

（2）个人服从组织。摆正个人与组织的关系，自觉做到个人服从组织。

（3）民主服从集中。摆正民主与集中的关系，正确行使自己的民主权利。

（4）少数服从多数。多数人代表的是团队利益，是团队前进的方向。

（5）自由服从纪律。摆正自由与纪律的关系，自觉遵守和服从组织纪律。只有相对自由，没有绝对自由。

（6）局部服从全局。摆正局部与全局的关系，坚决做到令行禁止，顾大局，识大体。

（7）遵规守纪与违规受罚的必然关联。立功受奖，违规受罚，奖罚分明，才能在团队中树立正气，树立正确的主流价值观。

（8）逐级负责、逐级报告制度。遵守公安机关交通管理部门的管理制度。一般情况不越级报告，否则，无法保证工作的有效管理和控制。

3. 工作纪律

交通警察在执勤执法中必须严守工作纪律，着力推进执法工作有效运行。

（1）交通警察要积极履行公务，严格履行法律、法规规定的各项职责，尽职尽责，恪尽职守；正确行使法律、法规规定的各项权力，绝不以权谋私；要敢于同违法犯罪行为作斗争。

（2）交通警察要秉公执法，执法行为必须以宪法、法律为准则，坚持公民在法律面前一律平等，真正做到不徇私情，不畏权势，严禁逼供，不枉不纵。在权与法面前要维护法律尊严，依法办事，坚持原则。

（3）交通警察要文明执勤，把握严格执法和热情服务的界限，执法中做到文明礼貌，热情耐心，对待群众的报警和求助，不推诿搪塞，不敷衍了事；对待办理业务的群众做到耐心细致、高效办理；对待道路交通安全违法行为人和道路交

---

① 熊武一，周家法. 军事大辞海·下 [M]. 北京：长城出版社，2000：2033.
② 程威. 政治纪律 共产党员最根本的纪律 [N]. 中国纪检监察报，2021-05-19.

— 182 —

通事故当事人做到依法处理、理性平和。

4. 保密纪律

按照《公安机关人民警察内务条令》中保密管理的规定要求，交通警察必须自觉遵守保密纪律的各项规定，确保国家秘密和警务工作秘密绝对安全。

（1）不该说的秘密不说；

（2）不该知悉的秘密不问；

（3）不该看的秘密不看；

（4）不在私人交往或者公开发表的作品中涉及秘密；

（5）不在非保密场所阅办、谈论秘密；

（6）不在社交媒体发布、传递秘密；

（7）不擅自记录、复制、拍摄、摘抄、收藏秘密；

（8）不擅自携带涉密载体去公共场所或者探亲访友；

（9）不使用无保密措施的通信设备、普通邮政和计算机互联网络传递秘密。

二、明确执法原则

依法执法原则，是指公安机关交通管理部门必须在遵循《道路交通安全法》的立法宗旨和基本原则前提下，依照法定的职责和权限，以及法定的程序管理道路交通。

（一）依法执法，体现实体和程序并重原则

以执法主体合法为前提，以执法权力法定为根本，执法主体（公安机关交通管理部门及其交通警察）在执法活动中，特别是在行使自由裁量权进行道路交通管理时，必须做到适当、合理、公正，符合法律的基本精神和目的，具有客观、充分的事实根据和法律依据，并与社会普适性相一致。

（二）讲求效率，体现执法与服务相结合原则

公安机关交通管理部门应当在依法执法的前提下，从保护国家利益和公民合法权益的角度出发，讲求效率。对于依职权而启动的行政行为，主动有效地行使其职权，压缩时间成本、提高权力运行效率，取得最大化的执法效益。对于依申请而启动的行政行为，对行政相对人的各项申请作出及时反应和处理。

（三）简政放权，体现传统交管模式与互联网+国内大循环格局相结合原则

随着社会经济的发展和科技水平的提升，群众对办理交通管理业务的差异化、便捷化需求越来越高，期望进一步简化程序、缩短时限、更加快捷。公安机关交通管理部门适时全面推出了部分简政放权、优化服务改革新措施，并随着便

民利民措施的不断深化，"互联网+交管"应用逐步形成了集网页、短信、手机App、语音服务等于一体的多渠道互联互通的交管信息化服务体系，为群众提供方便快捷、公平普惠、优质高效的网上交管服务。比如，在车辆管理方面推出了异地就近办理注册登记和网上办理注册登记，交管业务网上委托等措施，以及扩大新注册机动车免予定期上线进行安全技术检验的范围和延长符合条件的机动车定期安全技术检验的周期等措施；在机动车驾驶证申领和补换证方面，推出了优化考试内容和程序，小型汽车异地分科目考试，补换证可以异地办理、网上办理；在道路交通事故处理方面，推出网上查阅交通事故证据材料。在推进交通事故处理进度和结果网上查询的基础上，拓展互联网交通事故查询服务等措施。

三、规范警容风纪、交通指挥

（一）规范警容风纪、交通指挥的意义

在我国，公安机关是国家行政机关的重要组成部分。但公安机关不同于普通的行政机关，公安机关执行国家意志和人民意志，以国家赋予公安机关的任务为公安工作的总依据、总目标，以国家法律和政策为工作保障，因而体现的是国家意志和人民意志。公安机关交通管理部门作为管理道路交通的主力军，其工作内容与人民群众的生活息息相关，涉及交通出行的各个方面，规范的警容风纪和交通指挥能够提升交通管理部门在人民群众心目中的专业性和权威性。

（二）规范要求

1.《人民警察法》

《人民警察法》第二十三条规定："人民警察必须按照规定着装，佩带人民警察标志或者持有人民警察证件，保持警容严整，举止端庄。"

2.《公安机关人民警察内务条令》

《公安机关人民警察内务条令》第四章对警容风纪做了详尽的规范化要求，包括着装规范、行为规范、警容风纪检查等方面。

3.《道路交通安全法》

《道路交通安全法》第八十条规定："交通警察执行职务时，应当按照规定着装，佩带人民警察标志，持有人民警察证件，保持警容严整，举止端庄，指挥规范"。《道路交通安全法》在《人民警察法》规定的警容风纪的基础上，根据交通警察工作的性质、特点，又增加规定了"指挥规范"的要求。指挥规范，主要是指要严格按照交通警察手势信号的标准进行交通指挥，做到手势信号准确、动作规范；手持指挥棒、示意牌等器具指挥疏导时，应当右手持器具，保持器具与右小臂始终处于同一条直线。

4.《交通警察道路执勤执法工作规范》

《交通警察道路执勤执法工作规范》中针对交通警察执勤执法用语、执勤执法行为举止、规范指挥交通、着装和装备配备等方面进行了规范要求。

四、规范行政性收费

行政性收费，是指行政主体在履行行政管理职能时，依法依规设定的要求行政管理相对人或组织用货币形式履行的义务。该义务具有强制性和单方面意思表示即可成立的特征。行政性收费属管理型收费，其标准应根据行政管理行为的实际状况和社会承受能力确定，属于证照收费的应根据制发证照的工本费用确定。

《道路交通安全法》第八十一条规定："依照本法发放牌证等收取工本费，应当严格执行国务院价格主管部门核定的收费标准，并全部上缴国库。"车辆管理机关、机动车驾驶人管理部门依照《道路交通安全法》发放证照收取的费用，在性质上属于行政性收费。行政性收费的项目，必须严格按照法律、法规的规定，收费的标准必须严格执行国务院价格行政主管部门核定的收费标准。

按照中共中央和国务院的指示精神，根据《预算法》《国务院关于加强预算外资金管理的决定》《罚款决定与罚款收缴分离实施办法》《行政单位财务规则》和《关于对行政性收费、罚没收入实行预算管理的规定》等法律、法规，进一步做好公安行政性收费和罚没收入收支两条线管理工作，道路交通管理方面的行政性收费应当做好以下三方面工作。

（一）严格行政性收费的立项审批工作

公安机关交通管理部门的行政性收费项目和标准，必须严格按照规定执行，任何部门和单位不得擅自设立收费项目和提高收费标准。

（二）加强票据管理

各级公安机关交通管理部门的各项收费、罚款，一律使用中央或省级财政部门统一印制或监制的票据，否则视同非法收费和罚款。收费、罚款票据由公安机关交通管理部门的财务部门统一向财政部门领取。各项行政罚款，要坚决贯彻执行《行政处罚法》和国务院《罚款决定与罚款收缴分离实施办法》的规定，凡国家规定罚款决定与罚款收缴相分离的，要由当事人持行政处罚决定书到财政部门委托的代收机构缴纳罚款；按法律规定可以当场收缴罚款的，也必须向当事人出具省、自治区、直辖市财政部门统一制发的罚款收据，不得使用其他收据。

（三）加强行政性收费和罚没收入上缴国库和财政预算外资金专户的工作

公安机关交通管理部门要严格按照批准的收费项目、罚没款项和上缴渠道，将收取的行政性收费和罚没收入按规定及时、足额分别缴入国库或财政预算外资金专户，做到应缴尽缴。按规定上缴上级主管部门的，上级主管部门要及时将集中的款项缴入同级国库或财政预算外资金专户。各级财政部门负责对本级公安机关交通管理部门解缴行政性收费收入和罚没收入的监缴工作。地方各级公安机关交通管理部门应缴国库或财政预算外资金专户的行政性收费收入和罚没收入，凡属于就地解缴入库的，由财政部驻各地财政监察专员办事机构就地监缴；凡采取逐级汇缴，由主管部门集中解缴中央国库的，由财政部监缴，财政部驻各地财政监察专员办事机构对汇缴情况进行监督。各级财政部门要进一步建立和完善有关收入的缴库（含财政预算外资金专户）制度、缴库单分送制度，认真履行监督、检查职责，根据行政性收费和罚没收入的执收、执罚和解缴情况，加强催缴和监缴，并建立稽查机制，堵塞漏洞，做到应收尽收。

对车辆登记机关和驾驶人考核部门在车辆和驾驶人管理工作中收费的问题，《道路交通安全法》专门在执法监督一章做了相关法律规定，公安机关交通管理部门应当严格依照中共中央和国务院的指示精神和相关规定的具体要求，严格执行收费项目和标准，严禁公安机关交通管理部门在核发牌证等业务工作中超标准、超范围收费，以及为了部门和地方的利益截留应当上缴国库的费用。具体有两个方面的要求：一是公安机关交通管理部门收费的标准应当严格执行国务院价格主管部门核定的收费标准，不得超标准多收费。各项收费都应当由国务院价格主管部门依据法律的规定核定收费的标准，而且收费后，应当向缴费人出具有关的票据。任何由公安机关交通管理部门自定的收费标准或者是高于国务院价格主管部门核定的收费标准，都属于超标准的不合理收费，相关当事人可以拒绝缴纳，并向有关部门及时反映情况予以纠正。二是收取的各项费用应当全部上缴国库，任何单位和个人不得以任何理由截留。公安机关交通管理部门的行政经费由国家有关部门统一划拨。这一规定阻断了公安机关交通管理部门收费与自身经济利益的联系，避免出现违法违规收费的现象，并保证将收取的费用全部、及时上缴国库。

五、规范罚款执行

（一）规范罚款执行的法律依据和政策依据

（1）《行政处罚法》。《行政处罚法》在第六章行政处罚的执行中做了明确的规定，作出罚款决定的行政机关应当与收缴罚款的机构分离。实施罚款决定与罚款收缴分离是《行政处罚法》规定的原则，目的是加强对罚款收缴活动的监督，保证罚款及时上缴国库。除本法规定的当场收缴罚款个别情形外，作出罚款处罚决定的行政机关及其执法人员不得自行收缴罚款。当事人应当在规定的时间内，到指定的银行或者通过电子支付系统缴纳罚款。代收机构应当具备足够的代收网点，以方便当事人缴纳罚款。银行应当收受罚款，并将罚款直接上缴国库。

（2）《道路交通安全法》。《道路交通安全法》第八十二条规定了处罚和收缴相分离原则，即"公安机关交通管理部门依法实施罚款的行政处罚，应当依照有关法律、行政法规的规定，实施罚款决定与罚款收缴分离；收缴的罚款以及依法没收的违法所得，应当全部上缴国库"。这条规定规范了公安机关交通管理部门依法实施罚款的行政处罚行为，严格执行罚缴分离的规定。

（3）早在 1997 年，国务院为了落实《行政处罚法》规定的这项原则，就专门制定了《罚款决定与罚款收缴分离实施办法》，专门规范罚款的收取、缴纳及相关活动。

（4）2020 年，财政部印发《罚没财物管理办法》，进一步规范和加强罚款决定与罚款收缴相分离。

（5）2021 年，《财政部关于进一步贯彻落实〈中华人民共和国行政处罚法〉的通知》就依法规范行政处罚的设定、严格规范行政处罚的实施、细化完善行政处罚的程序等方面做了规定和要求。

（6）《公安部关于贯彻实施行政处罚法的通知》（公法制〔2021〕2303 号）要求完善行政处罚制度。各级公安机关要全面清理不合理罚款事项以及与《行政处罚法》不符的法规和规范性文件，积极推动完善相关地方立法和制度建设，落实《行政处罚法》的有关规定。要求严格遵守行政处罚设定权限，合理设定罚款数额。对上位法设定的行政处罚作出具体规定的，不得通过增减违反公安行政管理行为和行政处罚种类、在法定幅度之外调整罚款上下限等方式"加码"或者"放水"等。

（二）规范罚款执行的具体措施

（1）根据我国相关法律、法规的规定，公安机关交通管理部门应当依法依规同代收机构签订代收罚款协议。公安机关交通管理部门作出罚款决定的行政处罚决定书应当载明代收机构的名称、地址和当事人应当缴纳罚款的数额、期限等，并明确当事人逾期缴纳罚款是否加处罚款。

（2）当事人应当按照行政处罚决定书确定的罚款数额、期限，通过预设的线上或线下缴纳罚款的方式，缴纳罚款。代收机构代收罚款，应当向当事人出具罚款收据。罚款收据的格式和印制，由财政部规定。当事人逾期缴纳罚款，行政处罚决定书明确需要加处罚款的，代收机构应当按照行政处罚决定书加收罚款。当事人对加收罚款有异议的，应当先缴纳罚款和加收的罚款，再依法向作出行政处罚决定的行政机关申请复议。

（3）代收机构应当按照代收罚款协议规定的方式、期限，将当事人的姓名或者名称、缴纳罚款的数额、时间等情况书面告知作出行政处罚决定的公安机关交通管理部门。代收机构应当按照《行政处罚法》和国家有关规定，将代收的罚款直接上缴国库。国库应当按照《中华人民共和国国家金库条例》的规定，定期同财政部门和行政机关对账，以保证收受的罚款和上缴国库的罚款数额一致。

（4）公安机关交通管理部门应当严格执行法律、法规规定，贯彻实施罚款决定与罚款收缴分离，并将收缴的罚款以及依法没收的违法所得全部上缴国库。与此同时，国家财政应当依法保障公安机关交通管理部门进行道路交通安全管理的经费。根据《行政许可法》第五十九条的规定，行政机关实施行政许可，依照法律、行政法规收取费用的，应当按照公布的法定项目和标准收费；所收取的费用必须全部上缴国库，任何机关或者个人不得以任何形式截留、挪用、私分或者变相私分。财政部门不得以任何形式向行政机关返还或者变相返还实施行政许可所收取的费用。这一规定虽然是针对行政许可的收费而制定的，但其基本的原则和精神也应当适用于行政机关实施的罚款和其他罚没，不但要全部上缴国库，而且财政部门不得以任何形式向行政机关返还或者变相返还，否则就可能诱导行政机关一味追求罚款，使罚款不再是一种管理手段，而成为追求利益的手段。

六、实行回避制度

（一）回避的概念

回避，是指办理道路交通安全违法行为案件或者处理道路交通事故案件的交通警察，因与所办案件或者案件的当事人有利害关系或者其他关系，可能影响案件公正处理，而退出或者不参加该案件调查、处理工作的制度。回避制度体现程序正义的精神，其根本目的是保证客观、公正地处理案件，防止先入为主或者徇私枉法等情形的发生，确保执法活动公正进行。

（二）回避的适用范围

《道路交通安全法》规定的回避，仅适用于交通警察处理道路交通安全违法行为和道路交通事故，不适用于其他管理行为，如进行车辆登记、检验、驾驶员考试等行政行为。处理道路交通事故，既包括对交通事故的现场勘验、事故分析、责任认定，也适用于损害赔偿的调解。

（三）回避的分类

（1）自行回避：应回避的交通警察主动提出回避。

（2）申请回避：道路交通安全违法行为人或道路交通事故当事人及其法定代理人向公安机关交通管理部门提出申请，要求应回避的交通警察回避。是否回避，由交通警察所属公安机关交通管理部门决定。

（3）指令回避：如果应回避的交通警察没有主动提出回避，或当事人也没有申请回避的，由交通警察所属公安机关交通管理部门直接决定其回避。

（四）回避的情形

《道路交通安全法》第八十三条规定，交通警察调查处理道路交通安全违法行为和交通事故，有下列情形之一的，应当回避：

（1）是本案的当事人或者当事人的近亲属；

（2）本人或者其近亲属与本案有利害关系；

（3）与本案当事人有其他关系，可能影响案件的公正处理。

上述情形具备一项就应当回避。在处理交通违法行为案件中，当事人是指道路交通安全违法行为人；在交通事故处理中，当事人既包括加害人，也包括受害人，同时还包括有利害关系的第三人。在这里，"近亲属"一般是指父母、子女、配偶、兄弟姐妹以及祖父母、外祖父母等。"其他关系"，主要是指并非近亲属的亲属关系以及朋友关系、师生关系、战友关系等可能影响案件公正处理的关系。

【思考题】

1. 道路交通安全执法监督主体行使监督权如何做到合法、精准、高效？

2. 列举公安机关交通管理部门执法原则，思考确立执法原则对于公安机关执法工作的重要性。

3. 简述回避制度对于公安机关交通管理部门执法工作有效开展的促进作用。

第八章　涉外道路交通安全法律规范

第一节　涉外道路交通安全法律规范概述

一、涉外道路交通安全法律规范的概念

涉外道路交通安全法律规范，是指公安机关交通管理部门对具有涉外因素的有关道路交通安全管理事项行使管辖权行为的法律规范。[①] 它的特点主要体现在以下几个方面。

（一）涉外性

涉外性是涉外道路交通安全执法的根本特征，也是决定一起交通执法案件适用哪些法律、法规以及何种程序的关键。涉外性，是指我国公安机关交通管理部门处理的道路交通案件中具有涉外因素。在一起道路交通案件中，无论是案件的当事人还是案件的处理结果，凡是涉及外国国家（包括国际组织）、外国自然人、外国法人或其他外国组织以及外国交通工具和外国财物等要素的，对它的处理就属于涉外道路交通安全执法。

（二）复杂性

复杂性主要是针对一起道路交通案件中作为承担法律责任的主体而言。在涉外道路交通安全执法中，作为承担法律责任的主体相对复杂，既有中国人，也有外国人。其中，涉及的外国人中，既有"一般的外国人"，也有"特殊的外国人"。

（三）双重性

双重性主要是指涉外道路交通安全执法依据具有双重性。一方面，涉外道路

---

① 李蕊. 道路交通安全法教程［M］. 北京：中国人民公安大学出版社，2010：262.

交通安全执法要依据相关国内法律、法规的规定，另一方面，涉外道路交通安全执法也要受我国加入的国际公约、条约、协议等的约束。

（四）特殊性

特殊性主要体现在涉外道路交通安全执法程序上。根据国内相关法律、法规，处理涉外道路交通案件时，应当按照涉外道路交通安全法律、法规。我国《道路交通事故处理程序规定》第十章就有专门针对涉外道路交通事故处理的相关规定。

二、外国交通参与者及其法律地位

（一）外国交通参与者

外国交通参与者即在我国境内的道路上，参与各类交通活动的外国人及驻华外国机构和组织的总称。公安机关交通管理部门在涉外道路交通安全执法时，首先，需要明确当事人是否为外国人，或行为客体是否为外国人的车辆；其次，要对外籍人员的身份加以确认，这是涉外道路交通安全执法的基本前提。①

1. 外国人的含义

根据《中华人民共和国出境入境管理法》第八十九条之规定，外国人，是指不具有中国国籍的人。广义上的外国人不仅包括外国国籍人，还包括无国籍人。从国家管辖权的角度来划分，在一国境内的外国人可以分为两类：第一类是"特殊外国人"，即依照《维也纳外交关系公约》《维也纳领事关系公约》享有外交、领事特权与豁免的外国人；第二类是"一般外国人"，即不享有外交、领事特权与豁免的外国人，这类外国人通常没有外交职务、特殊地位或相应特权。另外，应当注意的是，根据《中华人民共和国国籍法》的相关规定，我国不承认双重国籍，且定居外国的中国公民，自愿加入或取得外国国籍的，即自动丧失中国国籍。因此，针对此类人应当按照外国人来对待。

2. 外国人身份的确定

根据《公安机关办理行政案件程序规定》第二百三十九条之规定，对外国人国籍的确认，以其入境时有效证件上所表明的国籍为准；国籍有疑问或者国籍不明的，由公安机关出入境管理部门协助查明。对无法查明国籍、身份不明的外国人，按照其自报的国籍或者无国籍人对待。一般来说，公安机关交通管理部门可以根据外国人提供的护照、出入境通行证、旅行证等有效证件来确定外国人的身份。

---

① 刘建军，张新海.道路交通安全法学［M］.北京：中国人民公安大学出版社，2015：281.

（二）外国人的法律地位

外国人的法律地位是通过在一国法律中，对外国人权利和义务的规定体现的，包括外国人在入境、居留、出境等各个方面的权利义务。根据国际法，给予外国人何种法律地位，是一国主权范围内的事项，不受别国干涉，国家通过其国内法对外国人的法律地位自主地作出规定。但是，对外国人法律地位的规定不得违背国家依据条约承担的国际义务或国际法的一般原则、规则，并应考虑外国人国籍国的属人管辖权。

我国对外国人在中国境内实行国民待遇原则，即在中国境内的公民、企业应当遵守中华人民共和国的法律。根据我国《宪法》的相关规定，中华人民共和国保护在中国境内的外国人的合法权利和利益，在中国境内的外国人必须遵守中华人民共和国的法律。在道路交通安全管理方面，《道路交通安全法》第二条规定了中华人民共和国境内的车辆驾驶人、行人、乘车人以及与道路交通活动有关的单位和个人，都应当遵守本法。即任何单位和个人，只要在我国境内道路上通行或者从事与道路交通有关的活动，都必须遵守本法，不允许任何单位或个人享有特权。

在程序方面，我国对外国人的法律地位实行平等原则与对等原则相结合，即外国人在参与诉讼过程中与中国公民有平等的法律地位，但是某些权利被加以限制。我国《行政诉讼法》第九十九条规定，外国人、无国籍人、外国组织在中华人民共和国进行行政诉讼，同中华人民共和国公民、组织有同等的诉讼权利和义务。外国法院对中华人民共和国公民、组织的行政诉讼权利加以限制的，人民法院对该国公民、组织的行政诉讼权利，实行对等原则。

在权利限制方面，比如只能由中国律师代理诉讼。我国《行政诉讼法》第一百条规定，外国人、无国籍人、外国组织在中华人民共和国进行行政诉讼，委托律师代理诉讼的，应当委托中华人民共和国律师机构的律师。

三、涉外道路交通安全执法的依据

涉外道路交通安全执法的依据可以统称为涉外道路交通安全管理法规，它是调整具有涉外因素的道路交通安全管理法律关系的法律规范的总称，包括与道路交通安全管理相关的国际法规范和国内法规范。[①] 尽管我国涉外道路交通安全管理法规包含国际法规范的内容，但是必须明确涉外道路交通安全管理法规仍是我

---

① 李蕊. 道路交通安全法教程［M］. 北京：中国人民公安大学出版社，2010：262.

国国内法，是我国主权范围内的事项，不受他国干涉，国家通过其国内法对涉外道路交通安全执法自主地作出规定。

（一）涉外道路交通安全执法的国内法依据

涉外道路交通安全执法的国内法依据，是指公安机关交通管理部门在处理涉外道路交通案件时所依据的我国国内道路交通安全管理法律规范，它既包括专门的道路交通安全法律、法规，也包括其他法律、法规中涉及道路交通安全执法的法律规范。它是处理涉外道路交通案件的主要依据。外国的个人、法人或其他组织，违反了我国道路交通安全法律规范的规定，由我国公安机关交通管理部门处理，无论是对外国当事人的处罚，还是对当事人采取的强制措施，都依照我国道路交通安全法律规范的规定来执行。例如，《公安机关办理行政案件程序规定》第十三章规定了涉外行政案件的办理；《道路交通事故处理程序规定》第十章也对涉外道路交通事故的处理作了专门的规定。外国的个人、法人或其他组织，只要违反了我国道路交通安全法律、法规的规定，我国公安机关交通管理部门有权对其进行查处。

（二）涉外道路交通安全执法的国际法依据

涉外道路交通安全执法的国际法依据，是指我国参加、签订或者承认的与涉外道路交通安全执法有关的国家公约、条约、协定以及国际惯例的总称。公安机关交通管理部门在处理涉外道路交通案件时，应当考虑涉外因素所涉及的外国国家对其所属公民、法人及其他组织的保护，同时还必须遵守我国参加的国际公约中规定的我国对外国公民、法人及其他组织承担的义务和我国与他国签订的双边协议中互相设定的义务。具体而言，是指我国参加、签订或者承认的与涉外道路交通安全执法有关的国家公约、条约、协定以及国际惯例。同时，由于涉外道路交通执法还涉及涉外道路交通事故的损害赔偿问题，因此国际私法的规范也是涉外道路交通安全执法的依据。

1. 公约

公约是指国家间有关政治、经济、文化、技术等方面的多边条约，即多个国家共同签订的，确定签约国在政治、经济、军事、文化等方面所拥有的权利和义务的协议。作为我国涉外道路交通安全执法渊源的条约必须是我国缔结或加入的公约，同时还必须具有与涉外道路交通管理相关的内容。

这些条约可以分为三类：第一类是规定处理国家之间关系以及有关人权规定的基本国家法准则和国际公约，如我国签署的《公民权利和政治权利国际公约》《禁止酷刑和其他残忍、不人道或有辱人格的待遇或处罚公约》；第二类是规定外交、领事特权与豁免权的公约，主要有《维也纳外交关系公约》和《维也纳领事关系公约》；第三类是道路交通方面的公约，主要有《道路交通公约》（Convention on Road Traffic）、《海牙公路交通事故法律适用公约》等。

2. 国际私法

国际私法，是指调整国家涉外民事法律关系的规则、规范。在我国，主要是指《中华人民共和国涉外民事关系法律适用法》的相关规定。

3. 协定

我国与他国警方签订的合作协定，涉及道路交通安全管理的也是涉外道路交通安全执法的依据。

4. 条约

我国至今已经和许多国家签订了双边领事协定或条约，其中涉及涉外道路交通安全执法的规范，公安机关交通管理部门在处理涉外道路交通案件时必须予以遵守，它们同样构成涉外道路交通安全执法的国际法依据。[1]

四、涉外道路交通安全执法的原则

涉外道路交通安全执法的原则，是指我国公安机关交通管理部门在履行涉外道路交通安全执法职责中必须遵守的行为准则，是涉外道路交通安全执法的基础，对涉外道路交通安全执法具有普遍指导意义。

（一）维护国家主权原则

国家主权原则，是指国家在国际交往中相互尊重国家主权，彼此承认在其本国领域内按照自己的意志，独立自主地决定对内对外事务的最高权力的国际行为准则。国家的政治独立、领土完整和经济自主是国家主权原则的重要内容。[2] 公安机关交通管理部门在办理涉外案件时，应当时刻将维护国家主权和利益放在第一位。我国是一个独立的主权国家，对在我国境内的外国人行使完全的管辖权。任何进入我国境内的外国人，都必须遵守我国法律，不得危害我国国家安全、损害社会公共利益、破坏社会公共秩序。外国人在我国境内违反我国法律、法规的，将依据我国法律追究其法律责任，这也是由我国的主权和法律决定的。当然，具有外交特权和豁免权的外国人违反我国法律，将通过外交途径处理，但这种外交特权和豁免权不同于治外法权，而是依据国际条约所享有的权利保护特定人员的外交特权和豁免权，是我国政府必须承担的国际义务，也是促进和发展我

① 李蕊. 道路交通安全法教程［M］. 北京：中国人民公安大学出版社，2010：285-287.
② 邹瑜. 法学大辞典［M］. 北京：中国政法大学出版社，1991：12.

国的对外关系所必需的。

（二）平等互利原则

平等与互利是现代国际法的一项基本准则，也是目前世界各国在与他国交往中奉行的基本原则。平等是法律公正原则的要求，也是正确处理国际关系的基本原则。它要求公安机关交通管理部门在办理涉外案件时对所有当事人都要平等对待，既包括对外国人和中国人之间平等对待，也包括对外国人之间平等对待。法律面前人人平等，公安机关交通管理部门不能因为违法行为人是外国人或者害怕引起外交纠纷，就不敢对其依法采取措施或者进行处理，甚至放纵其违法。另外，平等对待还要求在法定幅度内对所有当事人平等对待，公安机关交通管理部门在处理涉外道路交通违法案件时，要做到"同等情况同等对待，不同情况不同对待"。互利，即注重实质平等，也是平等的一种体现，要求公安机关交通管理部门在处理涉外案件时在维护国家主权和利益原则的基础上，从有利于发展国家间平等互利的关系出发。平等互利原则不仅包含平等原则，还涵盖对等原则。根据这一原则，一国对我国或我国公民有特别限制和不利对待时，我国对该国或其公民采取对等措施。例如，我国对外国机动车驾驶证的承认就采取对等原则，如果某外国允许中国公民在该国境内可以使用中国机动车驾驶证，那么中国政府也会承认该国公民在中国境内使用其本国机动车驾驶证，这就是平等互利原则的直接体现。

（三）保障人权原则①

我国政府越来越重视对人权的保护，特别是我国加入《公民权利和政治权利国际公约》后，在道路交通安全执法中保障人权，是公安机关交通管理部门及其交通警察的一项法律义务。对此，公安机关交通管理部门及其交通警察在执法中应当注意以下几个方面：

（1）不得实行任何形式的种族歧视。

（2）执法人员不得非法限制或剥夺任何人的人身自由。

（3）执法人员不得非法剥夺他人生命和伤害他人身体。

（4）执法人员不得施以酷刑和其他残忍、不人道或有辱人格的待遇或处罚。

（5）执法人员对于依法被剥夺自由的人应给予人道待遇并尊重其人格。

（6）执法人员在执法中非法侵犯人权的应受到处罚并由国家承担赔偿责任。

（7）不得随意驱逐外国人。

---

① 李蕊. 道路交通安全法教程［M］. 北京：中国人民公安大学出版社，2010：268.

第二节　涉外道路交通安全违法行为的处理

一、涉外道路交通安全违法行为的认定

涉外道路交通安全违法行为，是指道路交通活动中，涉及外国籍人员或者外国车辆违反道路交通安全法律、法规的行为。其含义主要包括以下几个方面：一是主体涉外。违法行为的主体或者侵害主体可能是外国公民、无国籍人以及在中国境内的外国企业、组织等。二是对象涉外。违法行为涉及的对象可能是外国车辆，即在中国境内行驶的挂有外国牌照的车辆，或者涉事车辆所有权属于外国人。三是地域涉外。违法行为发生的地点可能是中国境内，也可能是中国车辆或者中国公民在境外违反当地的交通安全法律、法规。本章只讨论违法行为发生在我国境内，且违法主体一方是外国人的道路交通案件。

任何一个涉外道路交通安全违法行为的构成都必须具备以下四个方面的要件：道路交通安全违法行为的主体、道路交通安全违法行为的客体、道路交通安全违法行为的主观方面以及道路交通安全违法行为的客观方面。其中，道路交通安全违法行为主体的认定是涉外道路交通安全违法行为认定的主要依据，即涉外道路交通安全违法行为的主体是外国人。外国人（包括外籍人、无国籍人）、外国法人及外国组织等在我国境内道路上驾驶机动车或者通行、乘车时发生交通违法行为或遭受交通违法行为侵害时，便成为道路交通安全执法的对象。对于涉外道路交通安全违法行为主体中的自然人而言，还必须达到法定责任年龄和具有责任能力这两个条件。

此外，由于涉外道路交通安全违法行为主体所涉及的外国人成分复杂，包括普通外国人，享有外交、领事特权与豁免的外国人，在华永久居留的外国人，临时来华的外国人，因此，公安机关交通管理部门在执法中需依据交通参与者的护照、出入境和通行证等证件，根据我国出入境管理有关法律规定，认定外国人的身份。

二、涉外道路交通安全违法行为处理程序

涉外道路交通安全违法行为处理程序可分为一般程序和特殊程序两类。

（一）一般程序

一般程序，是指公安机关及其交通管理部门对涉外道路交通安全违法行为进行处理，适用《道路交通安全法》《道路交通安全违法行为处理程序规定》《公安机关办理行政案件程序规定》以及《行政处罚法》等规定的简易程序或者一般程序对涉外道路交通安全违法行为予以处理。①

公安机关交通管理部门在按照我国法律、法规规定的简易程序和一般程序处理涉外道路交通安全违法行为时，还应当注意以下几个问题：

（1）公安机关交通管理部门在办理涉外行政案件时，应当维护国家主权和利益，坚持平等互利原则。

（2）外国人国籍确认。对外国人国籍的确认，以其入境时有效证件上所表明的国籍为准；国籍有疑问或者国籍不明的，由公安机关出入境管理部门协助查明。对无法查明国籍、身份不明的外国人，按照其自报的国籍或者无国籍人对待。

（3）外国人身份确认。违法行为人为享有外交特权和豁免权的外国人的，办案公安机关应当将其身份、证件及违法行为等基本情况记录在案，保存有关证据，并尽快将有关情况层报省级公安机关，由省级公安机关商请同级人民政府外事部门通过外交途径处理。对享有外交特权和豁免权的外国人，不得采取限制人身自由和查封、扣押的强制措施。

（4）语言沟通问题。办理涉外行政案件，应当使用中华人民共和国通用的语言文字。对不通晓我国语言文字的，公安机关应当为其提供翻译；当事人通晓我国语言文字，不需要他人翻译的，应当出具书面声明。经县级以上公安机关负责人批准，外国籍当事人可以自己聘请翻译，翻译费由其个人承担。

（二）特殊程序

在处理涉外道路交通安全违法行为时，除适用上述一般程序外，还存在适用公约或者协定规定的特殊程序。特殊程序，主要是指公安机关在涉外案件处置过程中，应当遵守我国签订、加入或者承认的有关国际条约规定，在按照法定程序办理案件时，对某些特定措施的适用，如对外国人采取限制人身自由措施，或者对外交代表、领事官员等享有外交、领事特权与豁免的外国人进行处罚时，需通报外事机关并适时通知有关国家驻华使、领馆。

根据《维也纳领事关系公约》和我国与有关国家签订的领事条约规定，有关

---

① 李蕊. 道路交通安全法教程［M］. 北京：中国人民公安大学出版社，2010：274.

国家的公民在我国居留期间，如果因法律原因而被公安机关予以拘留或逮捕的，应当在条约规定的时间内，及时将有关情况通知有关国家驻我国大使馆或领事馆。《外交部、最高人民法院、最高人民检察院、公安部、安全部、司法部关于处理涉外案件若干问题的规定》中也专门作出规定，在外国驻华领事馆领区内发生的涉外案件，应通知有关外国该地区的领事馆；在外国领事馆领区外发生的涉外案件应通知有关外国驻华大使馆。根据这一规定，公安机关依法限制外国人人身自由时应当在规定的时限内将外国人的有关情况通知有关国家的使、领馆并应适时安排探视等事宜。

根据《公安机关办理行政案件程序规定》第二百五十四条的规定，对外国人作出行政拘留、拘留审查或者其他限制人身自由以及限制活动范围的决定后，决定机关应当在四十八小时内将外国人的姓名、性别、入境时间、护照或者其他身份证件号码，案件发生的时间、地点及有关情况，违法的主要事实，已采取的措施及其法律依据等情况报告省级公安机关；省级公安机关应当在规定期限内，将有关情况通知该外国人所属国家的驻华使馆、领馆，并通报同级人民政府外事部门。当事人要求不通知使馆、领馆，且我国与当事人国籍国未签署双边协议规定必须通知的，可以不通知，但应当由其本人提出书面请求。第二百五十六条规定，外国人在被行政拘留、拘留审查或者其他限制人身自由以及限制活动范围期间，其所属国家驻华外交、领事官员要求探视的，决定机关应当及时安排。该外国人拒绝其所属国家驻华外交、领事官员探视的，公安机关可以不予安排，但应当由其本人出具书面声明。

第三节　涉外道路交通事故的处理

一、涉外道路交通事故的概念

涉外道路交通事故，是指当事各方至少有一方是外籍人员或外籍车主车辆的道路交通事故。除具备一般道路交通事故的构成因素外，涉外道路交通事故还要具备下列因素之一：事故当事人中至少有一方是外国人；与事故有关的车辆的产权归外国人所有；事故直接造成的损失涉及外国人。

二、涉外道路交通事故的管辖

按照国家主权原则和属地管辖原则，外国人凡是在我国境内道路上进行与道路交通有关的活动，我国公安机关交通管理部门依法享有管辖权。公安机关交通管理部门在处理涉外道路交通事故时，其管辖权的划分应当按照我国法律、法规的相关规定。对此，我国《道路交通事故处理程序规定》第九条规定："道路交通事故由事故发生地的县级公安机关交通管理部门管辖。未设立县级公安机关交通管理部门的，由设区的市公安机关交通管理部门管辖。"

涉外交通事故，本质上是一种侵权案件。一般情况下，侵权案件适用侵权行为地法律。因此，在我国发生的涉外交通事故，适用我国法律，但是当事人有共同的经常居住地时，则适用共同经常居住地的法律。《中华人民共和国涉外民事关系法律适用法》第四十四条规定："侵权责任，适用侵权行为地法律，但当事人有共同经常居所地的，适用共同经常居所地法律。侵权行为发生后，当事人协议选择适用法律的，按照其协议。"例如，两个法国人来我国旅游，在去往江苏旅游景点的道路上发生了交通事故。这两个交通事故当事人有共同经常居住地——法国，所以对于他们之间交通事故的解决就适用法国有关法律对此的规定。当然，如果交通事故的当事人在发生交通事故以后，双方协议解决交通事故适用的法律，必须尊重当事人的选择，适用当事人自己选择的法律。

二、涉外道路交通事故的处理

我国《道路交通事故处理程序规定》第九十六条规定："外国人在中华人民共和国境内发生道路交通事故的，除按照本规定执行外，还应当按照办理涉外案件的有关法律、法规、规章的规定执行。"从该条规定可知，我国涉外交通事故的处理程序和方法与一般的道路交通事故处理基本相同，但也有一些特殊的规定。

（一）及时报告

公安机关交通管理部门在接到涉外道路交通事故报案后，应及时向上级机关和同级外事部门报告。处理享有外交、领事特权与豁免的外国人发生人员死亡交通事故的，应当将其身份、证件及事故经过、损害后果等基本情况记录在案，并将有关情况迅速逐级上报至省级人民政府外事部门和该外国人所属国家的驻华使馆或者领馆。

（二）现场勘查

涉外道路交通事故的现场勘查与一般道路交通事故的现场勘查基本相同，但应当注意以下两个方面。

（1）进行现场勘查时，应由地区（市）公安机关交通管理部门派员参加现场勘查工作，并由支队领导负责现场指挥。若有关领导未能及时到场，可由县、市交通警察大队主要领导指挥现场勘查，但必须由相应领导到现场复核认可后，才能撤出现场。

（2）进行现场勘查时，专职勘查人员不得少于 2 人，同时需要从事痕迹检验、法医工作的技术人员到场。如有必要，还应请检察官、外事人员到场。

（三）调查取证

（1）对于享有外交、领事特权与豁免的外国当事人，在道路交通事故现场或事后需要调查的，可以约谈，谈话时仅限于与道路交通事故有关的内容。需要检验、鉴定车辆的，公安机关交通管理部门应当征得其同意，并在检验、鉴定后立即发还；其不同意检验、鉴定的，记录在案，不得强行检验、鉴定。

（2）公安机关交通管理部门在处理道路交通事故过程中，使用中华人民共和国通用的语言文字。对不通晓我国语言文字的当事人，应当为其提供翻译；当事人通晓我国语言文字而不需要他人翻译的，应当出具书面声明。经公安机关交通管理部门批准，外国人可以自行聘请翻译，翻译费由当事人承担。

对于享有外交、领事特权与豁免的外国当事人，根据其特殊的身份，允许其自带翻译，办案人员应使用谈话记录纸，并允许其翻译阅读记录。

（3）对享有外交、领事特权与豁免的外国当事人进行调查取证时，如当事人拒绝到公安机关交通管理部门核实事故情况，公安机关交通管理部门可以根据现场调查的情况制作交通事故认定书。

公安机关交通管理部门应当根据收集的证据，制作道路交通事故认定书送达当事人，当事人拒绝接收的，送达其所在机构；没有所在机构或者所在机构不明确的，由当事人所属国家的驻华使领馆转交送达。

（4）外国驻华领事机构、国际组织、国际组织驻华代表机构享有特权与豁免的人员发生道路交通事故的，公安机关交通管理部门参照《道路交通事故处理程序规定》第一百条、第一百零一条的规定办理，但《中华人民共和国领事特权与豁免条例》、中国已参加的国际公约以及我国与有关国家或者国际组织缔结的协议有不同规定的除外。

四、涉外道路交通事故的损害赔偿

（一）涉外道路交通事故损害赔偿的调解

调解权是我国《道路交通安全法》赋予公安机关交通管理部门的权力。公安机关交通管理部门在处理涉外道路交通事故的损害赔偿时，可以依照当事人的申请对交通事故损害赔偿进行调解。对于一般外国当事人，当事人可向人民法院提起民事诉讼；对于享有外交特权与豁免的外国人，应通过外交途径解决。

（二）涉外道路交通事故损害赔偿的执行

涉外道路交通事故造成我国群众伤亡需要赔偿的，赔偿费用需一次付清。若外国当事人在道路交通事故处理过程中要求离境的，应根据案情分别对待：

（1）案情事实未查清之前，请相关外事管理部门转告外国当事人，公安机关还要继续核实案情，暂不要离境。

（2）需要外国当事人承担赔偿责任的案件，请外国当事人在事故发生地寻找担保人，由担保人出具担保书后，方准离境。如找不到担保人，缴纳一定数额的保证金后，准予离开。对于拟离境逃避赔偿责任的外国当事人，可通过地市公安机关提请外事管理部门阻止其离境。

（3）需要赔偿外国当事人的案件，可让其到使馆或我国公证机关办理委托书后离境，使馆方面也可以提供委托书。

（4）涉及外交特权和豁免权的外交人员离职或调动，可以由其预付赔偿费，如拒绝交付，可通过外交途径解决，也可经外交部门批准，根据豁免条例中有关限制外交人员民事管辖豁免权的规定，阻止其离境。[①]

【思考题】

1. 涉外道路交通安全执法的依据有哪些？

2. 如何理解涉外道路交通安全执法的原则？

3. 涉外道路交通安全违法行为如何处理？

4. 涉外道路交通事故如何处理？

---

① 李蕊. 道路交通安全法教程［M］. 北京：中国人民公安大学出版社，2010：279.

第九章　中外道路交通安全法律规范之比较

第一节　中外道路交通安全法律体系

法律体系通常是指一国现行的各个部门法构成的有机联系的统一整体。不管是大陆法系，还是英美法系，中外道路交通安全立法一般都是以成文法的形式出现的，即制定道路交通安全法律及相关的专门法规，或以单行法规的形式发布实施，如德国、法国、英国的《道路交通法》和美国的《机动车安全规则》等，形成了以道路交通法为核心，以配套的法律、法规为主体，同时辅以相关的技术规范为补充的道路交通安全法律体系。

一、国外道路交通安全法律体系

（一）有关道路交通安全的法律、法规以及技术标准等层次

（1）有关道路交通安全的法律。这是有关道路交通安全的综合性规定，主要有基本通行规则、车辆和驾驶人、交通违法行为及交通事故处理等规定，具有最高法律效力，如英国的《道路交通法》等。

（2）有关道路交通安全的法规。这是道路交通管理最主要的依据，内容涉及面广，包括车辆与驾驶人管理、道路建设和使用等方面的法规。

（3）交通管理的技术标准与规范。主要由政府管理部门或行业协会依照法律、法规制定有关安全、环保等行政规章和行业技术标准，如美国的《公路路线设计标准》等。①

---

① 杨钧. 部分国家和地区道路交通立法研究［M］. 北京：机械工业出版社，2008：1-2.

（二）机动车与驾驶人管理、通行规则、交通违法和事故处理等具体内容

（1）机动车管理方面的主要规定。包括机动车辆的注册登记、保险、检验等方面的要求，如美国的《机动车辆注册法》《机动车辆定期检验法》等。

（2）驾驶人管理方面的法规。主要规定驾驶人培训、驾驶执照申领、审验、记分管理等方面的要求，如日本对驾驶人实施了严格的记分管理，驾驶人违法记分达到 6 分将停止驾驶 1 个月。[①]

（3）通行规则方面的法规。主要规定机动车、非机动车和行人通行方面的内容，如日本的《道路交通法》分别规定了机动车、自行车、行人的交通规则，对于违反者将给予处罚。[②]

（4）交通违法行为处罚方面的法规。主要规定违法行为处罚的程序、种类等内容。

（5）交通事故处理方面的法规。主要规定事故现场调查、责任认定、事故赔偿、责任追究等，如美国的《交通事故调查与报告规定》等。

（6）其他方面的法规。包括交通安全宣传方面的法规，主要规定交通安全宣传的职责、方法、手段、经费保障等内容，如美国的《驾驶员教育规定》《行人安全教育规定》等。[③]

（三）各国道路交通安全法律体系

许多国家都比较重视道路交通安全法律体系建设，维护道路交通秩序和安全，现已形成了比较完整的道路交通安全法律体系。

1. 美国道路交通安全法律体系

美国是判例法国家，它的法律体系包括宪法、行政法、民商法、刑法、经济和社会立法等，与英国不同的是，美国的法律有联邦法和州法之分，实行成文宪法制，联邦宪法具有最高的法律地位。

美国第一部道路交通安全管理法规制定于 1787 年，其内容非常简单，规定了马车、雪橇等行驶中的先行与让行规则。1899 年威廉姆·菲利浦艾诺编制了纽约市交通法典，1903 年被政府采纳。1930 年美国颁布了《驾车规则》，其后又制定了内容丰富的《统一机动车辆法》，并且各州也相应立法与之呼应，建立了完善的道路交通安全管理法规体系。1966 年颁布的《公路交通安全法》对汽车设定了联邦安全标准，并确定了政府要依法对其严加监督和强制推行的方向。经过全美

---

① 王京，王兵兵．日本道路交通管理见闻［J］．道路交通管理，2011（4）．
② 靳妍编译．日本爱知县警视厅宣传：您了解日本的交通规则吗［J］．汽车与安全，2018（3）．
③ 杨钧．部分国家和地区道路交通立法研究［M］．北京：机械工业出版社，2008：10．

交通运输界近4年时间的反复酝酿，提出了美国运输发展的长远设想。国会于1991年通过对美国交通运输发展具有深远影响的"冰茶法案"。该法案从系统工程角度对国家道路系统及其他道路的维修、扩建、道路交通安全、汽车运输发展等问题作了较为翔实的规定，使道路交通安全问题成为道路交通中具有重要地位的议题。

与道路交通及其安全相关的法规主要有《道路交通法》《驾驶员教育规定》《行人安全教育规定》《汽车驾驶执照规定》《机动车辆注册法》《机动车辆定期检验法》《摩托车安全行驶规定》《交通工程服务规定》《交通资料记录法》《交通事故调查与报告制度》《饮酒与交通安全关系法》等，全面规范道路交通及其安全的各方面工作。

2. 日本道路交通安全法律体系

日本交通管理类的各类法律、法规达数十种之多，所规定的条款、内容比较详细，并且根据社会经济发展不断修改。日本的道路交通法律体系的制定紧随其汽车工业的发展，首先于1951年颁布了《道路运输车辆法》，并以《道路法》《道路交通法》《道路运输法》《道路运输车辆法》等法律为基础，制定了一系列与道路交通运输及其安全相关的专门法律与法规。1956年由内阁出面主持治理交通事务，在总理府设置"交通事故对策本部"。1961年，为解决越来越恶化的道路交通安全问题，改称"交通对策本部"，由内阁长官出任主席，各市、镇、村设立相应的组织。1966年颁布了交通安全建设的"紧急措施"，1970年制定颁布了《交通安全对策基本法》等交通法规，全面推行各种交通安全对策及实行法制，取得了明显的效果。近年来，日本根据道路交通的特性以及其背景和要因，考虑到社会发展的趋势，提出了交通安全思想的普及、彻底的安全教育；确保车辆的安全性；救助、救急体制的装备；推进既定交通安全对策中尚未落实的目标等。

3. 英国道路交通安全法律体系

英国是判例法国家，它的法律体系包括宪法、财产法、契约法和侵权行为法、家庭法、继承法、商法、刑法等，这些制定法通常只是由判例归纳而成，其中的许多概念或原则来自司法习惯。国家和地区的法律部门没有统一的分类，实行不成文宪法制。

英国道路交通及道路交通安全管理法规制定较早，1555年英国颁布了第一部内容比较简单的道路交通安全管理法规，规定沿街的商店、住户自费保养各自建筑前的路段。1756年制定的《伦敦桥通行法》规定，车辆过桥必须靠左边行驶。

到了 1853 年，左侧通行在全英国实行。到 20 世纪 30 年代，英国议会制定了道路交通法令，奠定了道路交通安全管理法律、法规的基础。与道路交通及其安全相关的法律、法规主要有《道路交通法》《道路交通规则》《道路交通安全法规》《汽车法规》《机动车辆行驶细则》《汽车驾驶执照》等。①

4. 澳大利亚道路交通安全法律体系

澳大利亚联邦政府和各州政府都制定了较为完善的道路交通法律、法规，如《道路交通规则》《安全驾驶规定》《汽车交通规例》《酒精及其他药物检查规定》等。在澳大利亚，昆士兰州、维多利亚州等均有交通安全联席会议制度，由警察局、路政部门、交通运输部门、城市管理部门、司法部门、道路工程部门、科研机构和保险公司参与。各部门定期召开联席会议，共同研究解决道路交通安全问题，各部门协作联动，职责明确，信息资源高度共享。②

二、中外道路交通安全法律体系之比较

（一）中外道路交通安全立法宗旨与原则

1. 国外道路交通安全立法宗旨与原则

立法宗旨，是指制定特定法律、法规的意图与追求目标，一般在法律、法规正文的第 条开宗明义。道路交通法的立法宗旨一般是指维护道路交通、确保安全与畅通。例如，日本《道路交通法》第一条（目的）规定，本法律以防止道路上的危险，谋求交通安全及畅通，防止道路交通引起的障碍为目的。国外道路交通安全立法宗旨与原则概括起来主要有以下几个：

（1）以人为本原则。在发达国家的道路交通安全法规中，用路者的权利保障到位。当用路者在道路上通行时，法律视其为消费方，出现安全问题后，法律以保护消费方权益为根本。这一理念在法律中的体现与运作，极大地促进了道路建设和管理方的交通安全意识，促进了道路交通安全法自身的不断发展。这些国家普遍认为，驾驶车辆是种"特权"，行使特权必须以尊重他人的基本权利（生存权与交通权）为前提，因此各国都对驾驶车辆提出了谨慎驾驶等特别严格的要求。例如，英国《道路交通法》规定，"在道路上鲁莽驾驶，是有罪行为"，"在道路上驾驶机动车不多加小心，或不集中精力顾及其他道路使用者，是有罪行为"。

（2）保护弱者原则。从事道路交通活动的非机动车、行人等被认为是交通弱

---

① 郑安文. 道路交通安全管理措施比较研究［J］. 中国安全生产科学技术，2005（2）.

② 奚路彪，刘艳，陈卫. 领略汽车时代的安全与畅通——澳大利亚、新西兰道路交通管理考察印象［J］. 道路交通管理，2011（1）.

者，出于保护弱者的考虑，需要采取有效措施，予以照顾。

（3）路权原则。发达国家的道路交通安全法规对用路者的路权和事故中责任的界定等都具有相当清晰而固定的界限，触犯权限则违法，不触犯则没有责任，这一点在保障道路交通安全法规的尊严与指导作用方面具有关键影响。发达国家道路交通秩序的有序性，很大程度上得益于交通安全法规的分明。在道路交通活动中，明确路权（通行权和限行权）可以使道路交通更加有序，避免交通事故、减少交通冲突。例如，日本《道路交通法》规定："没有划分人行道或路侧带与车行道的道路，行人必须在道路的右侧通行。"①

（4）立法体系和执法体系分离原则。发达国家的道路交通安全法规由道路交通安全主管部门（同时也是道路主管部门）统一负责起草或制定，法规的制定者不仅要考虑道路的通行能力、服务水平，还要综合考虑车辆的安全性能，以及人、车、路、交通流、环境的交通特性，极大地保证了法规的完整性和科学性。交通警察只负责执行交通安全法规、指挥交通秩序和交通事故的现场勘查，交通事故的责任认定和追究由司法部门负责。

2. 我国道路交通安全立法宗旨与原则

道路交通管理的宗旨，是指道路交通安全管理必须遵循的根本思想依据，是道路交通管理总的出发点和归宿。② 只有正确地树立道路交通管理宗旨，并以立法宗旨为指导，才能制定出科学、严密、全面的道路交通安全法。在道路交通管理的具体工作中，只有深刻理解了道路交通管理的宗旨，才能准确地把握道路交通安全法的精神实质，并依法、科学地进行道路交通管理。中华人民共和国第十届全国人民代表大会常务委员会第五次会议于 2003 年 10 月 28 日通过并公布《道路交通安全法》，自 2004 年 5 月 1 日起施行。《道路交通安全法》第一条明确规定："为了维护道路交通秩序，预防和减少交通事故，保护人身安全，保护公民、法人和其他组织的财产安全及其他合法权益，提高通行效率，制定本法。"简单地说，就是"安全、有序、高效"。其中，"安全"是交通安全管理所要达到的核心目标；"有序"是交通安全管理的载体；"高效"则是在"安全"和"有序"的前提下所要实现的最高目标。《道路交通安全法》第三条规定："道路交通安全工作，应当遵循依法管理、方便群众的原则，保障道路交通有序、安全、畅通。"此外，《道路交通安全违法行为处理程序规定》《道路交通事故处理程序规定》以及《行政处罚法》等有关法律、法规和规章也对此作了类似的规定。

① 杨钧. 部分国家和地区道路交通立法研究 [M]. 北京：机械工业出版社，2008：11-14.
② 袁西安，郄红雯. 道路交通安全法教程 [M]. 北京：中国人民公安大学出版社，2013：29.

（1）以人为本的原则。以人为本是现代公安行政管理的根本原则。我国道路交通管理坚持以人为本的原则，就是以保障交通参与者的人身和财产安全为第一要义，而人的生命和健康安全最为重要，同时在立法和执法的过程中，保障当事人的合法权益是非常必要的。

（2）严格依法管理的原则。我国《道路交通安全法》第二条规定："中华人民共和国境内的车辆驾驶人、行人、乘车人以及与道路交通活动有关的单位和个人，都应当遵守本法。"第三条规定："道路交通安全工作，应当遵循依法管理、方便群众的原则，保障道路交通有序、安全、畅通。"《道路交通安全违法行为处理程序规定》第三条规定："对违法行为的处理应当遵循合法、公正、文明、公开、及时的原则，尊重和保障人权，保护公民的人格尊严……对违法行为的处理，应当以事实为依据，与违法行为的事实、性质、情节以及社会危害程度相当。"严格依法管理，就是要求公安机关交通管理部门及其交通警察遵循公开、公平、公正的原则，依据法定的职权和程序，严格地执行道路交通安全法律、法规。严格依法管理是实行法治现代化的基本要求，也是法治原则在道路交通安全行政执法中的具体体现。

（3）方便群众的原则。方便群众原则，强调全心全意为人民服务，以人民利益为中心，开展各项交通安全管理工作，体现了现代行政执法的服务理念。具体是指公安机关交通管理部门及其交通警察在依法实施道路交通管理工作中应当尽可能地为交通参与者提供必要的便利，从而保障交通参与者的道路交通活动得以顺利实现。《道路交通安全法》及有关法规对于"便民"原则有较明确的规定。例如，《道路交通安全法》第七十九条规定："公安机关交通管理部门及其交通警察实施道路交通安全管理，应当依据法定的职权和程序，简化办事手续，做到公正、严格、文明、高效。"又如，根据《道路交通安全法实施条例》的有关规定，公安机关交通管理部门应当提供记分查询方式供机动车驾驶人查询。《道路交通事故处理程序规定》中也规定，处理道路交通事故，应当遵循合法、公正、公开、便民、效率的原则，尊重和保障人权，保护公民的人格尊严。

（4）处罚与教育相结合的原则。道路交通安全管理的最终目的在于纠正道路交通安全违法行为，教育公民、法人和其他组织自觉守法，维护交通秩序，预防和减少交通事故，保障交通安全与畅通。教育和处罚是相辅相成的，在对违反道路交通安全行为进行处罚时，要告知当事人违法行为的基本事实及处罚的法律依据，要对其进行教育。也就是说，要通过实施行政处罚的过程，让违反道路交通安全法规的当事人知道道路交通安全法律、法规的规定并了解自己的行为对社会的危害性，以起到减少再犯的作用。当然，只进行教育而不对道路交通安全违法行为人进行处罚，就不能保障大多数交通参与者的合法权益，就会损害法律的尊严。因此，在道路交通管理过程中，必须把对当事人进行交通安全意识教育与对其交通违法行为进行严格处罚紧密联系起来，二者相辅相成。①

（5）科学管理原则。《道路交通安全法》第七条规定："对道路交通安全管理工作，应当加强科学研究，推广、使用先进的管理方法、技术、设备。"其主要含义包括有关道路交通安全科学管理的方式方法和技术手段。同时，要加强基础科学的研究与应用，实现宏观决策的科学化；加强专业技术培训，建设一支既懂业务又懂技术的交通警察队伍，提高队伍的整体科技水平。②

（6）文明管理原则。公安机关交通管理部门及其交通警察在道路交通管理过程中，应当文明执勤、文明服务、文明办案。例如，《道路交通安全法》第八十条规定，交通警察执行职务时，应当按照规定着装，佩带人民警察标志，持有人民警察证件，保持警容严整，举止端庄，指挥规范。同时，还要讲究高效，提高工作效率，尽快处理有关事项。

（二）道路交通安全法律体系的适用范围

法律、法规的适用范围，是指特定法律、法规所适用的对象范围，具体包括该法在什么地域、什么时间内对哪些人发生效力。

1. 国外道路交通立法的适用范围

比利时《道路交通法》规定，管理行人、车辆以及套车牲畜、拉货牲畜、骑乘牲畜或牲畜使用的道路。法国《道路交通管理规则》规定，使用下述称作"道路"的对公共交通开放的道路受本规则规定约束。其中"道路"通常是指用于车辆行驶的道路部分。③

2. 我国道路交通立法的适用范围

《道路交通安全法》第二条规定："中华人民共和国境内的车辆驾驶人、行人、乘车人以及与道路交通活动有关的单位和个人，都应当遵守本法。"另据《道路交通安全法》第一百一十九条规定，"道路"是指公路、城市道路和虽在单位管辖范围但允许社会机动车通行的地方，包括广场、公共停车场等用于公众通行的场所。"车辆"是指机动车和非机动车。"机动车"是指以动力装置驱动或者牵引，上道路行驶的供人员乘用或者用于运送物品以及进行工程专项作业的轮式

---

① 刘建军，张新海. 道路交通安全法学［M］. 北京：中国人民公安大学出版社，2015：117-118.
② 路峰，汤三红. 道路交通管理［M］. 北京：中国人民公安大学出版社，2014：14.
③ 杨钧. 部分国家和地区道路交通立法研究［M］. 北京：机械工业出版社，2008：16.

车辆。"非机动车"是指以人力或者畜力驱动，上道路行驶的交通工具，以及虽有动力装置驱动但设计最高时速、空车质量、外形尺寸符合有关国家标准的残疾人机动轮椅车、电动自行车等交通工具。

第二节　中外危险驾驶罪

驾驶人饮用酒精或服用药物后驾驶、超速行驶等行为会严重影响驾驶人的感知、判断、决策和操作能力，容易引发道路交通事故，而且其危险驾驶行为引发道路交通事故的后果较为严重，对道路交通安全构成了极大的威胁。世界上许多国家对上述危险驾驶行为制定了法律、法规并予以惩处，我国《刑法》第一百三十三条之一也对危险驾驶罪作了具体规定，本节在简要介绍一些国家危险驾驶罪法律规定的基础上，对中外危险驾驶罪进行简要比较分析，并就更好地完善危险驾驶罪的立法和执法提出了相关的建议。

一、国外危险驾驶罪的规制

不同的国家和地区对于危险驾驶行为的界定以及处罚都不同，执法力度、宽严程度也不同，所取得的法律效果也不尽相同。以下仅就欧洲、美国和其他一些国家危险驾驶罪的规制作简要介绍[①]。

（一）欧洲危险驾驶罪的法律规定

在欧洲，涉及酒后驾驶的死亡人数在法国高达 29%，[②] 在荷兰高达 25%。[③] 根据欧盟委员会估计，欧盟所有道路死亡人数至少有 25%是和酒精相关。酒后、服用药物后驾驶，也会导致超速等其他危险驾驶行为，从而诱发道路交通事故。欧盟有一些关于酒精、药物驾车的法律规定[④]，包括血液中酒精含量的限制标准、对酒后驾驶的处罚、扣分制度规定和随机酒精呼气测试的立法，这些规定通常对驾驶人起到威慑作用。

1. 关于服用酒精和药物后驾驶的法律规定

（1）机动车驾驶人血液中的酒精含量限制。2001 年，欧洲委员会接受了允许

---

① 郏红雯等编著. 中外道路交通安全法律之比较研究［M］. 北京：中国法制出版社，2019：12.

② 徐爱华译：ONISR（2009）. La sécurité routière en France. Bilan de l'année 2008，pp. 99–107.

③ 徐爱华译：Mathijssen & Houwing（2005），SWOV.

④ 徐爱华译：European Transport Safety Council，Traffic Law Enforcement across the EU，Tackling the Three Main Killers on Europe's Roads，2011：11–13.

机动车驾驶人最大血液酒精含量的建议，允许一般驾驶人最大血液酒精含量上限为 0.5g/l，而新手驾驶人和重型货车驾驶人则为 0.2g/l。① 所有欧盟成员国广泛支持降低年轻新手驾驶人的血液酒精浓度合法标准为 0.2g/l，73% 的欧洲人赞成这种改变。欧盟的酒精战略委员会请成员国考虑对年轻的新手驾驶人以及公共运输和危险品驾驶人规定血液酒精含量为零。在捷克、匈牙利、斯洛伐克和罗马尼亚，对所有驾驶员都规定了合法的血液酒精含量为零。德国和斯洛文尼亚对新手和专业驾驶人应用零血液酒精含量限制，在德国、奥地利、希腊、西班牙和斯洛文尼亚，对载重物车辆驾驶人规定的合法血液酒精含量低于对轻型车驾驶人的规定。目前只有两个国家规定的合法血液酒精含量超过欧洲委员会推荐的标准，即英国和马耳他，两国都规定了高达 0.8g/l 的血液酒精含量限制。但是，英国政府在 2010 年所做的研究建议把这一标准降低到 0.5g/l。②

（2）对酒后驾驶人的处罚。酒后驾驶可能受到的处罚包括罚款、扣分、参与高风险/累犯项目、暂停行政许可、安装酒精点火联锁装置、没收车辆和监禁。至于对超过法定上限的血液酒精含量的罚款，通常取决于仪器测量出来的血液酒精含量水平，加重的酒精含量（超过允许的 BAC）按其具体数值分为相应的一系列由低到高的处罚等级。同样的分级方法也适用于其他形式的处罚，包括扣分的数目、吊销驾照的期限以及监禁的时长。此外，可能加重法院判决的因素包括驾驶大型货车、重型货车或公共服务车辆；受雇开车；恶劣的道路和天气情况；运送乘客；有证据表明驾驶风格令人难以接受；发生交通事故；违法地点（如靠近学校）；附近交通流量大或行人多。③

此外，对道路交通中的驾驶人进行呼吸测试是一个积极的预防方法。它可以是有针对性的，即只有被怀疑超过法定界限驾驶人才被检查，也可以是随机的，随机呼吸测试是指无论驾驶人是否涉嫌酒后驾驶，警察都应拦下他们的车并对其进行测试。最有效的呼吸测试方式是不管警察拦车的原因是什么，他们对所有被拦停的驾驶人都进行经常性的测试。文献资料表明，清醒检查站（随机的和选择性的呼气测试）有助于减少道路交通伤害和死亡。④ 而酒精点火联锁装置是累犯重塑策略的一部分，酒精点火联锁装置在国际上被认为是减少累犯的一个很好的

---

① 徐爱华译：EC Recommendation BAC Limit 2001.

② 徐爱华译：North, P: Report of the Review of Drink and Drug Driving Law, report for the DfT. (2010).

③ 徐爱华译：European Transport Safety Council, Traffic Law Enforcement across the EU, Tackling the Three Main Killers on Europe'sRoads, 2011：11-13.

④ 徐爱华译：Shults RA, Elder RW, Sleet DA et al.：Reviews of evidence regarding interventions to reduce alcoholimpaired driving (Brief record). American Journal of Preventive Medicine 21 (4 supplement), 2001：66-88.

措施。一些研究表明，在预防累犯方面，酒精点火联锁项目比完全吊销驾照更有效。多项研究表明，安装酒精点火联锁装置的驾驶人再次酒驾的概率比撤销驾照的驾驶人下降了 65%~90%。① 例如，荷兰交通部采用酒精点火联锁项目（AIP）对付严重醉酒驾驶犯和累犯，AIP 标准期限为两年，如果两年内参与者还没有能够证明他们可以不喝酒驾驶车辆，AIP 将以六个月为一个周期反复延长。② 当血液酒精含量超过 1.3g/l（初犯）或 0.8g/l（惯犯）时，法律程序就会启动。但如果违法者不参加酒精点火联锁项目，或者参加项目但没有完成，驾驶执照已失效 5 年，就会强制执行法律程序。

2. 关于超速行驶的法律规定

超速行驶是道路交通主要风险因素之一。根据有关研究，车辆平均速度每减少 1%，造成伤害的事故就会下降 2%，导致严重的伤害事故就会下降 3%，死亡事故就会下降 4%。③ 因此，降低车速有利于保障交通安全，减少交通事故人员伤亡。驾驶人往往明知道高速度会带来高风险，但驾驶车辆时又容易超过限速标准，故超速行为仍然普遍存在，④ 针对超速这种普遍性的交通违法行为，不少欧洲国家使用测速仪执法，并取得了不错的执法效果。良好的速度控制系统的其他要素包括与道路基础设施相一致的安全、可靠的速度限制。在有关超速行驶方面，也制定了一系列的法律规定。

在欧洲，部分国家和地区一般最高车速在城市道路为 60~80km/h，其他道路为 70~100km/h，高速公路为 110~130km/h；最低车速在普通道路为 15~30km/h，高速公路为 60km/h。此外，在视线受阻的路段、转弯处、学校附近、交叉路口、急剧下坡处、夜间、雾天、阴天、多灰尘情况、狭窄路段或易堵塞的路段、人口稠密区以及靠近住宅的地方应当减速行驶。⑤ 例如，比利时《道路交通法》规定，"任何驾驶员应根据地方规定、交通阻塞、交通密度、路况来调整车速；驾驶员应考虑速度，以便与前车保持足够安全的距离；禁止任何人鼓动或怂恿驾驶员超速行驶。"其中第 11 条规定，"在居民点内，车速限定在 60km/h，但是在某些道路上，可以用交通信号规定或允许更低或更高的车速；在居民点外，车速限定

---

① 徐爱华译：SWOV（2007）：Fact Sheet "Alcolock". Leidenscham, The Netherlands.

② 徐爱华译：RDW is the type approval authority of the Netherlands http：//tgk. rdw. nl/en/engelse_tgk_site/.

③ 徐爱华译：Aarts, L. & van Schagen, I. Driving speed and the risk of road crashes：a review, Accident Analysis and Prevention, 2006 Mar, vol. 38, issue 2, pp：215-224.

④ 徐爱华译：See experience from the Netherlands（Safe System Approach）, Sweden, the UK and many others. ETSC（2008）ShLOW Show me How Slow.

⑤ 杨钧主编. 部分国家和地区道路交通立法研究［M］. 北京：机械工业出版社, 2008：107.

为，在高速道路和有四条或更多条车道，其中每个方向至少有两条车道的道路上车速为 120km/h；公共汽车和大客车车速限定在 75km/h，除了在高速道路或有四条或更多车道，其中每个方向至少有两条车道的道路上行驶的情况外"①。

（二）美国有关危险驾驶罪的法律规定

应该说，美国各州制定的有关危险驾驶行为的法律规定各不相同，但是都大致重点规定了驾驶人血液酒精浓度（BAC）、对于酒后驾驶人的处罚以及对速度的限制规制等几个方面的内容。

1. 关于酒后驾驶或服用药物的法律规定

得克萨斯州的酒后驾驶问题比较严重，当地法律规定，驾驶人血液酒精浓度（BAC）达到 0.08 就构成了酒驾。一些罚款高达 10000 美元。而在位于公共道路机动车上的乘客区域内，放有一个打开的酒瓶是非法的，无论车辆是否正在运行、被截停或熄火，对这一违法行为的罚款不超过 500 美元。年轻驾驶人（17-25 岁）在美国交通事故当事人中占了很大的比例，酒后驾车常常是这些致命和非致命的车祸频发的主要原因。因此，需要采取干预措施来防治大学生群体中的饮酒等危险驾驶行为。② 其中，得克萨斯州针对未成年人饮酒的法律很严格，根据得克萨斯州关于酒精饮料的准则规定，未成年人是指任何 21 岁以下的人，未成年人不得购买、企图购买、饮用或拥有酒精饮料。由于未成年人不应该有酒，针对未成年人违反非驾驶的涉及酒精相关的法律或者未成年人酒后驾车，通过了零容忍法律。只要一个未成年人在公共场所驾驶汽车或船只时，在他的体内检测到任何的酒精量，那么他就犯了未成年人酒后驾车罪。其中，对未成年人非驾驶的涉及酒精相关违法行为的处罚，如第一次违法，C 类轻罪，罚款 500 美元以下，8-12 个小时的社区服务，强制参加酒精意识课程，暂扣驾照（如果无驾照则取消优先获得驾照的权利）30 天。第二次违法，C 类轻罪，罚款 500 美元以下，20-40个小时的社区服务，可能需要参加酒精意识课程，暂扣驾照（如果无驾照则取消优先获得驾照的权利）60 天。第三次违法（17 岁以下），C 类轻罪，罚款 500 美元以下，20-40 个小时的社区服务，可能需要参加酒精意识课程，暂扣驾照（如果无驾照则取消优先获得驾照的权利）60 天或案件移交少年法庭；第三次违法（17-21 岁），B 级轻罪，罚款 250-2000 美元，可能需要参加酒精意识课程，不

---

① 杨钧主编. 部分国家和地区道路交通立法研究 [M]. 北京：机械工业出版社，2008：110.

② 刘运鹏译：Ryan J. Martin，Melissa J. Cox，Beth H. Chaney & Adam P. Knowlden：Examination of associations between risky driving behaviors and hazardous drinking among a sample of college students [J]. Traffic Injury Prevention，2018（19）：563-568.

超过 180 天的监禁，暂扣驾照（如果无驾照则取消优先获得驾照的权利）180 天。未成年人从第三次违法起以及此后的每一次违法都不适用缓刑。除了以上处罚，如果未成年人由于违反（上述）非驾驶酒精相关法律而被暂扣驾照后仍然上路开车，就会受到无证驾驶的处罚。此外，未成年人如果因为在公共场所醉酒驾驶汽车或船舶而被逮捕，或者如果警察认为他们在公共场所驾驶汽车时体内的酒精量显而易见，就意味着他们同意采集一个或多个呼吸或血液标本进行分析。如果拒绝提供呼吸或血液标本，将导致未成年人驾照的吊销或者没有驾照的未成年人的驾驶特权的暂停。①

此外，对于服用药物驾驶也有相关的法律规定。例如，在亚利桑那州，任何人在酒后或服用任何药物后驾驶或实际控制任何车辆都是非法的。任何药物都可能会影响驾驶人的驾驶能力，驾驶人的体重、情绪状态、服药量或服药时间，都会影响驾驶人的感知觉、注意力，以及对紧急情况或速度和距离的判断能力。如果一个人服用一种以上药物，或者一个人混合服用药物，特别是镇静剂，尤其是酒精与镇静剂或其他镇静催眠药的混合服用，那么其驾驶能力乃至生命健康都会受到极大的影响，发生交通事故的可能性会大大增加。许多非处方药会引起一些人的嗜睡，这会影响他们的驾驶。②

2. 关于超速行驶的法律规定

车速是交通安全的重要组成部分，驾驶人必须遵守所有的速度规则。在加利福尼亚州，超速驾驶是最常见的违法现象，此类行为在所有青少年交通违法行为中占 50%。加利福尼亚州有一个"基本的速度法律"，该法律意味着在当前的路况中，驾驶人不能超出安全的驾驶速度。加利福尼亚州的法律还规定，大多数加利福尼亚公路的最高限速为每小时 65 英里。如果标志牌上的规定允许，驾驶人可以每小时 70 英里。除非另行规定，在没有划分车道的两车道公路上或牵引拖车的车辆，最高限速是每小时 55 英里。当在距离一所学校 500 英尺至 1000 英尺的范围内驾驶时，有孩子在外面或过马路时，车速限制为每小时 25 英里，除非另有规定。当校车闪烁红灯（位于车顶的前面和车后）时，无论驾驶人朝哪个方向行驶，都必须停车，直到孩子们安全地过街和校车上的红灯停止闪烁。如果你不停车，会被罚款 1000 美元，你的驾驶特权可能会被暂停 1 年。③

---

① 郑红雯等编著. 中外道路交通安全法律之比较研究［M］. 北京：中国法制出版社，2019：38-39.

② 徐爱华译：Driver License Division，Texas Department of Public Safety：Texas Driver Handbook，2016：58-61. See also http：//www.dps.texas.gov/DriverLicense/.

③ 徐爱华译：Edmund G. Brown Jr.，Brian P. Kelly，Jean Shiomoto：California Driver Handbook，2016：65-67，www.dmv.ca.gov.

（三）其他国家有关危险驾驶罪的法律规定

1. 有关服用酒精和药物后驾驶的法律规定

东亚和南亚地区是世界上交通事故最频繁且伤亡损失最重的地区，其中占较大比例的是因酒驾引发的交通事故，如印度酒驾问题形势较为严峻，对此的法律规定和相关研究比较多。评估了 21 个国家查处酒驾执法效应，各国的评分从 0 分到 10 分，文莱、中国、日本和新加坡得到了超过 8 分的高分，而包括印度在内，有 9 个亚洲国家得到了 3 分以下的低分。① 在亚洲的其他国家，除阿富汗和马尔代夫外，所有国家都有关于酒后驾驶的法律；此外，在孟加拉国、印度尼西亚、尼泊尔、巴基斯坦和菲律宾 5 个国家，没有规定判定酒驾的血液中的酒精浓度标准。但是，不少国家尚未对驾驶人使用药物的情况、药物的使用对道路交通事故的影响等引起重视和展开研究，全面了解药物使用的各个方面，如用药持续时长、使用人群、地域分布及其影响，对于立法和制定执法政策至关重要。②

日本《道路交通安全法》第 65 条第 1 款针对酒后驾驶行为作出了禁止性规定，"任何人不得在酒后驾驶车辆"。其中日本《道路交通安全法》第 117 条之二第 1 项规定："违反本法第 65 条第 1 款的规定驾驶车辆者，在实施驾驶行为时，处于受酒精影响可能难以正常驾驶的醉酒状态的，处 5 年以下惩役或者 100 万日元以下罚金。"日本《道路交通安全法》还针对酒后驾驶及其帮助、教唆等行为设置了数个罪名，其中，涉及酒后驾驶行为的犯罪有酒后驾驶罪和醉酒驾驶罪；涉及酒后驾驶帮助行为的犯罪有为酒后驾驶者提供车辆罪、为酒后驾驶者提供酒类罪和要求、请求与酒后驾驶者同乘罪；涉及酒后驾驶教唆行为的犯罪有命令、容认酒后驾驶罪；涉及妨碍酒后驾驶证据收集行为的犯罪有拒绝、妨碍呼气酒精检测罪。③

2. 有关超速行驶的法律规定

日本的道路交通安全法律规定，对驾驶者超过最高限制时速在道路上驾驶机动车的行为，应以超速驾驶罪或过失超速驾驶罪认定；对机动车使用者命令、容认驾驶者超过最高限制时速在道路上驾驶机动车的行为，应以命令、容认超速驾驶罪认定；二人以上驾驶机动车在道路上超速追逐竞驶的行为，构成共同危险驾驶罪。

---

① 刘运鹏译：Jac Wismans, Ingrid Skogsmo, Anna Nilsson-Ehle, Anders Lie, Marie Thynell& Gunnar Lindberg：Commentary：Status of road safety in Asia［J］. Traffic Injury Prevention, 2016（17）：217-225.

② 刘运鹏译：Ashis Das, Hallvard Gjerde, Saji S. Gopalan & Per T. , Normann：alcohol drugs and road traffic crashes in india：a systematic review［J］. Traffic Injury Prevention, 2012（13）：544-553.

③ 周舟著：中日道路交通犯罪比较研究［M］. 北京：法律出版社，2016：229-247.

日本《道路交通安全法》第 22 条第 1 款规定："车辆不得在道路上以超过道路标识等规定的最高限制速度行驶。在其他没有道路标识等规定最高限制速度的道路上行驶，不得超过政令规定的最高限制速度。"其中，"政令规定的最高限制速度"主要是指《道路交通安全法施行令》第 11 条和第 27 条第 1 款的相关规定："机动车和带发动机的自行车在高速公路主干车道以外的道路上（无道路标识等规定最高限制速度）行驶时，机动车最高行驶速度为 60 公里/小时，带发动机的自行车为 30 公里/小时"；"机动车在高速公路主干车道上行驶时，根据不同的机动车类型，分别应当遵循以下最高限制速度的规定：属于以下机动车的，最高行驶速度为 100 公里/小时：具有专门运输旅客构造的大型机动车；具有专门运输旅客构造或者车辆总重量不满 8000 公斤、最高载重不满 5000 公斤以及最高载员不超过 10 人的中型机动车；普通机动车；大型二轮机动车；普通二轮机动车；上述机动车以外的机动车，最高行驶速度为 80 公里/小时"。同时，日本《道路交通安全法》第 118 条第 1 款第 1 项规定，"违反本法第 22 条的规定实施超速驾驶行为的，处 6 个月以下惩役及 10 万日元以下罚金"。第 118 条第 2 款规定，"过失违反本法第 22 条的规定实施超速驾驶行为的，处 3 个月以下禁锢或者 10 万日元以下罚金"。日本《道路交通安全法》第 75 条第 1 款第 2 项规定，"机动车使用者（包括安全驾驶管理者等其他具有直接管理机动车运行地位者）不得为了其工作，命令、容认驾驶者违反本法第 22 条第 1 款的规定驾驶机动车"。第 118 条第 1 款第 4 项则规定，"违反本法第 75 条第 1 款第 2 项者，处 6 个月以下惩役或者 10 万日元以下罚金"。另外，日本《道路交通安全法》第 68 条规定，"二人以上机动车或者带发动机的自行车的驾驶者，在道路上驾驶两辆以上的机动车或者带发动机的自行车前后相连行驶或者并排行驶时，不得共同实施明显会给道路交通造成危险或者明显会给他人造成困扰的行为"。第 117 条之三则规定，"违反本法第 68 条的规定者，处 2 年以下惩役或者 50 万日元以下罚金"。[①]

二、中外危险驾驶罪之比较

随着我国社会经济的快速发展以及交通需求的不断增加，机动车与驾驶人的数量持续增长，有关交通的刑事犯罪案件数量也令人吃惊。从 2018 年起，最高人民法院公布的数据表明，危险驾驶罪案件数量已成为排在第一位的刑事案件，其

---

① 周舟著：中日道路交通犯罪比较研究［M］. 北京：法律出版社，2016：248-254.

中 2023 年危险驾驶罪同比上升 15.3%。① 而在人民法院审理的危险驾驶罪案中，醉驾型危险驾驶罪占绝大多数。② 近年来，全国范围内发生了"成都孙某案""南京张某案"和"杭州胡某案"等多起交通刑事案件，其中醉驾、超速行为的危害后果十分严重，产生了恶劣的社会影响，引发了公众对醉酒驾驶、追逐竞驶以及超速等危险驾驶问题的关注，也带来了《刑法修正案（八）》《刑法修正案（九）》和《道路交通安全法》等法律、法规的修订，从而设立了危险驾驶罪。

（一）我国危险驾驶罪的有关规定

《刑法》第一百三十三条之一规定："在道路上驾驶机动车，有下列情形之一的，处拘役，并处罚金：（一）追逐竞驶，情节恶劣的；（二）醉酒驾驶机动车的；（三）从事校车业务或者旅客运输，严重超过额定乘员载客，或者严重超过规定时速行驶的；（四）违反危险化学品安全管理规定运输危险化学品，危及公共安全的。机动车所有人、管理人对前款第三项、第四项行为负有直接责任的，依照前款的规定处罚。有前两款行为，同时构成其他犯罪的，依照处罚较重的规定定罪处罚。"据此，危险驾驶行为大致具有以下三个特性：一是客观上容易造成被害人死亡、重伤等严重危害公共安全后果的发生；二是在主观上表现为行为人明知此类行为容易造成严重的危害后果，仍然危险驾车；三是基于危险驾驶行为的存在，使其他正常行驶的车辆与行人置于危险的境地，严重威胁他人的生命、健康和财产的安全。③ 从危险驾驶罪的犯罪构成来看，该罪的主体应该为已满十六周岁的具有刑事责任能力的自然人；该罪的客体为危险驾驶行为所侵犯的而为刑法所保护的社会关系，包括公共安全，个人生命、健康，公私财产等；该罪的主观方面应是行为人故意；该罪的客观方面为行为人实施了醉酒驾驶等危险驾驶行为。④

1. 醉酒驾驶

国家标准《车辆驾驶人员血液、呼气酒精含量阈值与检验》规定，"驾驶人员每 100 毫升血液酒精含量大于或等于 20 毫克，并每 100 毫升血液酒精含量小于 80 毫克为饮酒驾车；每 100 毫升血液酒精含量大于或等于 80 毫克为醉酒驾车。"驾驶人醉酒后会导致很多生理和心理上的变化以及驾驶能力的严重下降，并对安

---

① 最高人民法院：去年全国法院刑事一审案件收案 123 万件，危险驾驶罪案件数量居首位。https：//www.163.com/dy/article/Iss711PO05149273.html.2024-03-09.

② 芦晶晶.保定地区危险驾驶罪司法适用问题的实证调查研究 [J].吉林广播电视大学学报，2017（4）：153-154.

③ 郑创彬.我国刑法增设"危险驾驶罪"的法理探析 [J].河北公安警察职业学院学报，2010（2）：64.

④ 郑红雯.预防和控制危险驾驶行为的立法建议 [J].江苏警官学院学报，2011（1）：114.

全驾驶造成严重的影响。其中"醉酒驾驶机动车"的"酒",不应限于白酒、啤酒等酒类,甚至包括含有酒精成分的食物和药品等。对明知物质内含有乙醇酒精并服用的,只要血液内酒精含量超过了80毫克/100毫升,就可以危险驾驶罪定罪处罚。[①]"每100毫升血液酒精含量大于或等于80毫克"是认定醉酒驾驶型危险驾驶罪的标准。

2. 追逐竞驶、情节恶劣

"追逐竞驶"是指行为人主观上有危险驾驶的故意,客观上有快速追赶驾驶、严重超速、多次别挡、碰撞的行为,就构成了刑法意义上的"追逐竞驶"。从司法实践来看,追逐竞驶既可指竞驾者为逞强好胜而追赶其他机动车辆和非机动车辆,也可指竞驾者之间为分出高低而互相追逐。[②] 追逐竞驶的对象也不一定是事先约好的相互追逐者,而可能是道路上的任何其他车辆的驾驶人员。[③] 而"情节恶劣"应以追逐竞驶行为本身、所处的交通环境以及可能对公共安全造成的危险程度(如速度高低、追逐竞驶的次数、危险程度、驾驶的速度、方式、次数、行驶的路段及交通环境等)来确认。

3. 校车和旅客运输严重超员、严重超速

2012年4月5日,国务院正式出台了《校车安全管理条例》。该条例共62条,分别从学校和校车服务提供者、校车使用许可、校车驾驶人、校车通行安全、校车乘车安全、法律责任等多个方面对我国校车安全进行了规定。继国家层面的系列政策出台之后,各级地方人民政府也在此基础上分别推出了相关的配套措施,校车安全管理法律规范和管理体制日趋完善。对于严重超员和严重超速,根据《道路交通安全法》第九十二条的规定,车辆载客超过额定乘员的,处二百元以上五百元以下罚款;超过额定乘员百分之二十的,处五百元以上二千元以下罚款。《道路交通安全法》第九十九条则规定,机动车行驶超过规定时速百分之五十的,处二百元以上二千元以下罚款。《校车安全管理条例》还规定,校车载人超过核定人数的,或校车驾驶人违反道路交通安全法律、法规关于道路通行规定的,由公安机关交通管理部门依法从重处罚。

4. 违法运输危险化学品

由于危险化学品自身性质特殊,其往往具有腐蚀性、放射性、毒害性、易爆易燃等特点,事故一旦发生,其扩散速度快,抢救难度大,极易造成重大人员伤

①　叶巍,周召. 对醉酒驾驶机动车中醉酒的理解 [J]. 人民司法,2018 (5):17.
②　叶素敏. 危险驾驶罪中"追逐竞驶""情节恶劣"的认定 [J]. 中国检察官,2021 (6):71-72.
③　张骁骁. 追逐竞驶型危险驾驶罪认定中的若干问题 [J]. 湖北警官学院学报,2013 (6):72.

亡、公私财产损失以及生态环境破坏等严重后果。2002 年，国务院颁布了《危险化学品安全管理条例》并几经修订。在运输管理方面，该条例主要从运输企业的资质、驾驶人员的从业资格、危险化学品的安全防护、运输车辆的安全标准、剧毒化学品道路运输通行证申请等多方面进行了规定。危险化学品运输具有高度的风险性和危害性，会对不特定多人的安全造成严重的威胁，存在强烈的现实危险性，因此，《刑法修正案（九）》将其列入增修条款中，这是对公共安全和人们生命健康与财产安全的保障。①

应该说，从对危险驾驶罪的立法及其修订情况来看，我国刑法不断扩大了危险驾驶行为的种类，加大了对追逐竞驶并且情节恶劣、醉酒驾驶、严重超员或者超速以及违反危险化学品安全管理规定运输危险化学品等危险驾驶行为的惩处力度。2011 年《刑法修正案（八）》规定，在刑法第一百三十三条后增加一条，作为第一百三十三条之一："在道路上驾驶机动车追逐竞驶，情节恶劣的，或者在道路上醉酒驾驶机动车的，处拘役，并处罚金。有前款行为，同时构成其他犯罪的，依照处罚较重的规定定罪处罚。"《刑法修正案（八）》将公众颇为关注的追逐竞驶和醉酒驾驶两种危险驾驶行为纳入了刑法予以规制，首次将在道路上驾驶机动车追逐竞驶，情节恶劣的，或者在道路上醉酒驾驶机动车的行为定为危险驾驶罪，其中"醉驾"的处罚由原来的最高"处十五日拘留、吊销机动车驾驶证和二千元罚款"的行政处罚升格为"处拘役，并处罚金"的刑事处罚。2015 年《刑法修正案（九）》将《刑法》第一百三十三条之一又作了进一步的修订，《刑法修正案（九）》在《刑法修正案（八）》的基础上，将校车和旅客运输严重超员、严重超速及违法运输危险化学品等情形也纳入危险驾驶罪加以规制，其中对从事校车业务或者旅客运输车辆严重超员从最高二千元罚款的行政处罚及严重超速最高二千元罚款，可以并处吊销机动车驾驶证的行政处罚升格为"处拘役，并处罚金"的刑事处罚；将违反危险化学品安全管理规定运输危险化学品，危及公共安全行为的处罚由《治安管理处罚法》《危险化学品安全管理条例》等法律、法规规定的行政处罚，升格为"拘役、并处罚金"的刑事处罚。随着危险驾驶罪立法的修订完善，全国公安机关交通管理部门开展了轰轰烈烈的整治醉驾等犯罪行为的活动，全国醉驾案件总体有所下降，收到了较好的效果，但是形势依然较为严峻，危险驾驶刑事案件一直居高不下，"从近 9 年的数据来看，数量

---

① 郏红雯等编著·中外道路交通安全法律之比较研究［M］.北京：中国法制出版社，2019：12.

不断攀升，目前已高居刑事案件数量首位"①。而到 2020 年，全国法院审结"醉驾"等危险驾驶犯罪案件总数为 28.9 万件，占刑事案件总数的比例高达 25.9%，危险驾驶罪成为名副其实的第一大罪，是盗窃罪的 1.71 倍，其中发案率最高的危险驾驶犯罪类型是"醉驾"。②

（二）完善危险驾驶罪之比较借鉴

在对中外危险驾驶罪的定罪量刑进行比较分析的基础上，从预防与减少此类案件的发生和保障人们在参与道路交通活动中的生命健康安全的角度出发，提出完善危险驾驶罪的有关建议。

1. 严格依法办案

《最高人民法院、最高人民检察院、公安部、司法部关于办理醉酒危险驾驶刑事案件的意见》第一条规定，"人民法院、人民检察院、公安机关办理醉驾案件，应当坚持分工负责，互相配合，互相制约，坚持正确适用法律，坚持证据裁判原则，严格执法，公正司法，提高办案效率，实现政治效果、法律效果和社会效果的有机统一。人民检察院依法对醉驾案件办理活动实行法律监督"。第十条则对醉驾需要从重处理的情形作了规定，"醉驾具有下列情形之一，尚不构成其他犯罪的，从重处理：（一）造成交通事故且负事故全部或者主要责任的；（二）造成交通事故后逃逸的；（三）未取得机动车驾驶证驾驶汽车的；（四）严重超员、超载、超速驾驶的；（五）服用国家规定管制的精神药品或者麻醉药品后驾驶的；（六）驾驶机动车从事客运活动且载有乘客的；（七）驾驶机动车从事校车业务且载有师生的；（八）在高速公路上驾驶的；（九）驾驶重型载货汽车的；（十）运输危险化学品、危险货物的；（十一）逃避、阻碍公安机关依法检查的；（十二）实施威胁、打击报复、引诱、贿买证人、鉴定人等人员或者毁灭、伪造证据等妨害司法行为的；（十三）二年内曾因饮酒后驾驶机动车被查获或者受过行政处罚的；（十四）五年内曾因危险驾驶行为被判决有罪或者作相对不起诉的；（十五）其他需要从重处理的情形。"

2. 贯彻宽严相济政策

近年来，针对各地危险驾驶罪定罪量刑中出现的适用不一，以及针对当前案件办理的具体情形，《最高人民法院、最高人民检察院、公安部、司法部关于办理醉酒危险驾驶刑事案件的意见》第二条规定，"人民法院、人民检察院、公安

---

① 醉驾高居刑事案件数量首位：https：//www.360kuai.com/pc/9029dea527f345ca9？cota＝3&kuai_so＝1&sign＝360_57c3bbd1&refer_scene＝so_1.2021.08.09.

② 周光权．论刑事一体化视角的危险驾驶罪［J］．政治与法律，2022（1）．

机关办理醉驾案件，应当全面准确贯彻宽严相济刑事政策，根据案件的具体情节，实行区别对待，做到该宽则宽，当严则严，罚当其罪"。第十二条则进一步规定，"醉驾具有下列情形之一，且不具有本意见第十条规定情形的，可以认定为情节显著轻微、危害不大，依照刑法第十三条、刑事诉讼法第十六条的规定处理：（一）血液酒精含量不满150毫克/100毫升的；（二）出于急救伤病人员等紧急情况驾驶机动车，且不构成紧急避险的；（三）在居民小区、停车场等场所因挪车、停车入位等短距离驾驶机动车的；（四）由他人驾驶至居民小区、停车场等场所短距离接替驾驶停放机动车的，或者为了交由他人驾驶，自居民小区、停车场等场所短距离驶出的；（五）其他情节显著轻微的情形。醉酒后出于急救伤病人员等紧急情况，不得已驾驶机动车，构成紧急避险的，依照刑法第二十一条的规定处理"。第十三条还规定，"对公安机关移送审查起诉的醉驾案件，人民检察院综合考虑犯罪嫌疑人驾驶的动机和目的、醉酒程度、机动车类型、道路情况、行驶时间、速度、距离以及认罪悔罪表现等因素，认为属于犯罪情节轻微的，依照刑法第三十七条、刑事诉讼法第一百七十七条第二款的规定处理"。即在办理危险驾驶案件时，不应只考虑血液中酒精含量这一个标准，还应当综合把握行为人的醉酒程度、机动车类型，行驶道路、行驶时间、行驶速度、行驶距离，是否造成实际损害情况，行为人是否认罪、悔罪等其他影响定罪量刑的情节，切实贯彻宽严相济刑事政策，以求正确适用危险驾驶罪，并取得法律效果和社会效果的有机统一。

3. 采取其他治理措施

《最高人民法院、最高人民检察院、公安部、司法部关于办理醉酒危险驾驶刑事案件的意见》第三条规定，"人民法院、人民检察院、公安机关和司法行政机关应当坚持惩治与预防相结合，采取多种方式强化综合治理、诉源治理，从源头上预防和减少酒后驾驶行为发生"。社会治理不能过于强调和依赖刑法规制这一处罚手段，不能简单地用刑事处罚一处了之，要积极贯彻政府领导、各部门各负其责、社会协同的原则，主动开展有关的道路交通安全宣传教育工作，分析危险驾驶行为发生的根本原因，采取社会综合治理，创新技术手段，预防与减少危险驾驶行为的发生。例如，美国亚利桑那州法律规定，酒后驾车首次违法的，拘留不少于10天，暂扣驾驶执照不少于90天，罚款不少于1250美元；你也会被要求接受酒精筛查/教育/治疗，被要求参加社区服务，在任何你开的车辆上安装认证点火联锁装置。第二次及以后违法，拘留不少于90天，罚款不低于3000美元，吊销驾照12个月；你也将需要进行酒精筛查/教育/治疗，在任何你开的车辆上安装认证点火联锁装置，并被责令进行社区服务。①

总之，对现行危险驾驶罪等有关法律、法规的修改与完善，既要与当前的道路交通安全形势和社会发展相适应，又要反映广大民众对酒后驾驶等危险驾驶行为的意愿，还要符合刑罚、行政处罚等内在的法律体系。在当前我国机动车以及驾驶人处于快速发展的时期，在借鉴国外关于"危险驾驶"立法的基础上，结合我国的实际情况，进一步完善相应的法律、法规，加大协同治理的力度，加强科技手段的开发和利用，提高公众守法意识，营造良好社会环境，从而在根源上有效地预防和控制危险驾驶行为及交通事故的发生，保障公众的人身和财产安全。

第三节　中外交通事故责任认定与损害赔偿

目前，我国交通事故的处理模式是先由公安机关交通管理部门在交通事故现场勘查、调查取证、检验鉴定的基础上，作出交通事故认定书，明确当事人是否负交通事故责任及事故责任大小，当事人就交通事故损害赔偿向公安机关、人民调解委员会等申请调解或者直接向人民法院提起民事诉讼，相关的调解机构、法院再根据当事人所负有的交通事故责任、交通方式、损害后果等情况确定当事人应当承担的损害赔偿责任。而在国外，交通事故损害赔偿大都是通过交通法庭来解决，法庭通常会根据当事人的交通方式、有无过错等情况分别适用不同的归责原则确定各方的损害赔偿责任。

一、中外交通事故责任认定之比较

（一）国外交通事故的责任认定

1. 国外侵权行为法中关于过错的学说

因交通事故导致的损害赔偿之债是一种侵权行为之债。侵权行为法起源于西方，目前，在侵权行为法领域主要有以下三种学说。第一，过错是主观概念说。这种观点认为，过错是指违法行为人对自己的行为及其所造成的损害后果所持的主观心理态度，是行为人承担法律责任的主观要件，包括故意、过失及恶意，这一理论已成为很多国家的民法理论基础。第二，过错是客观概念说。以法国安德烈·蒂克为代表的一些学者主张过错是客观的概念，"过错是指任何与善良公民

---

① 徐爱华译：Douglas A. Ducey，John S. Halikowski，Eric R. Jorgensen：Arizona Driver License Manual and Customer Service Guide，2015：46-47 azdot. gov/mvd.

行为相偏离的行为"①。第三，过错是综合概念说。过错既是一种心理状态，又是一种客观的行为活动。过错固然是行为人进行某种行为时的心理态度，但同时，讨论过错又离不开行为人的行为（不行为），过错是对行为人实施某种行为时所具有的心理状态以及行为本身的社会评价和价值评价。

2. 德国对交通事故中当事人过错的认定

德国是典型的大陆法系国家，其交通事故的损害赔偿分为全额赔偿和限额赔偿两种处理模式。如果受害人主张被告赔偿自己因交通事故所致的全部损失，需要证明被告方对于交通事故所致的损害后果具有过错；如果受害人仅主张限额赔偿，只需要证明其所受伤害系由被告的机动车造成即可，机动车驾驶人、保有人或者持有者须向法庭证明自己没有过错，否则法官将根据机动车的"惯常运行风险"确定机动车方的危险责任。② 法庭在判断受害人是否存在过错时是以交通规则为依据的，凡自行车驾驶人和行人违反交通规则的，即认定受害人具有过错，如果非机动车、行人一方的过错招致的风险超过了机动车的风险性，机动车方的责任将会减少，甚至不用承担任何责任。③。

3. 美国对交通事故中当事人过错的认定

英美法系国家中，是以过错责任原则确定交通事故损害赔偿责任的。在美国，汽车已成了生活必需品，民众不认为汽车具有高度危险性，同时，美国法律要求，每个社会成员都负有必须以一种可以避免对他人造成伤害的方式实施自己的行为的义务，即"一个有着正常谨慎的合理人在类似的情况下的行为"。"合理人"标准适用所有的社会成员，同时，因为它需要综合考虑有关案件的具体情况（天气、视线、交通环境等）来决定，故其并不是一种预定的、一成不变的标准。④

（二）我国交通事故的责任认定

交通事故往往是在瞬间发生的，同时，其也不是当事人主动追求的结果，通常情况下，非机动车驾驶人或行人既无条件也无能力证明机动车方的过错或自己没有过错。"要求一个受伤的人证明过错的结果，给许多没有充足资金证明这种过错的无辜者带来了最大的不公正。"⑤ 为了公平、合理地解决交通事故损害赔偿

① 杨立新主编. 道路交通事故研究［M］. 北京：法律出版社，2009：114-115.
② 杨立新. 德国与荷兰侵权行为法考察日记［M］//载杨立新主编. 中华人民共和国侵权责任法草案建议稿及其说明. 北京：法律出版社，2007：386-387.
③ 廖焕国. 道路交通事故侵权责任：争点与案例［M］. 北京：法律出版社，2010：53-54.
④ 杨立新. 道路交通事故研究［M］. 北京：法律出版社，2009：80-81.
⑤ 廖焕国. 道路交通事故侵权责任：争点与案例［M］. 北京：法律出版社，2010：54-55.

纠纷，最大限度地保护非机动车、行人等的合法权益，我国目前建立了公安机关、人民调解委员会和人民法院分段、合作的处理模式，即公安机关交通管理部门负责前期调查取证，并根据调查情况作出交通事故认定书，认定当事人是否负交通事故责任及事故责任大小，通常情况下，公安机关交通管理部门制作的交通事故认定书作为一种法定证据，都会被相关调解机构、法院所优先采信。

1. 当事人事故责任的来源及属性

"交通事故责任"一词最早出现于《道路交通事故处理办法》[1]，《道路交通事故处理办法》第五条规定："公安机关处理交通事故的职责是：处理交通事故现场、认定交通事故责任、处罚交通事故责任者……"此时，其虽然被称为"责任"，但已不再具有法律责任的属性。《道路交通事故处理办法释义》一书中认为，"交通事故责任"是公安机关对当事人在交通事故中所起的作用作出的定性、定量的结论，是用以说明事故发生原因的结论，是交通事故责任者承担法律责任的依据，但其本身并不是法律责任。[2]

2004 年前后，在《道路交通安全法》制定过程中，一些专家、学者曾对交通事故责任的属性及是否需要在交通事故认定书中划分交通事故责任产生过分歧，"交通事故责任认定书"应更名为"交通事故成因分析报告书"等观点曾一度占据上风。例如，《道路交通安全法》草案二次审议稿第六十八条的文稿是："公安机关交通管理部门应当根据事故现场勘验、检查、调查情况和有关的检验、鉴定结论，分析查明交通事故的基本事实和形成原因，制作交通事故成因报告书，并送达当事人。"审议过程中，一些地方法院提出，如果公安机关只制作事故成因报告书，不再作责任认定，大量的交通事故纠纷只能由法院处理，法院难以承担……为了既有利于快速处理交通事故又有利于保护当事人的合法权益，最终出台的《道路交通安全法》既没有采用"交通事故成因分析报告书"，也没有完全沿用原来的"交通事故责任认定书"，而是修改为"交通事故认定书"，但公安机关仍然需要划分当事人应负的事故责任，同时又明确规定交通事故认定书是种证据。[3]

《道路交通安全法》出台后，理论界延续了交通事故责任不是法律责任的观点。例如，浙江警察学院管满泉教授在《道路交通事故处理》一书中认为，道路

---

[1] 《道路交通事故处理办法》于 1991 年 9 月 22 日由中华人民共和国国务院令第 89 号发布，现已废止。

[2] 国务院法制局政法司，公安部交通管理局. 道路交通事故处理办法释义［M］. 北京：中国政法大学出版社，1991：28.

[3] 公安部交通管理局. 中华人民共和国道路交通安全法适用指南［M］. 北京：中国人民公安大学出版社，2003：45.

交通事故责任是指公安机关交通管理部门在查明交通事故的基本事实和原因后，依法对当事人的行为在事故中所起作用及当事人的主观过错的严重程度作出定性和定量的结论。① 浙江警察学院杜心全教授在《道路交通事故责任认定指南》一书中提出，交通事故当事人的责任，是指公安机关交通管理部门通过事故现场勘查、调查取证、查明原因后，依据道路交通法规确认当事人的违法行为，对交通事故的发生以及对后果所起作用进行的定性、定量的描述。所谓定性，是指当事人的行为是否与交通事故有因果关系，定量是指当事人的行为与交通事故有因果联系的前提下，确定联系的紧密程度、当事人行为及过错对交通事故的作用大小。② 因此，"交通事故责任"一词本质上已经不再具有法律责任的属性，而是对当事人在交通事故中有无过错、其过错与事故有无因果关系及其在交通事故中所起作用大小所作的定性和定量的分析认定，是追究事故当事人的民事、行政和刑事责任的一种法定的证据。

2. 我国认定交通事故责任的基本原则

我国交通事故责任认定原则经历了一个从无到有、从实践到理论、从简单到成熟的过程。1951 年和 1955 年，公安部发布的《城市陆上交通管理暂行规则》《城市交通规则》仅仅规定交通肇事后应视情追究肇事者的民事、行政或刑事法律责任，至于如何视情追究肇事者的法律责任未具体提及。为了便于交通事故的处理，依法、准确地追究肇事者的相关法律责任，二十世纪八十年代北京市交通事故处理人员在实际工作中根据当事人违法条款多少将当事人的事故责任划分为主次、同等和全部责任③。经过四十多年的研究和实践，在借鉴、吸取国内外交通事故处理工作经验、教训的基础上，逐步形成了以人为本，适合中国国情的认定交通事故责任的原则。

（1）路权原则。二十世纪八十年代曾有学者提出，当事人参与交通管理活动时应当遵循路权原则，处理交通事故时应先查清当事人有无上路行驶的路权、是否侵犯他人的优先通行权，按没有通行权或者侵犯他人优先通行权的一方承担主要以上责任的原则划分当事人的事故责任，并论证"路权"原则与交通事故责任认定的关系和"路权"原则的可行性。④ 1989 年，公安部交通管理局编写的《道

① 管满泉，汤三红，丁靖艳，杜心全. 道路交通事故处理 ［M］. 浙江：浙江科学技术出版社，2006：200.
② 杜心全. 道路交通事故责任认定指南 ［M］. 北京：中国人民公安大学出版社，2016：26.
③ 傅以诺，田文艺，顾方平. 道路交通事故处理一本通 ［M］. 北京：中国人民公安大学出版社，2011：4.
④ 傅以诺，田文艺，顾方平. 道路交通事故处理一本通 ［M］. 北京：中国人民公安大学出版社，2011：5.

路交通事故处理教程》（修订本）提出，如果当事人的违法行为与交通事故之间存在因果关系，通常情况下，违反路权规定的一方责任要大于违反安全规定的一方，首次在全国交通事故处理系统内推出路权原则。①

（2）因果关系原则。1991 年 9 月 22 日，国务院颁布的《道路交通事故处理办法》正式以行政法规的形式肯定了因果关系原则。该办法明确规定，当事人有违法行为，其违法行为与交通事故有因果关系的，应当负交通事故责任；其违法行为与交通事故无因果关系的，不负交通事故责任。由于我国幅员辽阔，各地交通和人文环境不同，《道路交通事故处理办法》出台后，各地在认定交通事故责任过程中，如何贯彻因果关系原则和路权原则做法不一。

2004 年 5 月 1 日起施行的《道路交通安全法实施条例》再次确定了因果关系原则，其第九十一条规定，公安机关交通管理部门应当根据交通事故当事人的行为对发生交通事故所起作用以及过错的严重程度，确定当事人的责任。《中华人民共和国道路交通安全法实施条例释解》一书在解读该法条时认为，"认定事故当事人的责任，首先要看行为人的行为和事故的发生和损害之间有没有因果关系，如果没有因果关系，即使行为人的行为属于严重违法行为，也不成立事故的民事损害赔偿责任"②。

（3）安全原则。"安全原则"来源于交通法规中有关"确保安全"的规定，即交通参与者参加交通活动时，必须严格遵守交通法规中有关保障安全的各种规定，交通法规中关于遵守标志、速度、超车、跟车、会车、停车、装载、车辆技术要求等一系列规定，都充分体现了交通活动要确保安全的精神，谁违反了这些规定，谁就是违反了确保安全的原则，就必须为自己的行为所造成的后果承担责任。当交通事故当事人都有交通违法行为，并且违法行为和交通事故发生都有因果关系，又都有违反路权的违法行为存在，根据路权原则无法认定事故责任时，可以根据交通法规中有关"确保安全"的规定，认定当事人责任的大小。③《道路交通安全法》颁布实施后，"安全原则"在事故处理工作中也发挥着作用，一是从法律规定上看，《道路交通安全法》第二十二条、第三十八条、第五十七条、第六十二条、第六十六条分别为机动车（非机动车）驾驶人、车辆、行人和乘车

---

① 中华人民共和国公安部交通管理局. 道路交通事故处理教程（修订本）[M]. 安徽：安徽教育出版社，1989：172.

② 宋大函，李建，朱卫国等. 中华人民共和国道路交通安全法实施条例释解 [M]. 北京：中国市场出版社，2004：232-233.

③ 中华人民共和国公安部交通管理局. 道路交通事故处理教程（修订本）[M]. 安徽：安徽教育出版社，1989：170.

人在不同情形下设定了应确保安全的义务；二是从实务上看，江苏、广东、福建、山东等多个省市所制定的交通事故定责规则试图以安全原则为标准对违法行为应负责任大小进行定量评价。

3. 过错和交通事故责任的认定

为了规范本辖区的道路交通事故认定工作，2005 年 4 月起，北京、上海、江苏等多个省市先后出台了本辖区内的交通事故定责规则，从已经出台的定责规则看，除江苏、福建、安徽等省市的定责规则外，大都是从《道路交通安全法》《道路交通安全法实施条例》等法律、法规所规定的内容及其所希望保护的法益出发，规定某类交通违法行为引发事故的危险性大小、过错的严重程度，此举与德国的交通法庭在限额赔偿中以非机动车、行人有无违反交通法规判断其有无过错的做法相似。事实上，所有交通违法行为都是由人实施的，引发事故的险情及避让失败都是在特定的时空条件和交通环境下产生的，离开行为主体、离开事发时的时空条件和交通环境，判断事故当事人的交通违法行为在事故中的作用及其过错程度是不科学的。

通过几十年的大力宣传，基本的交通安全常识已为大多数交通参与者所知悉，特别是近年来，随着交通科技的发展，交通信号灯、交通标志、标线等交通基础设施的投入，交通标志、设施逐渐完善，我们可以比较借鉴国外责任认定的一些规定，根据交通事故的时空条件、交通环境、当事人的交通方法及其认知水平和能力，采用过错综合概念说来评价当事人的行为，认定事故当事人是否存在过错，在此基础上认定当事人应负的交通事故责任。

（1）交通事故责任认定的基本理念。1997 年，世界交通组织在挪威奥斯陆召开了第一届国际交通技术会议，对交通冲突作了统一定义：两个或两个以上的道路使用者，在一定空间和时间上彼此接近，达到一定程度时，如果不改变其运动状态，就有可能发生碰撞的危险现象称为交通冲突。交通冲突是交通险情的表现形式，其发展趋势有可能发生事故，也可能因避让措施得力而不发生事故。[①] 根据该理论，我们可以将交通事故人为地分为冲突点形成阶段和冲突点出现后的避让失败阶段。因此，在分析事故的形成原因和认定当事人的事故责任时，可以首先从冲突点向前溯源，探求冲突点的形成原因；其次从冲突点向后追根，寻求最终导致碰撞的原因；最后对当事人的主观过错程度进行综合评价，然后在此基础上确定当事人的交通事故责任。

---

① 杜心全 . 道路交通事故责任认定指南［M］. 北京：中国人民公安大学出版社，2016：69.

（2）认定交通事故责任的基本方法。根据《道路交通安全法实施条例》第九十一条规定，认定交通事故责任时应考虑两个因素：一是当事人的交通违法行为在交通事故中所起的作用；二是当事人的过错程度。因此，认定事故责任时，我们应做好以下几方面的工作：

一是识别交通违法行为与事故的形成有无因果关系。调查人员首先应查清各方当事人与交通事故相关的所有交通违法行为，然后采用"如果没有法""剔除法"和"代换法"等方法对当事人的违法行为与交通事故的形成是否存在因果关系进行检验。其中，"如果没有法"，是指假定没有行为人的违法行为，交通事故仍会发生或者未发生变化，行为人的违法行为就不是事故的原因；"剔除法"，是指如果将行为人的行为从交通事故事实中剔除出去，交通事故仍会按原来的因果序列或者方式发生，则行为人的行为与事故之间没有因果关系，反之则构成事实上的原因；"代换法"，是指如果将行为人的行为换成一个无过错的行为，或者将其不作为换成一个适当的作为后，交通事故仍然会发生，则行为人原来的行为就不是事故发生原因，反之则构成事实上的原因。最后，调查人员应根据检验结果将当事人的违法行为识别为：与事故的形成有因果关系的交通违法行为和与事故的形成无因果关系的交通违法行为。

二是评价与事故有因果关系的违法行为在交通事故中所起的作用。此时，应着重查明以下几个问题：第一，破坏"交通流"形成冲突点的原因是什么。第二，《道路交通安全法》等法律、法规对打破"交通流"的行为的禁止程度（否定性评价度）如何，这可以从不同法条所追求的立法目的去评析，如醉酒、无证驾车、驾驶报废机动车上道路行驶等违法行为，不仅发生事故的比例较高，而且一旦发生事故其损害后果都比较严重，同时，所造成的损害赔偿问题也很难以解决，因此，此类违法行为的过错就比较严重。自 2004 年起推行的交通违法行为记分制度，可以在一定程度上反映《道路交通安全法》对不同交通违法行为的否定程度。第三，查明冲突点出现后他方当事人有无及时发现的可能性、有无成功消除冲突的可能性。在这个过程中需要将当事人的过错行为放到特定的时空环境下考量，并对引发冲突的过错行为和没有避免碰撞的原因在事故中所起作用、大小进行评价，即根据每起交通事故不同的案发时间、天气、视线、道路环境、车辆技术状况等因素，针对不同的交通方式，分别设定不同的"理性人"，将其在案发的时空条件下，参与交通活动时对道路交通情况所能予以的注意及其可能会采取的避让措施作为标准，评价交通事故当事人的行为在事故中所起的作用。

三是评价行为人的过错程度。交通行为都是在交通参与者自主意识控制下实施的，反过来，交通违法行为也会从不同的角度反映行为人的主观过错程度，因此，可以从以下几个方面来评价违法行为人的过错程度。第一，从交通违法行为本身的危害性评价行为人的过错程度。例如，行为人实施无证驾驶机动车、饮酒后驾驶机动车、驾驶报废机动车上道路行驶等交通违法行为时，其过错程度显然要重于不按规定车道行驶等交通违法行为。第二，从违反规定的程度评价行为人的过错程度。就超载、超速、饮酒驾车等交通违法行为而言，行为人实施违法行为的本身，也可以反映行为人的过错程度，如同样是饮酒驾驶机动车，体内酒精含量为 20mg/100ml 和 300mg/100ml 相比，后者的过错程度要重得多。第三，从实施违法行为的时机和交通环境等因素评价行为人的过错程度。例如，同样是违反规定停车，白天在车流较少的路段停车的过错程度要轻于夜晚在交通流密集的路口停车；同样是在信号灯控制的路口违反交通信号通行，有的是在黄灯亮后对方车辆还未启动时抢时间通行，有的是在红灯亮后，对方车辆已经启动后强行通过，前者过错程度显然要轻于后者。第四，从行为人实施交通违法行为的多少评价行为人的过错程度。行为人醉酒驾驶制动器、喇叭等不合格的摩托车在非机动车道内逆向行驶的过错程度显然要重于醉酒驾驶摩托车在机动车道内行驶。

四是认定事故责任。在前期分析评估的基础上，首先以"动态的行为作用大于静态的行为作用、难以发现的违法行为的作用大于易于发现的违法行为的作用、可以避免的违法行为的作用大于不可避免的违法行为的作用"为标准，评价当事人的交通违法行为在事故中所起的作用，其次参照非机动车驾驶人（行人）、一般机动车驾驶人和营运车辆（危险化学品运输车辆）等专职驾驶人三类理性人的注意标准，结合事故的时间、地点、交通环境等因素对当事人在本起事故中的过错进行评价，最后，根据当事人的交通违法行为在事故中所起作用和当事人当时的过错程度综合确定当事人应承担的交通事故责任。

二、中外交通事故损害赔偿归责原则之比较

（一）国外交通事故损害赔偿归责原则

随着工业文明的发展，汽车等具有高度危险的行业、产品给社会带来了极大的危险，为了保护处于弱势地位的受害人的权益，出现了无过错责任原则。但是如果采用无过错责任原则，虽然受害人能够得到有效的保护，但会加大从事危险行业的中小企业主的责任，某种程度上会制约社会的进步。为了平衡各方利益，促进社会文明进步，后来逐步衍生出推定过错责任原则，即法律首先假定从事危险行业的被告方存在过错，应承担损害赔偿责任，同时规定如果受害方存在过错

的，减轻被告方的赔偿责任。

1. 德国交通事故损害赔偿归责原则

在德国，如果受害人主张被告赔偿自己因交通事故所致的全部损失，需要按《德国民法典》第823条的规定，证明被告方对于交通事故所致的损害后果具有过错，此时交通法庭会适用过错原则确定机动车方的赔偿责任；如果受害人主张限额赔偿的，交通法庭会适用无过错的归责原则，确定机动方的赔偿责任。[①] 2007年，德国对《道路交通法》进行了修订，其中第七条规定："如果车辆或者由其牵引的拖车在其运行时，致他人死亡或者侵害他人身体、健康或者损害某物时，那么该机动车的所有人对因此而发生的损害对受害人承担赔偿责任。如果该事故是因不可抗力所导致的，那么可以排除其赔偿责任。"[②] 即在受害人主张限额赔偿时，不需要证明车辆所有人或驾驶人一方有过错行为，所有人或者驾驶人也不能通过证明自己一方无过错而免除自己的赔偿责任，故属于无过错责任。

2. 法国交通事故损害赔偿归责原则

1985年前，法国是通过《法国民法典》第1382、1383条规定的过错责任来确定交通事故损害赔偿责任的。如果受害人无法证明致害人有过错，则无法获得赔偿。由于交通事故的发生具有突然性，加之受害人认知能力、取证能力受限，导致受害人很难得到及时有效的赔偿。1985年，法国通过了《改善交通事故受害人处境和加速赔偿程序法》（即Badinter法），Badinter法针对交通事故所造成的损害后果、受害人的交通方式和受害人年龄等不同情况，分别确立了不同的归责原则。机动车对非机动车方造成伤害的，适用无过错责任。与德国交通事故损害赔偿模式相比，法国Badinter法中规定的机动车对非机动车、行人的责任要严于德国法。[③]

3. 美国交通事故损害赔偿归责原则

在美国，汽车交通事故是通过交通事故保险来解决的，根据《1988年联合国道路交通法》，保险人只有在驾驶人有责任时才有义务赔偿。故美国的汽车交通事故责任的归责原则是过错责任原则，美国实行过错责任原则的思想理论基础是：每个社会成员对其他社会成员都负有一种义务，即每个人实施自己的行为都必须以一种可以避免对他人造成伤害的方式去实施自己的行为，不可随心所欲。

---

① 杨立新.德国与荷兰侵权行为法考察日记［M］//载杨立新主编.中华人民共和国侵权责任法草案建议稿及其说明.北京：法律出版社，2007：386-387.

② 中国人民大学民商事法律科学研究中心编.各国侵权行为法资料汇编.2008年内部立法参考资料版，2008：315.

③ 廖焕国.道路交通事故侵权责任：争点与案例［M］.北京：法律出版社，2010：51-53.

由于美国是生活在车轮上的国家，汽车是美国生活中的必需品，多数美国人出行离不开汽车，他们认为汽车是可以控制的，它不是危险的交通工具，汽车对社会不具有高度危险性。在美国，对交通事故损害赔偿虽然实行的是过错责任原则，但美国的汽车交通事故是通过交通事故保险来解决的，除非保险公司能够证明损害是受害人自身原因所致，否则保险公司就需要承担赔偿责任，这在一定程度上已经偏向于推定过错责任原则。[①]

（二）我国交通事故损害赔偿归责原则

1. 相关法律依据之历史发展

（1）1951年5月9日，中央人民政府公安部公布的《城市陆上交通管理暂行规则》规定，交通肇事无论出于故意或过失，毁伤他人身体或财物及公共交通设备（道路、桥梁、标志等）均应负赔偿修复责任。1955年10月1日起施行的《城市交通规则》在第五章交通违法和交通事故的处理中，只规定了对发生交通事故后车辆驾驶人员的处理，对损害赔偿问题却未提及。

（2）《中华人民共和国民法通则》（以下简称《民法通则》）。1987年1月1日，《民法通则》开始施行，其第一百二十三条规定："从事高空、高压、易燃、易爆、剧毒、放射性、高速运输工具等对周围环境有高度危险的作业造成他人损害的，应当承担民事责任；如果能够证明损害是由受害人故意造成的，不承担民事责任。"同时，《民法通则》第一百一十九条还规定："侵害公民身体造成伤害的，应当赔偿医疗费、因误工减少的收入、残疾者生活补助费等费用；造成死亡的，并应当支付丧葬费、死者生前扶养的人必要的生活费等费用。"

（3）《道路交通事故处理办法》。1992年1月1日，《道路交通事故处理办法》开始施行，并首次对交通事故损害赔偿作出专门规定，即交通事故责任者应当按照所负交通事故责任承担相应的损害赔偿责任；明确交通事故损害赔偿项目，包括医疗费、残疾者生活补助费、死亡补偿费、被扶养人生活费和财产直接损失等12项；所有赔偿项目应当按照实际情况确定相应的赔偿金额，并规定了具体的计算方法。同时，由于它没有规定精神抚慰金，故公安机关在调解交通事故赔偿纠纷时，一般情况下不会支持受害人及其家属提出的赔偿精神抚慰金的诉求。由于《民法通则》第一百二十条规定，公民的姓名权、肖像权、名誉权、荣誉权受到侵害的，有权要求停止侵害……并可以要求赔偿损失，因此，一些地方法院在处理交通事故损害赔偿纠纷时，有时也会支持受害人提起的精神损害赔偿

---

① 杨立新.道路交通事故责任研究［M］.北京：法律出版社，2009：80.

诉求。2001年3月8日公布的《最高人民法院关于确定民事侵权精神损害赔偿责任若干问题的解释》（以下简称《民事侵权精神损害赔偿解释》）第一条规定，自然人因生命权、健康权、身体权遭受非法侵害，向人民法院起诉请求赔偿精神损害的，人民法院应当予以受理。第九条进一步规定，精神抚慰金包括致人残疾的，为残疾赔偿金；致人死亡的，为死亡赔偿金；其他损害情形的精神抚慰金等形式。该解释于2020年进行了修正，第一条也规定，因人身权益或者具有人身意义的特定物受到侵害，自然人或者其近亲属向人民法院提起诉讼请求精神损害赔偿的，人民法院应当依法予以受理。

（4）《道路交通安全法》。2004年5月1日，《道路交通安全法》开始施行，其第七十六条规定了我国交通事故损害赔偿的基本原则，其后，全国人民代表大会常务委员会又对其进行了多次修订。修订前的《道路交通安全法》第七十六条规定："机动车发生交通事故造成人身伤亡、财产损失的，由保险公司在机动车第三者责任强制保险责任限额范围内予以赔偿。超过责任限额的部分，按照下列方式承担赔偿责任：（一）机动车之间发生交通事故的，由有过错的一方承担责任；双方都有过错的，按照各自过错的比例分担责任。（二）机动车与非机动车驾驶人、行人之间发生交通事故的，由机动车一方承担责任；但是，有证据证明非机动车驾驶人、行人违反道路交通安全法律、法规，机动车驾驶人已经采取必要处置措施的，减轻机动车一方责任。交通事故的损失是由非机动车驾驶人、行人故意造成的，机动车一方不承担责任。"主要对其中的第二项机动车与非机动车驾驶人、行人之间发生交通事故的损害赔偿责任进行了修订，使得赔偿责任体系更加完整科学，2007年修订后则规定："机动车发生交通事故造成人身伤亡、财产损失的，由保险公司在机动车第三者责任强制保险责任限额范围内予以赔偿；不足的部分，按照下列规定承担赔偿责任：……机动车与非机动车驾驶人、行人之间发生交通事故，非机动车驾驶人、行人没有过错的，由机动车一方承担赔偿责任；有证据证明非机动车驾驶人、行人有过错的，根据过错程度适当减轻机动车一方的赔偿责任；机动车一方没有过错的，承担不超过百分之十的赔偿责任。交通事故的损失是由非机动车驾驶人、行人故意碰撞机动车造成的，机动车一方不承担赔偿责任。"

（5）最高人民法院的相关司法解释。2004年5月1日起施行的《最高人民法院关于审理人身损害赔偿案件适用法律若干问题的解释》第十八条规定，受害人或者死者近亲属遭受精神损害，赔偿权利人向人民法院请求赔偿精神损害抚慰金的，适用《民事侵权精神损害赔偿解释》予以确定。此解释出台后，交通事故受害人提起精神损害赔偿请求的，都能得到人民法院的支持。2012 年 12 月 21 日起施行的《最高人民法院关于审理道路交通事故损害赔偿案件适用法律若干问题的解释》（以下简称《交通事故损害赔偿解释》）第十六条进一步明确规定，被侵权人或者其近亲属请求承保交强险的保险公司优先赔偿精神损害的，人民法院应予支持。

（6）《中华人民共和国侵权责任法》（以下简称《侵权责任法》）。2009 年 12 月 26 日，全国人民代表大会常务委员会颁布《侵权责任法》，该法设专章规定了机动车交通事故责任，并明确规定，机动车发生交通事故造成损害的，依照《道路交通安全法》的有关规定承担赔偿责任。

（7）《民法典》。2021 年 1 月 1 日起施行的《民法典》第七编第五章专门规定了机动车交通事故责任，其第一千二百零八条规定："机动车发生交通事故造成损害的，依照道路交通安全法律和本法的有关规定承担赔偿责任。"2020 年 12 月 23 日，最高人民法院审判委员会对《交通事故损害赔偿解释》进行了修订，至此，我国形成了由《民法典》《道路交通安全法》及《交通事故损害赔偿解释》《民事侵权精神损害赔偿解释》等法律、法规组成的交通事故损害赔偿法律体系。

2. 我国交通事故损害赔偿的归责原则及其历史变迁

我国交通事故损害赔偿的归责原则经历了从单一归责原则到多种归责原则体系并存，从讲究效率到注重人文关怀的过程，《道路交通安全法》实施后，为了加大对交通活动中弱者的保护，国家推出了机动车交通事故责任强制保险制度、道路交通事故社会救助基金制度等。

（1）中华人民共和国成立初期的无过错责任原则。中华人民共和国成立初期，我国的机动车保有量少，交通事故发生率低。例如，1951 年，全国机动车保有量仅为 6.19 万辆，全年发生交通事故 5922 起，死亡 852 人。[①] 1951 年 5 月 9 日，中央人民政府公安部颁布的《城市陆上交通管理暂行规则》规定："交通肇事无论出于故意或过失，毁伤他人身体或财物及公共交通设备（道路、桥梁、标志等）均应负赔偿修复责任……"从该规定的内容来看，肇事方需要无条件地赔偿受害方的损失，故可以将其归于无过错责任原则。

（2）中华人民共和国成立后至 1987 年以前的过错责任原则。这一时期的机动车保有量较此前明显增加，机动车引发的交通事故呈上升势头，交通事故作为

---

① 李薇.日本机动车事故损害赔偿法律制度研究［M］.北京：法律出版社，1997：250，253-254.

一个社会问题开始呈现出来，由于理论界对交通事故损害赔偿研究不多，人民法院审理交通事故损害赔偿案件时，主要是根据过错责任原则来确定当事人的赔偿责任的。

（3）《民法通则》根据高度危险作业确立的无过错责任原则。1987年1月1日《民法通则》开始施行，此后，人民法院在审理交通事故损害赔偿纠纷时，大都将机动车视作高速运输工具，适用无过错责任原则，确定机动车方对非机动车驾驶人、行人的赔偿责任，即机动车发生交通事故造成非机动车驾驶人、行人受伤的，不论其是否存在过错，均由机动车方承担赔偿责任，除非损害是由受害人故意造成的。在此期间，不仅理论界有学者对将汽车、摩托车等机动车与火车、飞机等交通工具相提并论持有异议，而且实务中也有基层审判人员对将拖拉机视为高速运输工具提出异议。

（4）《道路交通事故处理办法》（已废止）确立的归责原则。1992年1月1日《道路交通事故处理办法》开始施行，《道路交通事故处理办法》在认定事故责任时将交通事故分为两大类：事发后，当事人及时报警并等待交通警察进行处置的常态事故；事发后，当事人逃逸、破坏事故现场或未及时报警，使得事故责任无法认定的非常态事故。针对不同形态的交通事故，《道路交通事故处理办法》采取了不同的损害赔偿归责原则。

（5）《道路交通安全法》确立的归责原则。2004年实施的《道路交通安全法》第七十六条规定："机动车发生交通事故造成人身伤亡、财产损失的，由保险公司在机动车第三者责任强制保险责任限额范围内予以赔偿。超过责任限额的部分，按照下列方式承担赔偿责任：（一）机动车之间发生交通事故的，由有过错的一方承担责任；双方都有过错的，按照各自过错的比例分担责任。（二）机动车与非机动车驾驶人、行人之间发生交通事故的，由机动车一方承担责任；但是，有证据证明非机动车驾驶人、行人违反道路交通安全法律、法规，机动车驾驶人已经采取必要处置措施的，减轻机动车一方责任……"由该条所确立的交通事故损害赔偿归责原则有三个：一是在交强险范围内的无过错责任原则。机动车发生交通事故造成人身伤亡、财产损失的，由保险公司在交强险限额范围内予以赔偿，需要说明的是，自2006年7月1日起，《机动车交通事故责任强制保险条例》开始施行，其中规定：全国范围内实行统一的责任限额，并将责任限额分为：死亡伤残赔偿限额、医疗费用赔偿限额、财产损失赔偿限额及被保险人在事故中无责任的赔偿限额四种，只要机动车方负有一定（次要以上）的事故责任，保险公司就会在责任限额内予以赔偿，此赔偿可以视为"相对"的无过错归责原则，如果机动车方不负事故责任，保险公司只能视情分别按责任限额的 10% 予以赔偿，此赔偿是"绝对"的无过错赔偿；二是在交强险范围外，机动车之间适用过错责任原则，即根据各方的过错确定各自应承担的赔偿责任；三是在交强险范围外，机动车造成非机动车驾驶人和行人人身、财产损害的，适用过错推定原则，即推定机动车方有过错，由其负责损害赔偿，但有证据证明非机动车、行人有交通违法行为，且机动车驾驶人已采取必要措施的，减轻机动车方的赔偿责任。

《道路交通安全法》就其中的第七十六条进行了修订（2007 年 12 月 29 日第十届全国人民代表大会常务委员会第三十一次会议通过，自 2008 年 5 月 1 日起施行）："机动车发生交通事故造成人身伤亡、财产损失的，由保险公司在机动车第三者责任强制保险责任限额范围内予以赔偿；不足的部分，按照下列规定承担赔偿责任：（一）机动车之间发生交通事故的，由有过错的一方承担赔偿责任；双方都有过错的，按照各自过错的比例分担责任。（二）机动车与非机动车驾驶人、行人之间发生交通事故，非机动车驾驶人、行人没有过错的，由机动车一方承担赔偿责任；有证据证明非机动车驾驶人、行人有过错的，根据过错程度适当减轻机动车一方的赔偿责任；机动车一方没有过错的，承担不超过百分之十的赔偿责任。"此时的归责原则有：第一，在交强险范围内的"相对"无过错责任原则，即机动车方负有次要以上事故责任的，在限额内足额赔偿；"绝对"无过错原则，即机动车方无过错的，分别按相应的责任限额的百分之十予以赔偿，但财产损失限额仅为 100 元。第二，在交强险范围外，机动车之间适用过错责任原则；机动车与非机动车驾驶人和行人之间适用过错推定原则，如果非机动车、行人方有过错的，适当减轻机动车方的赔偿责任。第三，在交强险范围外，机动车与非机动车驾驶人和行人发生交通事故，机动车方没有过错的，机动车方承担不超过百分之十的赔偿责任。同此前的《道路交通事故处理办法》相比，《道路交通安全法》不仅将无过错责任原则的适用范围从致人重伤、死亡扩大至财产损失，而且除了在交强险范围之内实行"相对"和"绝对"无过错赔偿外（财物损失仅为 100 元），机动车与非机动车、行人相撞，如果机动车方无过错的，机动车方还需要在交强险责任限额外再承担不超过百分之十的赔偿责任。

3. 我国交通事故损害赔偿面临的新情况及解决对策

交通事故通常是由于人、车、路、交通环境等要素之间出现异常而导致，多年来，我们处理交通事故损害赔偿问题时关注的多为人和车等要素，以《道路交通安全法》第七十六条为基础构建的交通事故损害赔偿模式，主要针对的是驾驶人驾驶机动车致人损害。随着科技的进步，"无人驾驶"汽车已投入使用。与此同时，非机动车发生交通事故致人损害、道路自身及其管理不当致人损害等问题逐渐凸显。面对这些新情况和新问题，2021 年 3 月 24 日，公安部交通管理局起草的《道路交通安全法（修订建议稿）》（以下简称《交通安全法修订建议稿》），对此给予了一定的回应：

（1）无人驾驶汽车，参照产品责任的归责原则确定损害赔偿问题。《交通安全法修订建议稿》第一百五十五条第二款规定："具有自动驾驶功能且具备人工直接操作模式的汽车开展道路测试或者上道路通行时，应当实时记录行驶数据；驾驶人应当处于车辆驾驶座位上，监控车辆运行状态及周围环境，随时准备接管车辆。发生道路交通安全违法行为或者交通事故的，应当依法确定驾驶人、自动驾驶系统开发单位的责任，并依照有关法律、法规确定损害赔偿责任……"即无人驾驶汽车发生交通事故的，依法确定驾驶人责任，依照有关法律、法规确定损害赔偿责任，这里的法律、法规应当包括《民法典》第七编第四章产品责任的相关规定、《道路交通安全法》第七十六条等法律规定，但却未能明确如何追究自动驾驶系统开发单位、车辆生产者的赔偿责任、赔偿顺序以及交通事故受害人是否可以同时取得交通事故侵权赔偿和产品质量侵权赔偿等问题。

（2）明确对非机动车致人损害的交通事故实行过错归责原则。现行《道路交通安全法》第七十六条规定了机动车发生交通事故致人伤害的赔偿问题，但现实生活中有大量的非机动车发生致人伤亡的交通事故，如何确定此类交通事故的损害赔偿问题，一直缺少明确的法律规定，《交通安全法修订建议稿》第八十四条第二款规定，非机动车与非机动车、行人之间发生交通事故的，由过错方承担赔偿责任；各方都有过错的，按照各自过错的比例分担责任。修订建议稿面对当前的现实情况，根据基层群众的意见和建议，提出非机动车致人损害的，采用过错原则确定赔偿责任，这对非机动车驾驶人来说，也是合理的。

（3）明确了安全头盔、安全座椅等交通安全产品生产、销售者的赔偿责任。《交通安全法修订建议稿》第八十五条规定，在交通事故中，车辆及其零配件、安全头盔、安全座椅等与道路交通安全有关的产品不符合《中华人民共和国产品质量法》规定的质量要求，生产商、销售商等经营者明知车辆及其零配件、安全头盔、安全座椅等与道路交通安全有关的产品存在缺陷仍然生产、销售，造成受害人死亡或者健康严重损害的，受害人有权要求生产商、销售商等经营者赔偿损失，并有权要求所受损失二倍以下的惩罚性赔偿。此举可以为受害人提供新的救济途径，特别是对那些超标电动车发生交通事故致人损害的，驾驶人、受害人可以据此追究生产者、有过错的销售者的民事赔偿责任，从而更好地弥补受害人的损失。此规定同样存在受害人可否同时取得交通事故侵权赔偿和产品质量侵权赔偿的问题，需要立法机关予以明示。

（4）明确了道路及配套设施的生产、养护及管理等单位的赔偿责任。道路及其配套设施在交通安全活动中有着不可忽视的作用，《交通安全法修订建议稿》第八十五条规定，如果道路及其配套设施存在不符合有关技术标准和规范，不符合道路交通安全、畅通的要求；交通设施未与道路、停车场主体工程同时设计、同时建设、同时验收、同时投入使用，或者未根据交通事故情况和交通需求及时调整；城市道路上的管线的检查井、箱盖或者城市道路附属设施，不符合城市道路养护规范。因缺损影响交通和安全的，有关单位未及时补缺或者修复等情形，且与交通事故损害结果有因果关系，生产、销售及建设、养护、管理单位等有关单位和个人应当依法承担赔偿责任。因道路及配套设施的生产、养护及管理等单位的赔偿责任具有一定的专业性，受害方缺少相应的能力，故此类赔偿应适用推定过错原则，因此发生致人伤亡的交通事故时，建议先推定道路及配套设施的生产、养护及管理等单位有过错，应予赔偿，同时，道路及配套设施的生产、养护和管理单位能够证明自己没有过错的，可以不承担赔偿责任。

第四节　中外自动驾驶等新技术应用法律

近年来，自动驾驶技术快速发展，很多国家和地区都开展了自动驾驶汽车上路测试。美国内华达州第一个在正式的法案（Nevada Assembly Bill 511）中给自动驾驶汽车作出了如下定义："自动驾驶汽车是指在没有人工干预和操作的情况下，依靠各种传感器和全球定位系统等技术实现车辆自动行驶的人工智能。"国际自动机工程师学会（SAE International）依据车辆驾驶的自动化程度，将自动驾驶等级分为5级，分别是1级（驾驶辅助）；2级（部分自动驾驶）；3级（有条件自动驾驶）；4级（高度自动驾驶）；5级（完全自动驾驶）。据此，有国外学者将自动驾驶汽车定义为："在行驶全程中的任何情况包括出现疑难问题时都不需要人工干预或操作的机动车。"[①] 2021年，我国工业和信息化部、公安部、交

[①] Nynke E. Vellinga, From the testing to the deployment of self - driving cars: Legal challenges to policymakers on the road ahead, Computer Law & Security Review: The International Journal of Technology Law and Practice（2017）.

通运输部发布的《智能网联汽车道路测试与示范应用管理规范（试行）》作出了如下定义："本规范所称智能网联汽车是指搭载先进的车载传感器、控制器、执行器等装置，并融合现代通信与网络技术，实现车与×（人、车、路、云端等）智能信息交换、共享，具备复杂环境感知、智能决策、协同控制等功能，可实现安全、高效、舒适、节能行驶，并最终可实现替代人来操作的新一代汽车。智能网联汽车通常也被称为智能汽车、自动驾驶汽车等。"同时指出智能网联汽车自动驾驶包括有条件自动驾驶、高度自动驾驶和完全自动驾驶。有条件自动驾驶是指在系统的设计运行条件下完成所有动态驾驶任务，根据系统动态驾驶任务接管请求，驾驶人应提供适当的干预；高度自动驾驶是指在系统的设计运行条件下完成所有动态驾驶任务，在特定环境下系统会向驾驶人提出动态驾驶任务接管请求，驾驶人/乘客可以不响应系统请求；完全自动驾驶是指系统可以完成驾驶人能够完成的所有道路环境下的动态驾驶任务，不需要驾驶人/乘客介入。

自动驾驶技术将从根本上改变人类的驾驶方式，是人类汽车行业的一次重大革命。发展自动驾驶汽车不仅能有效解决道路安全、交通拥堵、能源短缺、环境污染等问题，而且有利于汽车产业的转型升级，同时对电子、通信、软件、互联网、交通等产业集群都具有重要意义。随着我国汽车智能化、网联化技术不断发展应用，自动驾驶汽车不仅在技术上不断探索新天地，同时也给我国法律不断带来新挑战。全球范围内，L3/L4级自动驾驶汽车已陆续开始上路，中国计划于2025年前后实现乘用车、货运车和客运车在特定场景的L3/L4级自动驾驶。目前，一些国家着手制定自动驾驶相关政策法规，为自动驾驶汽车合法上路做准备。

一、国外自动驾驶汽车的法律规制

在产业政策和法规的推动下，自动驾驶在全球范围内不断发展，商业化进程日趋加快。法规的制定为自动驾驶商业化奠定了基础，目前一些国家政府和国际组织都在积极推进自动驾驶标准和法规的制定。

2019年6月，UN/WP. 29通过《自动驾驶汽车框架文件》，旨在确立L3级以上自动驾驶汽车的安全性和相关原则；2020年6月，UN/WP. 29发布世界首个针对L3自动驾驶的国际性上路法规——《联合国ALKS车道自动保持系统条例》，于2021年1月正式生效。

美国、日本及部分欧洲国家纷纷加快智能网联汽车布局，加快推动自动驾驶相关法案制定，相继出台示范运行和道路测试管理规范，推动智能网联汽车产业化进程。日本于 2016 年 5 月发布《关于自动行驶系统的公道实证实验的方针》，2017 年秋季开始在高速公路、一般公路上对自动驾驶系统进行大规模测试试验。2020 年 4 月，日本正式实施《道路交通法修正案》，允许 L3 级别自动驾驶汽车上路。此外，日本计划 2022 年在农村地区实现 L4 级自动驾驶汽车上路。美国内华达州 2011 年 3 月率先进行道路测试立法、发放测试牌照，联邦交通部于 2016 年 9 月发布《美国自动驾驶汽车政策指南》、2017 年 9 月发布《自动驾驶系统 2.0：安全愿景》，众议院 2017 年 7 月通过了《自动驾驶法案》，加利福尼亚州 2018 年 2 月修改无人驾驶测试法规，允许无驾驶人员情况下进行智能网联汽车道路测试。法国 2014 年 2 月公布自动驾驶发展路线图，向全球汽车厂商开放道路进行自动驾驶汽车测试。英国 2015 年 7 月发布无人驾驶汽车路测指南，允许在封闭环境模拟测试后可使用公共道路进行测试。德国 2017 年 5 月通过首部关于自动驾驶汽车的法律，允许驾驶者双手离开方向盘或视线离开道路情况下进行道路测试。美国在 2021 年 1 月发布的《自动驾驶车辆综合计划》表明，美国境内未准许销售配备自动驾驶系统的汽车。2020 年，欧盟发布《欧盟自动驾驶车辆许可豁免流程指南》，对自动驾驶车辆的量产准入进行了规定。此指南豁免重点为 L3 和 L4 级的自动驾驶汽车，且为做过测试并在 2020 年量产的车型。日本于 2020 年 5 月开始实施的《道路车辆运输法修正案》，允许企业在车辆上安装自动驾驶系统。本田公司于 2020 年 11 月获得日本交通省发放的型式批准证书，允许本田公司于 2021 年 3 月在本田 Legend 车型上实现搭载 L3 级自动驾驶技术，在有限情景下开启使用。2021 年 3 月，全球首款 L3 级自动驾驶量产车——本田 Legend EX 正式发售，限售 100 辆，均为租赁专用。

2017 年德国通过了《道路交通法第八修正案》，允许高度或全自动驾驶系统代替人类驾驶，成为全球第一个将自动驾驶纳入生效道路交通法规的国家。该修正案首先对智能汽车（高度或完全自动驾驶汽车）作出了定义。根据《道路交通法修正案》新增的第 1a 条第 2 款，高度或完全自动驾驶汽车是指拥有技术设备以实现下述功能的车辆：（1）为完成驾驶任务（包括纵向和横向导轨），能在车辆启动后控制车辆；（2）在高度或完全自动驾驶功能控制车辆的过程中，能够遵循规范车辆行驶的交通法规；（3）可以随时被驾驶员手动接管或关停；（4）可以识别由驾驶员亲自控制驾驶的必要性；（5）可以以听觉、视觉、触觉或者可被感知的方式向驾驶员提出由驾驶员亲自控制驾驶的要求，并给驾驶员预留接管车辆的充足时间；（6）指出违背系统说明的使用。自动驾驶汽车的制造商必须在系统说明中作出有约束力的声明，表明其汽车符合前述条件。

该法案明确允许"按规定使用"自动驾驶功能。明确了智能汽车驾驶员的权利、义务和责任。该法案规定，智能汽车驾驶员是指启动该法定义的高度或完全自动驾驶功能、利用其控制汽车驾驶的人，即使其在按规定使用该功能的时候不亲自驾驶车辆。驾驶员有权在驾驶期间借助高度或完全自动驾驶功能不亲自进行驾驶操作。但智能汽车驾驶员也承担了相应的警觉和接管义务。警觉义务是指在不亲自驾驶期间，必须保持警觉，以便能随时履行法定的接管义务。明确了智能汽车信息存储、利用和保存规则。就数据的采集存储而言，根据法案的新规定，当驾驶操作者在驾驶员和高度或完全自动系统之间发生转变时，自动驾驶汽车将储存由卫星导航系统确定的地点和时间信息；如果系统对驾驶员提出了接管汽车驾驶的要求，或者系统出现了技术故障，这些信息也同样会被保存。

除了修订《道路交通法》以外，2017 年 6 月，德国公布了全球第一个针对自动驾驶的道德准则。该道德准则在价值追求上确立了以下原则：道路安全优于出行便利；个人保护优于其他功利主义的考量；法律对技术的规制方式是在个人自由与他人自由及他人安全之间取得平衡；对人身权益的保护必须优先于对动物或财产权利的保护。该准则还要求，不得对必须在两个人的生命之间做出选择的极端情况进行标准化设定或编程；法律责任和审判制度必须对责任主体从传统的驾驶员扩大到技术系统的制造商和设计者等这一变化做出有效调整；自动驾驶汽车的软件和技术必须被设计成已经排除了突然需要驾驶员接管的紧急情况的出现；在有效、可靠和安全的人机交互中，系统必须更适应人类的交流行为，而不是要人类提高适应它们的能力；驾驶系统需要政府许可和监督，公权力部门应确保公共道路上自动驾驶车辆的安全，等等。另外，在探讨上述道德准则时，道德委员会颇有前瞻性地特别考量了 L4 和 L5 级别的高度和完全自动驾驶车辆所存在的技术决策风险。这部准则为自动驾驶的技术发展以及立法监督提出了方向、划定了边界，对于自动驾驶技术真正落地和实现产业化具有里程碑意义。[①] 2021 年 7 月，德国正式实施《自动驾驶法》，成为全球首个允许 L4 级别自动驾驶汽车上路的国家。

英国在交通领域的技术革命中一直保持领先地位，特别是在保险政策方面，更是一直走在各国前列。英国是世界上较早开办汽车保险业务的国家，也是较早推行汽车强制责任保险制度的国家。因此，面对自动驾驶技术所带来的挑战，其政策调整也最为及时。2017 年 10 月，英国提出《自动与电动汽车法案》（Auto-

---

① 张韬略，蒋瑶瑶．德国智能汽车立法及《道路交通法》修订之评介［J］．德国研究．2017（3）：68.

mated and Electric Vehicles Bill，AEV 法案）；2018 年 7 月 19 日，AEV 法案获得御准，正式成为法律。

法案就有关自动驾驶汽车的保险和责任问题进行了专门规定，特别是对机动车强制责任保险条款进行了修改，使得自动驾驶汽车能够与传统车辆一起承保。传统意义上的强制保险，是指保险公司对被保险机动车发生道路交通事故造成受害人的人身伤亡和财产损失，在责任限额内予以赔偿的强制性责任保险，受害人的范围排除了被保险人和司机。为了应对自动驾驶技术带来的挑战，AEV 法案则拓宽了承保范围，使得汽车保险框架由承保司机向承保汽车转变。据此，相较于传统意义上强制保险的适用范围，承保"车内人员所受人身损害"将是自动驾驶背景下的必然产物。

二、我国自动驾驶汽车法律规制

我国自动驾驶汽车发展持续加速，汽车与电子、通信、互联网等跨界合作加强，在关键技术研发、产业链布局、测试示范等方面取得积极进展。目前，已在上海、重庆、北京、河北、浙江、长春、武汉、无锡等地建设智能网联汽车测试示范区，并积极推动半封闭、开放道路的测试验证。2017 年 12 月，北京市发布《北京市自动驾驶车辆道路测试管理实施细则（试行）》及相关文件，确定 33 条共计 105 公里开放道路用于测试，已发放首批试验用临时号牌。2018 年 3 月 1 日，上海市发布《上海市智能网联汽车道路测试管理办法（试行）》，划定第一阶段 5.6 公里开放测试道路，并发放第一批测试号牌。重庆、保定、深圳、长春、长沙、济南等地也相继发布相应的道路测试管理细则或征求意见，支持智能网联汽车开展公共道路测试。工业和信息化部、公安部、交通运输部三部委在地方发布的实施细则和指导意见基础上，联合制定并于 2018 年 4 月 3 日公布《智能网联汽车道路测试与示范应用管理规范（试行）》。该规范于 2021 年 7 月进行了修订。国家发展和改革委员会、中央网络安全和信息化委员会办公室、科学技术部、工业和信息化部等十部委于 2020 年 2 月 10 日共同公布的《智能汽车创新发展战略》确立了中国智能汽车的发展战略规划。就智能汽车法规标准体系的建设以及智能汽车产品监管体系的构建，《智能汽车创新发展战略》要求完善《道路交通安全法》和测绘地理信息法律、法规；完善智能汽车生产、准入、销售、检验、登记、召回等管理规定，研究制定相关产品安全审核和管理办法、智能汽车场地测试标准和管理办法，加强公共道路测试审核监管；颁布智能汽车标识管理办法，强化智能汽车的身份认证，建立公开透明的智能汽车监管和事故报告机制；同时加强道路基础设施领域联网通信设备进网许可管理，制定智能汽车软硬件升级更新、售后服务、质量担保和金融保险等规定，推进其商业化应用。并且，《智能汽车创新发展战略》明确提出：中国将在 2025 年基本形成标准智能汽车的法规标准、产品监管和网络安全体系。

《智能汽车创新发展战略》发布以后，在立法层面，按照《智能汽车创新发展战略》确定的时间表，中国自动驾驶汽车法律体系建设正在逐步推进。《深圳经济特区智能网联汽车管理条例》《道路交通安全法（修订建议稿）》陆续发布，《工业和信息化部关于加强智能网联汽车生产企业及产品准入管理的意见》《汽车数据安全管理若干规定（试行）》先后出台，《汽车驾驶自动化分级》（GB/T 40429-2021）推荐性国家标准正式公布。2021 年 7 月，工业和信息化部发布《关于加强智能网联汽车生产企业及产品准入管理的意见》，规定了自动驾驶汽车及其生产企业的准入管理要求，分为"总体要求、加强数据和网络安全管理、规范软件在线升级、加强产品管理、保障措施"5 个部分 11 项内容，为 L3及 L4 级自动驾驶汽车的规模化量产做准备。各个层级的自动驾驶相关立法进入了快车道。

我国的自动驾驶技术选择了"智能化"加"网联化"的战略发展路径。这一技术路线与国外有不同之处，也意味着我国在自动驾驶立法上将面对不同的问题和挑战，立法侧重点、方向和对具体法律问题的处理也将有所不同。① 我国目前还存在政策法规方面给自动驾驶汽车发展形成阻碍的情形。其一，《道路交通安全法》及相关条例仅允许有资格的驾驶人驾驶机动车上路，自动驾驶系统是否具有驾驶机动车的合法地位。其二，自动驾驶汽车上路面临合法性质疑，因为《公路法》和《道路交通安全法实施条例》明确禁止在公路尤其是高速公路上进行机动车性能测试或者试车。其三，高精地图的测绘和使用受到法律限制，一方面，进行地图绘测需取得相应资质，具有较高的准入门槛，地图测绘的"众包"模式的合法性存疑。另一方面，高精度地图的公开和使用受到《测绘法》等相关法律的诸多限制，如地图信息的分档、偏转等要求，无法满足自动驾驶汽车的精准控制要求。因此，为了促进自动驾驶系统的发展，迫切需要对既有监管政策做出一定的调整。②

---

① 何姗姗．美国与德国，自动驾驶的两种立法探索．［2022-05-11］．http：//www.ftchinese.com/story/001074387？full=y&archive.

② 腾讯研究院．2018 年全球自动驾驶法律政策研究报告．［2022-05-12］．http：//www.sohu.com/a/304509327_468661.

【思考题】

1. 中外道路交通安全法律体系有何不同？

2. 中外危险驾驶罪都是如何规定的？相互之间有何借鉴之处？

3. 中外道路交通事故责任与损害赔偿是如何规定的？相互之间有何借鉴之处？

4. 自动驾驶技术对道路交通安全法律、法规提出了哪些挑战？有何立法和执法建议？

主要参考文献

［1］《中共中央关于进一步全面深化改革、推进中国式现代化的决定》辅导读本［M］. 北京：人民出版社，2024.

［2］党的二十届三中全会《决定》学习辅导百问［M］. 北京：学习出版社，党建读物出版社，2024.

［3］习近平新时代中国特色社会主义思想学习纲要［M］. 北京：学习出版社，人民出版社，2023.

［4］习近平总书记重要讲话文章选编［M］. 北京：中央文献出版社，党建读物出版社，2016.

［5］中共中央关于全面推进依法治国若干重大问题的决定［Z］. 北京：人民出版社，2014.

［6］编写组. 中共中央关于全面推进依法治国若干重大问题的决定辅导读本［M］. 北京：人民出版社，2014.

［7］中国共产党党内重要法规汇编［M］. 北京：党建读物出版社，2019.

［8］习近平著. 习近平谈治国理政［M］. 北京：外文出版社，2014.

［9］习近平著. 习近平谈治国理政第二卷［M］. 北京：外文出版社，2017.

［10］习近平著. 习近平谈治国理政第三卷［M］. 北京：外文出版社，2020.

［11］习近平著. 习近平谈治国理政第四卷［M］. 北京：外文出版社，2022.

［12］习近平关于"不忘初心、牢记使命"重要论述选编［M］. 北京：中央文献出版社，党建读物出版社，2019.

［13］习近平法治思想概论编写组. 习近平法治思想概论［M］. 北京：高等教育出版社，2021：9.

［14］习近平著. 论坚持全面依法治国［M］. 北京：中央文献出版社，2020：12.

［15］关于培育和践行社会主义核心价值观的意见［Z］.北京：人民出版社，2013.

［16］决胜全面建成小康社会 夺取新时代中国特色社会主义伟大胜利——在中国共产党第十九次全国代表大会上的报告［Z］.北京：人民出版社，2017.

［17］党的十九大报告学习辅导百问［Z］.北京：学习出版社，2017.

［18］法制网：http：//www.legaldaily.com.cn.

［19］中国警察网：http：//www.cpd.com.cn/.

［20］刘建军，张新海主编.道路交通安全法学［M］.北京：中国人民公安大学出版社，2015.

［21］郑才城，谭正江，毕华编著.道路交通安全法学［M］.北京：中国人民公安大学出版社，2017.

［22］袁西安，郏红雯主编.道路交通安全法教程（修订本）［M］.北京：中国人民公安大学出版社，2013.

［23］李蕊.道路交通安全法教程［M］.北京：中国人民公安大学出版社，2012.

［24］郏红雯等编著.中外道路交通安全法律之比较研究［M］.北京：中国法制出版社，2019.

［25］马洪根.中国交通管理史［M］.北京：中国人民公安大学出版社，2013.

［26］龚鹏飞，杨世伟.车辆与驾驶人管理［M］.北京：中国人民公安大学出版社，2022.

［27］杜心全.新编车辆及驾驶人管理教程［M］.北京：中国法制出版社，2018.

［28］《行政法与行政诉讼法学》编写组.行政法与行政诉讼法学［M］.北京：高等教育出版社，2017.

［29］姜明安主编.行政法与行政诉讼法（第七版）［M］.北京：北京大学出版社，高等教育出版社，2019.

［30］路峰，汤三红.道路交通管理学［M］.北京：中国人民公安大学出版社，2014.

［31］法律出版社法规中心编.交通运输法规汇编［M］.北京：法律出版社，2022.

［32］高铭暄，马克昌主编.刑法学（第九版）［M］.北京：北京大学出版

社，2019.

［33］赵云旗．中国古代交通［M］．北京：中国国际广播出版社，2011.

［34］中国法制出版社编．道路交通安全法新解读［M］．北京：中国法制出版社，2016.

［35］鲁桂华主编．交通事故责任纠纷典型案例解析［M］．北京：中国法制出版社，2022.

［36］法规应用研究中心编．道路交通安全法一本通［M］．北京：中国法制出版社，2018.

［37］［德］奥托·迈耶．德国行政法［M］．刘飞译．北京：商务印书馆，2002.

［38］公安部交通管理局编写．中华人民共和国道路交通安全法适用指南［M］．北京：中国人民公安大学出版社，2003.

［39］张明楷．刑法学［M］．北京：法律出版社，2021.

［40］行政法与行政诉讼法学编写组．马克思主义理论研究和建设工程重点教材：行政法与行政诉讼法学（第二版）［M］．北京：高等教育出版社，2018.

［41］余凌云．行政法讲义（第三版）［M］．北京：清华大学出版社，2019.

［42］马怀德．行政法前沿问题研究——中国特色社会主义法治政府论要［M］．北京：中国政法大学出版社，2018.

［43］公安民警执法办案常用手册［M］．北京：中国法制出版社，2017.

［44］杨钧．部分国家和地区道路交通立法研究［M］．北京：机械工业出版社，2008.

［45］熊武一，周家法主编．军事大辞海·下［M］．北京：长城出版社，2000.

［46］周舟．中日道路交通犯罪比较研究［M］．北京：法律出版社，2016.

［47］杨立新主编．道路交通事故研究［M］．北京：法律出版社，2009.

［48］廖焕国．道路交通事故责任：争点与案例［M］．北京：法律出版社，2010.

［49］管满泉，汤三红，丁靖艳，杜心全．道路交通事故处理［M］．浙江：浙江科学技术出版社，2006.

［50］杜心全．道路交通事故责任认定指南［M］．北京：中国人民公安大学出版社，2016.

［51］傅以诺，田文艺，顾方平．道路交通事故处理一本通［M］．北京：中国人民公安大学出版社，2011.

[52] 中华人民共和国公安部交通管理局．道路交通事故处理教程（修订本）[M].安徽：安徽教育出版社，1989.

[53] 李薇．日本机动车事故损害赔偿法律制度研究 [M].北京：法律出版社，1997.

[54] 袁宏山．危险驾驶行为的刑法规制研究 [M].北京：法律出版社，2020.

[55] 杨延超．机器人法——构建人类未来新秩序 [M].北京：法律出版社，2019.

[56] [美] 瑞恩·卡洛，迈克尔·弗鲁姆金，[加] 伊恩·克尔著．人工智能与法律的对话 [M].陈吉栋，董惠敏，杭颖颖译．上海：上海人民出版社，2018.

[57] [美] 胡迪·利普森，梅尔芭·库曼著．无人驾驶 [M].林露茵，金阳译．上海：文汇出版社，2017.

[58] 芦晶晶．保定地区危险驾驶罪司法适用问题的实证调查研究 [J].吉林广播电视大学学报，2017 (4).

[59] 郑创彬．我国刑法增设"危险驾驶罪"的法理探析 [J].河北公安警察职业学院学报，2010 (2).

[60] 谢威．交通肇事罪中逃逸的理解与认定 [J].人民司法，2017 (29).

[61] 王京，王兵兵．日本道路交通管理见闻 [J].道路交通管理，2011 (4).

[62] 靳妍编译．日本爱知县警视厅宣传：您了解日本的交通规则吗 [J].汽车与安全，2018 (3).

[63] 郑安文．道路交通安全管理措施比较研究 [J].中国安全生产科学技术，2005 (2).

[64] 奚路彪，刘艳，陈卫．领略汽车时代的安全与畅通——澳大利亚、新西兰道路交通管理考察印象 [J].道路交通管理，2011 (1).

[65] 刘志峰．2021：新中国道路交通法规走过71年——《道路交通安全法》颁布18周年 [J].商用汽车，2021 (8).

[66] 谢晖．诠释方法：通往真理之路 [J].学习与探索，2001 (5).

[67] 叶巍，周召．对醉酒驾驶机动车中醉酒的理解 [J].人民司法，2018 (5).

[68] 叶素敏．危险驾驶罪中"追逐竞驶""情节恶劣"的认定 [J].中国检

察官，2021（6）.

　　［69］张骁骁．追逐竞驶型危险驾驶罪认定中的若干问题［J］．湖北警官学院学报，2013（6）.

　　［70］周光权．论刑事一体化视角的危险驾驶罪［J］．政治与法律，2022（1）.

　　［71］张韬略，蒋瑶瑶．德国智能汽车立法及《道路交通法》修订之评介［J］．德国研究．2017（3）.

　　［72］郏红雯．预防和控制危险驾驶行为的立法建议［J］．江苏警官学院学报，2011（1）.

　　［73］道路交通集成优化与安全分析技术国家工程实验室自动驾驶测试技术研究组．自动驾驶技术解读：世界各国及组织现行法规政策［J］．汽车与安全，2018（3）.

　　［74］陈燕申，陈思凯．美国政府《联邦自动驾驶汽车政策》解读与探讨［J］．大数据时代，2018（1）.

　　［75］曹建峰，张嫣红．《英国自动与电动汽车法案》评述：自动驾驶汽车保险和责任规则的革新［J］．信息安全与通信保密，2018（10）.

　　［76］徐爱华译：ONISR（2009）．La sécurité routière en France. Bilan de l'année 2008, pp. 99−107.

　　［77］徐爱华译：Mathijssen & Houwing（2005），SWOV.

　　［78］徐爱华译：European Transport Safety Council，Traffic Law Enforcement across the EU，Tackling the Three Main Killers on Europe's Roads 2011.

　　［79］徐爱华译：EC Recommendation BAC Limit 2001.

　　［80］徐爱华译：North，P：Report of the Review of Drink and Drug Driving Law，report for the DfT.（2010）.

　　［81］徐爱华译：Shults RA，Elder RW，Sleet DA et al.：Reviews of evidence regarding interventions to reduce alcoholimpaired driving（Brief record）. American Journal of Preventive Medicine 21（4 supplement），2001：66−88.

　　［82］徐爱华译：SWOV（2007）：Fact Sheet "Alcolock". Leidenscham，The Netherlands.

　　［83］徐爱华译：Aarts，L. & van Schagen，I. Driving speed and the risk of road crashes：a review，Accident Analysis and Prevention，2006 Mar，vol. 38，issue 2，pp：215−224.

［84］徐爱华译：See experience from the Netherlands（Safe System Approach），Sweden，the UK and many others. ETSC（2008）ShLOW Show me How Slow.

［85］刘运鹏译：Ryan J. Martin，Melissa J. Cox，Beth H. Chaney & Adam P. Knowlden：Examination of associations between risky driving behaviors and hazardous drinking among a sample of college students［J］. Traffic Injury Prevention，2018（19）.

［86］徐爱华译：RDW is the type approval authority of the Netherlands http：// tgk. rdw. nl/en/engelse_tgk_site/.

［87］刘运鹏译：Jac Wismans，Ingrid Skogsmo，Anna Nilsson－Ehle，Anders Lie，Marie Thynell& Gunnar Lindberg：Commentary：Status of road safety in Asia ［J］. Traffic Injury Prevention，2016（17）.

［88］刘运鹏译：Ashis Das，Hallvard Gjerde，Saji S. Gopalan & Per T. ，Normann：alcohol drugs and road traffic crashes in india：a systematic review ［J］. Traffic Injury Prevention，2012（13）.

［89］徐爱华译：Driver License Division，Texas Department of Public Safety：Texas Driver Handbook，2016：58－61. See also http：//www. dps. texas. gov/Driver-License/.

［90］徐爱华译：Edmund G. Brown Jr. ，Brian P. Kelly，Jean Shiomoto：California Driver Handbook，2016：65－67，www. dmv. ca. gov.

［91］徐爱华译：Douglas A. Ducey，John S. Halikowski，Eric R. Jorgensen：Arizona Driver License Manual and Customer Service Guide，2015：46－47 azdot. gov/mvd.

［92］Nynke E. Vellinga，From the testing to the deployment of self－driving cars：Legal challenges to policymakers on the road ahead，Computer Law & Security Review：The International Journal of Technology Law and Practice（2017）.